Grosz   Eintrittsbillett zu meinem Gehirnzirkus

Gustav Kiepenheuer
Bücherei   83

George Grosz
Eintrittsbillett zu meinem Gehirnzirkus

Erinnerungen, Schriften, Briefe

1988
Gustav Kiepenheuer Verlag
Leipzig und Weimar

Herausgegeben und mit einem Nachwort versehen
von Renate Hartleb

Übersetzung aus dem Englischen
von Herbert Knust und Renate di Pol

© Estate of George Grosz, Princeton, N.Y.
© 1955, 1979 by Rowolth Verlag GmbH, Reinbek bei Hamburg
(für ›Briefe 1913–1959‹ und ›Ein kleines Ja und ein großes Nein‹)
© 1988 Gustav Kiepenheuer Verlag Leipzig und Weimar
(für diese Ausgabe)

ISSN 0433-0153
ISBN 3-378-00261-1

Jugenderinnerungen

Ich bin geborener Berliner, verlebte aber meine Jugend und Schülerzeit in einem mittelgroßen pommerschen Kreisstädtchen nahe der Ostsee. Dort hatte meine Mutter, nach dem Tode meines Vaters, die Küchenbewirtschaftung des sehr feudalen Offizierskasinos der Blücherhusaren übernommen. Es war ungefähr ein Jahrzehnt vor dem Kriege. Deutschland war auf der Höhe der Macht und des Reichtums. Trotzdem die Sozialdemokratie damals schon die mächtigste Partei war und Noske im Reichstag große Reden gegen die Vermehrung der deutschen Wehrmacht hielt, merkten wir in unserer Garnisonstadt fast nichts von solchen sozialen Erschütterungen. Doch davon will ich nicht berichten. Fasse ich meine Jugendeindrücke zusammen, so kann ich wohl sagen: Meine Jugend war im großen Ganzen eine glückliche. Ich lebte unbehelligt und frei, und da meine Mutter den lieben langen Tag am Kochherd und in der Küche zu tun hatte (nebenher wurden viele Kochfräulein ausgebildet), so wuchs ich gänzlich auf eigene Faust und sehr ungezwungen heran. Schöne Zeiten waren das! Mit meinen Freunden streifte ich umher im nahen Walde und am Flusse, der direkt an unserer Wohnung vorbeizog. Wir spielten auf der Bleichwiese, die mit uralten grotesken Weiden bestanden war, Indianer und Trapper; beschossen uns gegenseitig im Zeichen Lederstrumpfs und Karl Mays mit Katapulten und Luftbüchsen. Auf einem der alten mächtigen Weidenköpfe hatten wir einen regelrechten Hochsitz eingebaut, von dem aus, zum Schrecken der wäscheaufhängenden Dienstmädchen, wir wie richtige Raubritter die Umgegend beherrschten. Wir waren der Schrecken eines benachbarten kleinen Gutes, dessen Verwaltungsinspektor, ein Mann mit dem sonderbaren Namen Butterbrod, unser erklärter Todfeind war. Oft beschritten wir gegen ihn und seine Getreuen den Kriegspfad, und mehr als einmal wurde ihm ein blutiger Tod nebst dazugehöriger

Strafverschärfung (kopfüber in einem Ameisenhaufen aufgehängt usw.) zugedacht. Sogar einen richtigen Marterpfahl hatten wir für ihn bereitgestellt. Wenn Butterbrod mit seinem kleinen Eselsgespann daherkam, war er regelmäßig die Zielscheibe unserer Geschosse. Seinen Esel malträtierte er gottsjämmerlich. Dieses in jener Gegend damals selten verwendete Zugtier hatten wir sehr gern – so übten wir unbewußt im Sinne eines höheren Ausgleichs gerechte Vergeltung an seinem Peiniger; aber ich bin überzeugt, daß dies dem Esel ganz egal war. Vor mir taucht die Stolpe auf; in unseren kindlichen Phantasien war sie der Hudson oder der St. Lorenzstrom und der See Glimmerglas. Manchmal trieben Flöße flußab dem kleinen Ostseehafen zu, wir fuhren barfuß kilometerweit mit, dann wurden die Baumstämme unter uns zu Planken eines Marryatschen Freibeuterschoners, und zischend schlugen die Geschosse unserer Schleudern ins Wasser. Gelegentlich fielen wir selbst hinein. Einmal kam ich bei solch einem Abenteuer direkt unter die Floßstämme und wäre sicherlich ertrunken, wenn ich nicht in letzter Minute noch in einer Lücke zwischen der Verbindung zweier Flöße hätte auftauchen können. Ich war ein verhältnismäßig guter Schwimmer und Taucher, und die Fähigkeit, beim Tauchen die Augen aufzumachen, rettete mir damals das Leben. Einen gelinden Schreck hatte ich aber doch bekommen, und zu Hause empfing mich eine derbe Standpauke, als ich total durchnäßt ankam. Wie ganz anders ist es doch, wenn man so halb auf dem Lande aufwächst! Wieviel gesünder, natürlicher und frischer! Wälder, Wiesen und düsige Moornächte tauchen auf, Tümpel und kleine Teiche, in denen wir Molche und allerhand Lurchgetier für unsere Aquarien fingen; ich entsinne mich an weidenbestandene Bäche, aus denen wir Neunaugen griffen. Oder man saß am Ufer der Stolpe mit selbstgefertigter Angelrute und wartete listig voller Geduld auf den Anbiß eines Ukeleis. Herrliche, heiße, heuduftende Sommertage! An der Sägemühle vorbei, angenehm harzig roch das aufgestapelte Holz, und die Kreissäge brummte wie eine große Hum-

mel in den wolkenlosen Julinachmittag. Mit selbstge-
schnittenen Binsen, die wir in zwei Pakete teilten und
mit einem Stück Gurt verbanden, lernten wir ohne Lehrer schwimmen und paddelten und sprangen wie die
Frösche im Wasser herum. Interesse für Zeichnen und
Malerei hatte ich, solange ich mich erinnere. Ganz
früh – mein Vater bewirtschaftete damals die Stolper
Freimaurerloge –, ich entsinne mich deutlich, zeichnete
er mir auf große Papierbogen, die als Unterlagen für die
Skattische dienten, allerlei Figuren, Männchen, Soldaten
und Pferde auf. Mit Staunen sah ich solcherlei unter seiner Hand entstehen, versuchte auch wohl, es nachzu-
zeichnen. Eine besondere Freude waren die Hefte des
wöchentlich erscheinenden Journal-Lesezirkels. Da lag
ich stundenlang auf dem Fußboden und konnte mich
nicht satt sehen an den Holzschnitten und Klischees in
›Über Land und Meer‹, ›Universum‹, ›Vom Fels zum
Meer‹, ›Fliegende Blätter‹, ›Gartenlaube‹ und ›Daheim‹. – Großen Eindruck machten die Zeichnungen
von den Kriegsschauplätzen in Ostasien und von den
Kämpfen in den damaligen deutschen Kolonien. Auch
die hochdramatische Darstellung eines großen Brandes
habe ich bis heute nicht vergessen. Bei einem malenden
adligen Fräulein sah ich zum ersten Male richtige Ölmalerei mit wirklichen Tubenfarben. Das imponierte mir
sehr! Das Fräulein kopierte auf einer kleinen Holztafel
ein niedliches Stilleben von Pfirsichen; wenn ich daran
denke, habe ich den würzigen Terpentingeruch in der
Nase, der unsichtbar um ihre Tätigkeit war. Solch Malkasten mit Komfort einmal selbst zu besitzen war fortan
mein sehnlichster Wunsch! Schön, diese farbig etiket-
tierten und beschrifteten Tuben, die ovale Palette, die
langstieligen Borstpinsel, die kellenartigen Malmesser
und die Fläschchen mit den harzigen Ölen, überhaupt
das ganze Malhandwerkzeug – noch heute habe ich daran meine Freude.

Mein Vater starb, als ich sechs Jahre alt war. Danach
Umzug, und ein düsteres Jahr in Berlin in einer Wohnung im Norden in der Wöhlertstraße. Gegenüber ein

Kohlenplatz. Das Schild mit den schwarzen gekreuzten Hämmern erscheint mir noch manchmal wie ein pessimistisches Erinnerungszeichen an damals. Hinter der geteerten Brandmauer der übliche Durchblick auf den Hinterhof. Die graue Großstadtkulisse täglich vor Augen. Zu Hause heraufziehende materielle Sorgen. Meine Mutter hatte sich mit meiner Tante zusammengetan, sie nähten Blusen, ohne damit recht voranzukommen. Nebenbei wurden Zimmer vermietet; es ging mehr schlecht als recht. Die Geldsorgen wurden immer drückender. Ab und zu besuchte mich meine große Schwester und nahm mich mit in eine Konditorei oder zu Aschinger. Die damalige Bierquelle am Oranienburger Tor mit dem kristallnen und spiegelnden Würstchenpavillon in der Mitte und der blauweiß karierten Würstchenausgeberin dünkten mich einem Feenpalast gleich. Gelegentlich sah ich Infanterie vorbeiziehen; da ich bisher hauptsächlich nur Husaren kannte, so gefielen mir diese anders uniformierten Soldaten sehr.

[Das Gesetz von ›Hieb und Biß‹]

Ich war damals ein tagträumendes Kind, war eben [...] in der Artilleriestraße neu eingeschult worden. Ich war sehr allein. Aus einer mir vertrauten Umgebung in Stolp kommend, stand ich während einer Pause auf dem Schulhof. Alles war mir so fremd und die Berliner Umgebung so neu, und ich hatte auch noch keine rechte Freundschaft schließen können. So stand ich da, halb träumend, und war gerade dabei, in mein ausgewickeltes Butterbrot hineinzubeißen, als ich plötzlich von einem vorbeirennenden Jungen einen kräftigen Stoß in den Rücken erhielt und der Länge nach mit dem Gesicht auf meinem Butterbrot in den Schmutz fiel ... Ich war wie gelähmt. Ich war vernichtet, und obwohl ich den Jungen davonrennen sah, war ich nicht imstande, ihm zu folgen oder gar eine Prügelei zu wagen. Warum, weiß ich selbst nicht; es muß etwas anderes gewesen sein als nur ein gewöhnlicher Stoß in den Rücken. In mir, so besinne ich mich, war es eiskalt vor Haß und Wut, aber irgendwie schluckte ich es, ohne zu murren – merkwürdig. Später lernte ich ja meine Lektion, und viel später gehörte ich sogar selbst zu jenen, die Stöße in den Rücken butterbrotessender und träumender Jungens verabfolgten. Aber komisch, ich habe dieses Erlebnis bis heute nicht vergessen. Oft noch empfand ich die ungeheure Bösartigkeit, Einsamkeit und Verlorenheit, die ich auf dem Schulhof in der Artilleriestraße verspürte. Ich fand diesen Menschentyp dann in fast allen Lebenslagen wieder; es war, als hätte ich damals ein tieferes Gesetz der Brutalität entdeckt, aber gleichzeitig damit das immer und ewig vorhandene Lachen der Schadenfreude.

[Jugenderinnerungen]

Ich befreundete mich mit dem recht intelligenten Sohn eines Nachbaranwohners, der sehr viel las und mich mit in die Volkslesehalle nahm, wo wir uns gemeinsam Bücher ansahen und lasen. Er sprach bereits von Haeckel, hatte überhaupt starkes Interesse für Naturwissenschaften und war auf das neue Universum abonniert. Ich werde nie vergessen, wie sein Vater einmal mit Schaum vor dem Munde auf der Treppe zusammengebrochen war und wir Jungens ihn unter schweren Mühen in seine Wohnung transportierten.

Eines Tages wendete sich unser Schicksal. Durch gewisse Beziehungen und auf Empfehlungen gestützt, übernahmen meine Mutter und Tante gemeinsam jenes oben schon erwähnte Offizierskasino. Die direkte drückende Sorge ums tägliche Brot hatte damit vorerst ein Ende. Durch meinen Vetter, der Dekorationsmaler werden wollte, wurde ich bekannt mit dem ersten Dekorationsmaler des Geschäfts, in dem mein Vetter lernte. Er wohnte außerdem im Hause neben uns und hatte in

München bei Debschitz studiert. Trug einen künstlerischen Schlapphut und blonden Spitzbart und besaß eine Zeichnung von Weisgerber (den er sehr verehrte). Er ging wohl auch sonntags in die Natur und machte in Temperafarben Studien. Er hatte einen kleinen zeichenpädagogischen Kursus eingerichtet, an dem ich und mein Vetter teilnahmen. Mit Staunen besah ich seine Mappen – alles war mir neu. Er nannte sich selbst einen ›Linienstilisten‹. Hier kam ich zum ersten Male mit damaligen modernen Bestrebungen in Berührung. Er hatte sich, nehme ich an, frei nach Debschitz ein ganz vertracktes Zeichenlehrsystem ausgeklügelt; nach dem Kopfmodell suchte man die Form, so daß man mit dem Bleistift immerzu auf dem Papier umherkreiste und herumfuhrwerkte, so lange, bis schließlich aus lauter Kreisen und Formen eine Art Natureindruck herauskam. Dies wurde bezeichnet als das ›Aufsuchen der Form‹. Von sogenannter höherer Kunst und Ästhetik hatte ich damals noch keinen Schimmer. Ich suchte meinen Weg auf eigene Faust. Mein Liebling war Eduard Grützner, dessen Velhagenmonographie ich zu Weihnachten geschenkt bekommen hatte. Die Mönchsszenen gefielen mir sehr. Oft saß ich abends bei der Petroleumlampe und zeichnete mit hartem spitzen Bleistift fein säuberlich ein Grütznersches Bild ab, indes über mir die Regimentsmusik einen dröhnenden Cake-Walk zum Liebesmahl der Offiziere aufspielte. Aber auch freie Kompositionen entwarf ich. Meistens waren es Ritterszenen mit Burgen im Hintergrunde, Pferde und alte Bellinghusaren am Wachtfeuer oder abschiednehmende Wanderburschen am Waldrand. In der Schule gab mir mein Talent ein gewisses Ansehen, einen kleinen Ruhm sozusagen. In der Zeit des russisch-japanischen Krieges zeichnete ich selbstverständlich Schlachten mit Reihen kleiner Soldaten, natürlich auch die Seeschlacht von Port Arthur mit schaumspritzenden einschlagenden Granaten.

Einen unauslöschlichen Eindruck machten mir die schauerlich-schönen Greuelpanoramengemälde auf den Jahrmärkten und Schützenfesten. Eine Bude mit zwei

Galerien, darin in Mannshöhe Löcher zum Ansehen der dahinter aufgehängten, links und rechts unten von einer Lampe beleuchteten Gemälde. In jener kinolosen Zeit befriedigten diese Panoramen das stets vorhandene Menschenbedürfnis nach Bildphantasie, ja schlechthin nach Kunst und Aktualität. Noch heute lebt in mir ein starkes Erinnern an diese, weiß Gott, doch recht primitiven Schauerstückmalereien. Trotz ihrer rohen Mache und Mängel waren diese Bilderrollen außerordentlich einprägsam und drückten häufig das Dargestellte sehr lebendig, einfach und suggestiv aus. Heute halte ich diese Art Kunst und Greuelberichterstattung in ihrem Wirkungskreise für etwas ganz Richtiges und in ihrer Art Ideales. Ich meine, hierin lebte noch eine alte gesunde Tradition von Anschauungsunterricht für die breiten Volksmassen, der heute im Zeitalter der Kollektivität sein volkstümliches Gesicht verloren hat. Mir scheint sogar, als hätte sich eine alte Volkskunst in diesen Jahrmarktsmalereien erhalten. Erst heute, wo Neuheiten suchende Kunstmänner und snobistische Sammler diese fast ausgestorbenen Malereien entdecken und sammeln, legt man auch hier die Kunstzentimeter- und -millimeter-Maßstäbe an. Es waren eben Bilder für ein Volk, das, ohne höhere künstlerische Ideale nötig zu haben, von der Kunst nur rein Erzählend-Gegenständliches erwartet. Daher waren es derbe und grobschlächtige Darstellungen. Sicherlich auch von den Herstellern ohne die geringste bewußte künstlerische Absicht verfertigt. Aber vielleicht durch die Abwesenheit irgendwelcher Problematik war diesen Bildern doch etwas inne, was an ganz ursprünglich Menschliches anklang, etwas Rührendes gleichsam, was oft auch Arbeiten von Dilettanten anhaftet. Es fehlte Gott sei Dank diesen Bildern alles Theoretische, Blutarme. Im Gegenteil: Blut spielte auf den meisten Sujets eine große Rolle, ein Schrecken sicher für heutige Jugend- und Volkserzieher. Aber man darf nicht vergessen, daß damals ein außerordentlich auf öffentliche Sittlichkeit bedachtes Regime herrschte und alles direkt Blutrünstige verboten war. Zum Beispiel die heute in aller Öffentlichkeit stattfindenden Boxkämpfe waren in jener Zeit aus humanitären Gründen verboten. Man wollte eben den Durchschnittsmenschen nicht ohne weiteres an den selbstverständlichen Anblick dieses kostbaren Saftes gewöhnen, ja man hatte behördlicherseits sogar die Auffassung, dieses Blutfließensehen verrohe das sowieso dazu veranlagte menschliche Gemüt. Daher vielleicht die uns heute unverständliche schauerliche Wirkung solcher gemalten blutrünstigen Szenen. Ja, man war noch in keiner Weise abgestumpft und verroht, und all das Abgemalte nach dem Leben wurde eben wie heute sehr häufig der Film als das Leben selbst genommen. Verdammt packende Darstellungen fallen mir ein: zum Beispiel ein Brand auf der Pariser Untergrundbahn. Aus einem engen Tunnel, einer Röhre des Todes, wälzten sich rauchvermischte, erregend zinnoberrote Flammen, indes Dutzende kleiner angesengter Menschenflöhe voller Todesfurcht zur Ausgangstreppe drängen, während ein zerquetschter angekohlter Haufen, niedergetreten von den Flüchtenden, in den Waggontüren und auf dem Boden herumliegt. Aus Zweckgründen, der besseren Übersichtlichkeit wegen, waren alle diese Darstellungen panoramenhaft komponiert, mit sehr vielen kleinen Menschen und mit viel Horizont. Grausig schön war ein anderes Bild, der Ausbruch des Mont Pélé, mit dem feuerspeienden Berge, den in der Luft herumwirbelnden Menschlein, den hochgeschleuderten Häusertrümmern, den brennenden Schiffsplanken, dem dunkel-braunblauen Himmel und der ganz in Rot getauchten Landschaft mit den Palmen und wildem Meer schrecklich anzusehen.

Hier wurde etwas in mir angeregt, was später, als ich die ersten Futuristen sah, wieder an die Oberfläche kam, nämlich der Sinn für die Darstellung von Zeitigem, von Wirklichkeiten dieser Welt. Und ich finde es ganz bezeichnend, daß eines meiner späteren Ölbilder (als ich nach einer langen Zeit des Zeichnens zu malen begann) die Darstellung einer damals sehr aktuellen Mordtat war. – Auch heute noch beschäftigt mich oft der Gedanke, Bilder in dieser panoramen Manier zu malen. Wenn ich wieder einmal solche gemalten Schauer- und Schreckensszenen in einer herumziehenden Schaubude angesehen hatte, beschlich mich immer ein vages, unheimliches Gefühl vor dem unbekannten Grauenhaften und Verbrecherischen einer noch unentdeckten Welt, die vor mir lag wie hinter Schleiern. Für mich steckte in all diesen sonderbaren, gemalten Präsidentenattentaten, Warenhausbränden, Verbrecherverfolgungen, Hinrichtungen, Naturkatastrophen, Rebellenerschießungen, Schiffsuntergängen und Eisenbahnzusammenstößen eine romantische Vorstellung von einer noch nicht betretenen Welt voller grausiger Gefahren und blutiger Abenteuer. Eine Melodie und Dramatik sprachen mich hier an, die, so glaubte ich, man nie in unserer kleinen Stadt erleben konnte.

Oft empfand ich etwas Drohendes, das hinter friedlichen Dingen lag – unerklärlich und geheimnisvoll –, völlig unbewußt. Natürlich las ich zu jener Zeit einen Haufen sogenannter Schauerromane von einem Typ, den es heute nur noch äußerst selten gibt.

Man nannte sie mit Recht Hintertreppenromane, denn die hundertheftigen Geschichten wurden meist über die Hintertreppe von einem Kolporteur an Dienstmädchen und Hauspersonal verschleißt. Man mußte sich immer verpflichten, alle hundert Hefte abzunehmen. Das Heft kostete zehn Pfennig und war mit einem aufregenden Bilde geschmückt, graphisch und dem Dargestellten nach durchaus den oben beschriebenen Panoramenmalereien ebenbürtig.

Ich las viele Romane dieser Gattung. Meist verschaffte ich sie mir aus einer kleinen obskuren Leihbibliothek. Immer waren sie sich in der Handlung ziemlich ähnlich, aber für mich fiel diese Unzulänglichkeit nicht ins Gewicht. Je roher und unwahrscheinlicher die Handlung, je mehr erbaut war ich über die tollkühnen, manchmal ans Märchenhafte grenzenden Abenteurer- und Räubergeschichten. Großartig, wenn der Held des Romans, der Räuberhauptmann Zimmermann, mit der einen Hand angeklammert an der Plattform des Gefängnisturmes, mit der anderen seine eben gerettete Geliebte haltend, unter sich den Abgrund mit dem reißenden Elbstrom, ruhig die Häscher über sich abziehen läßt (wobei diese ihm außerdem noch auf die angeklammerte Hand treten). In einem anderen Roman, betitelt ›Geheimnisse der Freimaurer‹, wurde ein – geheimen Zwecken dienendes – Zimmer beschrieben. Tritt ein nicht gewünschter Gast über die Schwelle, so sausen von links und rechts, durch eine raffinierte Mechanik ausgelöst und angetrieben, zwei stählerne Skelette auf den Eindringling zu, um ihn durch eine tödliche Umarmung am Eintreten zu hindern. Einen solchen Fortsetzungsroman, er hieß ›Wenzel Kummer, der Schrecken des Böhmerwaldes, oder Die Geheimnisse der Kasematten der Festung Brünn‹, wollte ich für meine Bibliothek erwerben. Doch konnte ich nur bis zum 35. Hefte abzahlen.

Dann ging mir die Puste aus. Weinend (im stillen) mußte ich die schwer erworbenen 35 Hefte wieder zurückgeben. Trotzdem hatte ich eine ganze Weinkiste voll solcher Schmöker. Und unter uns Freunden war ein reger Tausch und Verleih im Gange. Einem Freunde von mir verdrehte diese Literatur vollkommen den Kopf. Sich als Banditenanführer fühlend, mit einem uralten Terzerol bewaffnet, bedrohte er an einer verschwiegenen Stadtmauerecke eine harmlose alte Frau. Aus Angst gab sie ihm ihr Portemonnaie und zeigte ihn an. Er flog sofort, als schändlicher Jugendverderber gebrandmarkt, aus der Schule und mußte, von allen verachtet, schließlich Konfektionär im Kaufhaus Land werden. Er hatte mir im Sechsundsechzig-Spiel nahezu meine gesamte Bibliothek abgewonnen. So rächte sich sein Glück im Spiel. Zu jener Zeit kamen von Amerika eine neue Sorte schaurig-schöner Abenteuerhefte. In den kleinen Papiergeschäften lagen sie mit ihren neuartigen bunten Umschlägen und reizten unsere Phantasie und Kauflust. Zudem war jeder Band in sich abgeschlossen. Allerdings kostete so ein Heft 20 Pfennig, doch in Anbetracht des größeren Formats und des farbigen Umschlags zahlte man gerne den verlangten Preis. Die ersten Serien dieser Bändchen hatten den kühnen Kundschafter und Indianertöter Buffalo Bill zum Helden. Dann kam der übermenschlich schlaue und jede Gefahr siegreich bestehende Nick Carter an die Reihe. Seine Heldentaten begeisterten mich zu einigen dramatisch bewegten Zeichnungen, wobei mein Vetter Martin für die besonders schwierige Darstellung modern gekleideter Menschen mir über Sonntag Modell stand. Ja, mein Schulfreund Hodapp verfaßte sogar ein Theaterstück, in welchem Nick Carter und der berüchtigte Carruthers (der Verbrecherkönig) ein gefahrvolles Erlebnis mit einem privaten elektrischen Stuhl zu bestehen hatten. Auch zu dieser Szene machte ich eine von den erwähnten Titelblättern angeregte, packende Zeichnung in schwarzer Tusche. Die literarische Qualität all dieser Hefte war dieselbe wie die der heute so beliebten Bücher von Wallace, sie entsprach, mit dem Film verglichen, der ja jetzt das Bedürfnis nach Hintertreppen-Literatur befriedigt, ungefähr dem Niveau eines Harry-Piel-Films. Späterhin tauchten noch eine ganze Menge anderer Detektiv- und Abenteuergeschichten auf, zum Beispiel der bekannte Sherlock Holmes. Aber der Londoner Verlag seines Erfinders Conan Doyle schlug Krach, und so hieß er auf der Titelseite der bunten Hefte hinfort nur schlicht ›der Meisterdetektiv‹; das charaktervolle Porträt mit der Pfeife war allerdings beibehalten worden. Der unbekannte Autor, der diese Erzählungen für die heranwachsende Jugend schrieb, muß ein toller Hecht gewesen sein; eine nicht zu überbietende Phantasie war sein Hauptvorzug. Mir fällt da gerade eine Geschichte ein, sie hieß ›Das Menschenschlachthaus von Soho‹. Eine tolle Geschichte! Fing gleich furchtbar unheimlich in einem kleinen Gasthaus in Soho an: Ein Student findet in der Mittagssuppe eine menschliche Fingerkuppe mit Nagel. Also schließlich kommt Sherlock einer nichtswürdigen Verbrecherbande auf die Spur, die tatsächlich ihre Opfer schlachtet und als Hammelkoteletts und Wurst in kleinen bestimmten Restaurants absetzt. Bevor Holmes den Hauptverbrecher unschädlich macht, kommt er in die furchtbare Situation, beinahe selbst als Kotelett die unheimliche Fleischerei (in die er mittlerweile eingedrungen ist) zu verlassen. Derartige gewürzte Märchenerzählungen verschlangen wir in demselben Tempo wie die Kokosflocken, die wir dazu aßen und die mir die Zähne verdarben. Mabel King, der weibliche Detektiv, Texas Jack, der kühne Rauhreiter, und der Kapitän Stürmer waren unsere Vorbilder und Helden. Gern hätten wir es ihnen gleich getan. Aber in der groben hinterpommerschen Wirklichkeit sah die Welt eben doch ein wenig anders aus als in den Heften mit den schönen farbigen Umschlägen. Viele dieser schönen Geschichten spielten in Amerika, in einem romantischen Vorkriegs-Amerika. Ich weiß nicht, ob man diese Jugendlektüre für eine mir heute noch anhaftende Amerikaschwärmerei verantwortlich machen soll. Jedenfalls war damals Amerika das Land meiner Sehnsucht und ist es sonderbarerweise, zum Ärger meiner orthodoxen marxistischen Freunde, bis heute geblieben …

Oft standen wir mit unseren Fahrrädern an den Schranken des kleinen Bahnhofs und erwarteten die Durchfahrt des wöchentlich einmal fälligen Paris-Petersburg-Expreßzuges. Es war immer eine kleine Sensation. Während er einige Minuten hielt, entstiegen fremdländisch aussehende Reisende den Coupés, vertraten sich, kauften ein paar Würstchen oder eine Zeitung, tranken schnell im Stehen ein Glas Bier und verschwanden wieder. Dann zog die riesige Maschine an, und im Anfahren zeigte sich manchmal hinter halb heruntergelassenem Fenster ein Frauengesicht von eigenartig verzierter Schönheit, so wie wir sie nur von den ursprünglich schönen Bromsilberpostkarten her kannten. ›Dinning car, Compagnie Internationale des wagons lits‹ – langsam schwammen die schimmernden Goldbuchstaben vorüber, immer schneller, gerade sah man noch den Speisewagen und ein Stückchen eines gewandt hantierenden Kellners. Lustig winkte der Koch mit seiner hohen weißen Mütze und dem flatternden weißen Halstuch. Begleitet von unserer jugendlichen Reiseromantik und der Sehnsucht in die weite Welt verschwanden die gelbbraunen Waggons rechts um die Kurve.

Eines Tages, es war im August, wurden an den belebtesten Punkten der Stadt hohe Zäune errichtet, die sich bald darauf mit bunten Plakaten bedeckten. Wenn man es nicht schon aus der Zeitung oder gerüchtweise wußte – der größte Zeltzirkus der Welt, Barnum und Bailey (biggest show on earth), war im Anrollen. – Wie ein Besuch aus Feenland war es, als die weißen mit goldenen Ornamenten und fremdländischer Schrift bemalten Pullmanwaggons in unseren kleinen Bahnhof einfuhren. Den ganzen Tag über strolchte ich auf dem Zirkusplatz herum. Überall war etwas zu sehen. Der Aufbau, es sollte in drei Zelten zugleich gespielt werden, ging nach einem mir unverständlichen Plan des Zusammenwirkens außerordentlich schnell und exakt vorwärts. Auch in der Stadt war eine andere Lebendigkeit als sonst. Viele Landleute waren hereingekommen, um sich den Betrieb anzusehen. Die exotischen fremden Typen des Zirkus, die hier und dort im Stadtbilde auftauchten, trugen zu dieser Veränderung bei. Ich sah voller Erstaunen eine offene Droschke vorüberfahren, in der merkwürdige Menschen mit verhüllten Köpfen saßen. In einem, der unförmig, ja geradezu ungeheuerlich dick war, erkannte ich von den Plakaten her den dicksten Mann der Welt. Neben ihm saß ein Mensch, dessen Gesicht mit einem schwarzen Tuch verbunden war, doch konnte das, an der Fülle widerspenstiger Haare merkte man es, nur Lionel der Löwen- und Haarmensch sein. Auf dem anderen Sitz der kleine winzige Herr, auch mit verhülltem Haupte, aber in prächtiger goldgestickter Generaluniform, mit schönen Verschnürungen und Epauletten, war sicher der damals als Abnormität so berühmte General Thumb. Diese Abnormitätsfuhre prägte sich mir scharf ein. Ach, welchen Jungen hätte solch Artistenleben nicht bezaubert! Was hätte ich darum gegeben, mit Seiltänzern und Jongleuren in die Welt zu ziehen und in einem der mit Goldornamenten abgesetzten weißen Wagen zu wohnen. Selbstverständlich nicht als der, der ich war, sondern als weltberühmter Faßspringer oder vielbewunderter Trapezkünstler. Einen geheimnisvoll süßen Reiz übten die nach der damaligen Mode strammhüftigen und korsettierten Artistinnen aus. Hier konnte man die ganze fleischliche Pracht im Gegensatz zur damals alles verhüllenden Mode ausgiebig mit dem Opernglas bewundern. Die dickschenkligen Beine in den seidenen Trikots spielten in meiner Phantasie eine große Rolle.

Verführerisch schön und voller Geheimnis erschien einem die Welt jenseits unserer Stadtgrenzen, von der uns jene Artisten Kunde brachten. All das empfand ich halb unbewußt, noch ziemlich kindlich. Ich radelte viel, spielte Fußball und führte nach wie vor mit meinen Freunden ein gänzlich ungebundenes Leben. Aber ich konnte auch zu Hause sitzen und stundenlang mit großer Hingabe und Fleiß zeichnen; ich sehe mich in dem ebenerdigen dreifenstrigen Zimmer daheim emsig wie eine Biene in meine Arbeit vertieft. Ich hatte von meiner Schwester aus Berlin einen Karton Studienölfarben geschenkt bekommen und malte nun fleißig drauflos. Kopierte, was das Zeug hielt. Meistens nach Postkarten, die ich vergrößerte. Eine Landschaft mit Wassermühle am Bach, nach einer Tuckschen Künstlerpostkarte in rosig braunen Tönen, gelang mir besonders gut. Sie hängt heute noch bei meiner Mutter, und immer wieder sehe ich sie gern. Manchmal, wenn ich aus der Schule kam und über die Blücherwiesen nach Hause ging, träumte ich von der Zukunft und dachte an mein fernes Leben. Ich baute kühne Luftschlösser, sah mich in einem großen Atelier vor einer Riesenstaffelei, auf einer richtigen Trittleiter an einem gewaltigen Gemälde malen. Ob und wie sich derlei Zukunftsträume verwirklichen ließen, daran dachte ich überhaupt nicht. Mir genügte die bloße Vorstellung. Maler sein erschien mir schlechthin als ein idealer Beruf, denn meine Kenntnis von Kunst und Künstler hatte ich hauptsächlich aus Familienblättern wie Daheim und Gartenlaube, und aus einigen Velhagen & Klasing-Monographien. Ich besaß einen Band Eduard Grützner und Moritz von Schwind (sogar mit Goldschnitt), außerdem auch die Monographie über Ludwig Richter. Bücher und Bilder zogen mich sehr an. Bei einem buckligen Freunde, der auch fleißig in Öl kopierte, sah ich zum ersten Male die Seemannschen Drucke ›Meister der Farbe‹. Solche farbenprächtigen Reproduktionen hatte ich bisher noch nicht gesehen. Mir erschienen sie als das Modernste, was ich mir vorstellen konnte. Aufmerksam und voll tiefen Interesses betrachtete ich stets die Buch- und Kunsthandlungen. Vorwiegend verweilte ich vor dem Schaufenster mit den Reproduktionen nach Ölgemälden. Manchmal waren auch richtige Original-Ölgemälde zu sehen, so einmal eine Landschaft mit Wasserfall von dem Norweger Skramstad, die ich für ganz hohe Kunst und für fast unerreichbar hielt. Ich machte eines Tages die Bekanntschaft des idealistischen Buchhändlers Sch. Er war der Besitzer der größten Stolper Buch- und Kunsthandlung. Sehnsüchtig und verliebt stand ich hier oft vor den Schaufensterauslagen, betrachtete neidisch das wunderschöne Malgerät, die vielerlei Studienkästen, die schon fertig aufgespannten Rahmen mit Leinwand, mit einem Wort, die begehrten Dinge hinter der Scheibe. Als ich gelegentlich dort Farben kaufte und ein Buch in der Leihbibliothek umtauschte, kam ich zufällig mit dem Besitzer Herrn Sch. ins Gespräch. Ich durfte von nun an, so oft ich wollte, in die besondere Kunstabteilung seines Ladens kommen und mir sämtliche Kunstblätter nach Herzenslust anschauen.

Ich kopierte gerade aus der Gartenlaube ein mich sehr interessierendes Gemälde von Werner Simmler, ein etwas düsteres Genrebild mit dem Titel: ›Überrascht‹. Zwei Wilderer mit geschwärzten Gesichtern sind im tiefsten Waldesdickicht von einem Förster überrascht worden. Gerade sind sie dabei, ein unrechtmäßig erbeutetes Reh auszuweiden. Unheimlich anzusehen, hebt bereits der eine Wilddieb seine Büchse. Jetzt – und eben diesen dramatischen Spannungshöhepunkt hat der Maler für seine Darstellung gewählt – kommt es darauf an, wer zuerst schießen wird. Das Bild gefiel mir großartig. Ich malte mit wahrer Leidenschaft! Bald war es fertig, und mein Gönner Sch. stellte es zu meinem und meiner Freunde größtem Stolz, schön sauber gerahmt, im Schaufenster seiner Kunsthandlung aus. Ich war sehr zufrieden, als er es nach kurzer Zeit verkaufte und mir den Erlös von 4,85 Mark aushändigte. Es war ein wundervolles Gefühl, für eine Arbeit, die einem doch richtig Vergnügen gemacht hatte, obendrein noch Geld zu bekommen.

Der Buchhändler Sch. blieb weiterhin mein Gönner. Er hatte etwas außerhalb ein Landhaus mit schön gepflegtem Garten, wo ich ihn gelegentlich aufsuchen durfte. Wir wandelten dann zwischen den mit großem gärtnerischen Verständnis angelegten Blumenbeeten einher. Und während Sch. ab und zu sich zu einer Rose niederbeugte, führte er tiefernste pädagogische Gespräche mit mir. An einer verborgenen Gartenecke stellte er sich plötzlich vor mich hin, sah mir mild und streng zugleich in die Augen und sagte eindringlich: »Ich glaube, du wandelst auf schlechten Wegen.« – Ich wurde sehr rot, stammelte dumm und verwirrt etwas Zusammenhangloses und entfernte mich später tiefbekümmert, mich als reuigen Sünder fühlend. Fürwahr, ein neues Leben wollte ich sofort beginnen! Noch am selben Tage vernichtete ich eine kleine Sammlung von Bildausschnitten kitschig schöner, halbbekleideter Damen, die ich mit der Zeit, aus einer halb kriminalistisch, halb erotischen Zeitschrift, der ›Reporter‹, gesammelt hatte. Ohne das Geringste von Wedekind zu wissen, tat ich es seinem Moritz Stiefel gleich und versenkte voller guter Vorsätze die zerrissenen Bilder in unser neuangelegtes Wasserklosett. Ich fühlte mich durchaus als Sünder. Ja, ich ging sogar soweit mit mir ins Gericht, daß ich den Fleischgenuß als Ursache des Übels ansah. Außerdem kam noch der Einfluß einer schauerlichen Broschüre, Dr. Retaus Selbstbewahrung (für solche, die an den Folgen geheimer Laster leiden), hinzu. So hielt ich eben Fleischgenuß für höchstverderblich, zum Erstaunen meiner Mutter, die gar nicht verstehen konnte, warum auf einmal ein saftiges Roastbeef mich gänzlich kalt ließ. Sch. war in seiner Art ein kleiner Avenarius. Er war der echte Buchhändler alten Stils; immer ein wenig belehrend und sich durchaus der kulturellen Vermittlung, die ja im Buchhändlerberuf ein bißchen dabei ist, bewußt. In seinen Reden war neben verstehender belesener Güte stets der leicht erhobene Zeigefinger des Oberlehrers, dessen früherem Gattungstyp er auch äußerlich glich. So steht er heute noch vor mir, mit seiner goldenen Brille, dem rötlichblonden Spitzbart, den humanen Bildungsidealen und den Reiseerinnerungen an Griechenland. Er war Familienvater, hatte zwei außergewöhnlich vorlaute und freche Sprößlinge, eine von weitem künstlerisch aussehende Frau mit Reformkleid und war nebenbei Anhänger einer halb fleischlosen Ernährungsweise und Protektor einer Jugend-Temperenzlerloge. Ich zeichnete und kopierte weiterhin allerlei. Eine Serie Postkarten in der Manier der gefeierten Blumenmalerin Katharina Klein fand sofort einen Abnehmer. –

Meine Veranlagung zur komischen Betrachtungsweise oder gar zur satirischen Glosse war bis jetzt noch nicht sehr charakteristisch hervorgetreten. Gelegentlich zeigte sich aber doch schon spätere Begabung. Wilhelm Busch, dessen Sachen ich zu dieser Zeit kennenlernte, gefiel mir so gut, daß ich auf einen Sitz, in einer Nacht, die ganze Silen- und Nymphengeschichte abzeichnete, bis mir buchstäblich der Federhalter aus der Hand fiel. Aus gebundenen Jahrgängen der Fliegenden Blätter, die ich mir aus Sch.s Leihbibliothek holte, kopierte ich hauptsächlich Arbeiten von Adolf Hengeler. Mit großer Geduld suchte ich jeden Strich des Vorbildes herauszukriegen und genau dem Originalholzschnitt oder Klischee anzugleichen. Die dazugehörigen Gedichte schrieb ich mit extra ausgewählten Rundschriftfedern daneben. Sehr gut gefielen mir auch Federzeichnungen von dem alten Wilhelm von Diez. In einem Daheimheft fand ich einen Aufsatz über ihn, und dazu eine ganze Anzahl Reproduktionen nach Zeichnungen aus dem Dreißigjährigen Kriege. Von da an tauchten häufig auf meinen freien Kompositionen ebensolche Marodebrüder und schwedischen Reiter auf. Durch die Kasinoumgebung angeregt, zeichnete ich gerne Szenen aus dem kriegerischen Leben der Husaren. Die Sepiazeichnung hatte mirs angetan. So versuchte ich mit einem Stückchen Sepiatusche und spitzem Pinsel ähnliche Effekte zu erzielen, wie ich es auf sogenannten Sepiazeichnungen von Schwind oder Richter gesehen hatte. Die oberen Räume des Offizierskasinos hingen bis obenan voller Bilder und Zeichnungen. Ein großes Schlachtenbild von Emil Hünten, eine berühmte Reiterattacke, habe ich besonders im Gedächtnis behalten. Durch Interieurstudien von Eduard Grützner beeinflußt, versuchte ich ähnliche Kellereckenmotive mit Fässern und Weinflaschen wiederzugeben. Oft legte ich, in Ermangelung von Mönchen, ein altes Buch oder Trinkgefäß dazu. Ich zeichnete, was mir vor den Bleistift kam. Nacheinander, alles Mögliche aus Haus, Hof, Küche und Keller. Flaschenkörbe, ein paar Schuhe, eine angelehnte Leiter am Obstbaum, unseren Hund Witboi im Korb liegend und eine ganze Ansicht des Offizierskasinos von hinten. Per Rad fuhr ich oft über Land und nahm Bauernhäuser und Landschaften auf. Gänzlich unproblematisch, frisch und unbekümmert zeichnete ich drauflos. Eiferte ich heute dem Grützner nach, so folgte ich morgen den Spuren eines historischen Schlachtenmalers. Als ich einmal über Menzel las, beschloß ich sogleich, ihm nachzustreben und überall, wo es auch sei, im Stehen, Liegen, Sitzen und Schlafen zu zeichnen. Ich habe heute noch eine ganze Anzahl Skizzenbücher aus jener Zeit. Von Zeit zu Zeit sehe ich sie mir mit großem Vergnügen durch, und ein längst vergangener Abschnitt meines Lebens ersteht in meiner Erinnerung.

Ab und zu, wenn auch noch schüchtern, meldete sich schon ein späterer Grosz an. Ein ganz klein wenig wurde manchmal der Pferdefuß sichtbar. Trotzdem ich damals eher zum Träumerischen wie zum Spöttischen neigte, war ich realer Beobachter genug, und jenes fundamentale Gesetz der Tier- und Menschenwelt, das Gesetz von Hieb und Biß, kam mir sehr bald zu Bewußtsein. Später wurde es ein richtiges Leitmotiv meiner Lebens- und Gesellschaftsbetrachtung. Ich will nun nicht etwa so tun, als hätte ich damals, als Vierzehn- bis Fünfzehnjähriger, schon eine ausgewachsene Lebens- oder Menschenerkenntnis besessen. Davon kann gar nicht die Rede sein. Was ich andeuten wollte mit dem Gesetz von Hieb und Biß, lag begründet in der Erkenntnis einer gewissen Jungensbrutalität untereinander. Man wurde angegriffen und wehrte sich, so gut es ging, seiner Haut, man regulierte eben Sym- und Antipathien mit den Fäusten. Schwächere Schüler hatten dabei natürlich wenig zu bestellen. – Ein angeborener Leichtsinn und eine Bewunderung für kühne Taten waren in mir – neben einer gewissen Neigung zum Nachdenken. Ganz von selbst war somit mein Platz bei jenen Schülern, die heimlich in der Religionsstunde, unter der Bank, ›Nick Carter‹ lasen, und mit Sympathie wurde jede Demonstration gegen die Schulobrigkeit begrüßt. In jenen ruhigen Vorkriegszeiten wußte man in unserer Ober-Realschule nichts von modernen Erziehungsprinzipien und Reformen. Es war im Grunde der schwarzweißrote Rohrstock, der uns erzog und regierte. Die Lehrer, durchweg protestantische Reserveoffiziere, sahen das Ideal in einer möglichst soldatischen Erziehung. Ein altpreußisches, wahrhaft spartanisches Ideal war es; mit fünf Rohrstockhieben, auf die, mit männlicher Selbstverleugnung, eigenhändig strammgezogenen Hosen. Fast jeder Lehrer prügelte, jeder hatte sein besonderes System der Züchtigung. Manchem dickfelligen Pommernjungen war sicherlich auch wirklich nicht anders beizukommen. Ein Lehrer namens Knapp hatte eine besonders herabwürdigende Art zu strafen. Dieser Knapp sah schon von außen recht unerfreulich aus. Sein Gesicht war von jenem Ehrfurcht und Schrecken einflößenden Schnitt, den man in Norddeutschland häufig bei Beamten der Wach- und

Schließgesellschaften und in den Reihen der Gefängnis-
beamten antrifft. Unterstützt wurde das Furchtgebie-
tende seiner düster-kalten Gesichtszüge durch seine eigenartige Vorliebe für rauhhaarige Anzugstoffe, die ihn
wie ein Tierfell umgaben und das Brutale betonten. Er
hatte folgende Art, sich in Respekt zu setzen: Während
er auf dem Katheder saß, mußte man sich in strammer
Haltung vor ihm aufbauen. Handwurzeln an die Hosennaht, Gesicht geradeaus. Nachdem er mich eine längere
Zeit mit verächtlich strafendem Blick gemustert, drehte
er langsam, die bevorstehende Strafprozedur fachmän-
nisch auskostend, einen großen Siegelring nach innen,
wartete abermals und hieb mir mit gezügelter Wucht, indem er zugleich mit aller Verachtung die Worte Du
Ochse hervorstieß, vor die Stirne. Das Siegelringwappen
hinterließ sehr häufig ein schmerzendes Andenken. So
waren die Erziehungsmethoden durchweg. – Manche
Lehrer warfen uns, wenn wir sie wieder einmal bis zur
Weißglut geärgert hatten, ihr umfangreiches Schlüssel-
bund an die Köpfe und jagten uns um die Bänke, beleg-
ten uns mit Schimpfreden wie Verbrecher, noch mal am
Galgen enden, Revolver für die Bestien und dergleichen.
Es war ein erbitterter Kampf auf beiden Seiten, und auf
beiden Seiten gab es Opfer. Da half nichts, nur mit List,
heimtückischen und sinnreichen Einfällen war den be-
zwickerten Tyrannen beizukommen. Als wären Geister-
hände am Werk, rollten plötzlich Murmeln gegen das
Katheder, das sich, wie die hölzerne Zwingburg einer
unbeliebten Tyrannin, vor uns erhob. – Ein unterirdi-
scher Wille war überall am Werk, die heilige Rohrstock-
autorität zu beunruhigen. – Die Lehrer, die ich kennengelernt habe, entsprachen, mit vereinzelten Ausnahmen,
dem karikaturistischen Bilde, das der Vorkriegssimplicissimus so lebendig von ihnen entwarf. – Es waren unum-
schränkte Diktatoren, und wir Schüler hatten nur das
Maul zu halten. Kleine Betrügereien wurden mit großer
Schauspielkunst in Szene gesetzt. Man bot kriecherisch,
mit falscher Unschuld seine Dienste beim Präparatholen
an, oder man bat scheinbar bedrängt und hilflos, mit fle-

henden Augen, austreten zu dürfen, um dann im
Schnellzugstempo um die Ecke zu verschwinden, hin
zur nahen Bäckerei, wo man hastig ein Stück noch warmen Apfelkuchens verschlang. Solche harmlosen Vergehen wurden unnachsichtlich geahndet. Wer bei verbote-
nen Exkursionen ertappt wurde, bekam unweigerlich
Prügel oder Nachsitzen (was noch unbeliebter wie die
Prügelstrafe war, denn es versaute unter Umständen
einen schönen Juninachmittag). Fast alle Lehrer waren
Sonderlinge. Komische Drillmeistertypen mit faßförmi-
gen Bäuchen, merkwürdig schlappernden Hängehosen,
unmöglich sitzenden Krawatten, eigenartigen Zwickern.
Ein Arsenal menschlicher Schiefheit und Unzulänglichkeit. Nicht umsonst bedrücken uns noch manchmal
schaurige Schulträume. Denke ich an meine Schulzeit,
so steigt neben allerlei lustig Nichtsnutzigem unweigerlich jener eigenartig-säuerliche, strenge, muffige Pauker-
geruch in die Nase. Daß ich schließlich infolge weitge-
hender Differenzen meinen stillen Abschied nehmen
mußte, war mithin mehr als natürlich. Der Schlußstrich
meiner Schulkarriere war eine dem sonst nicht üblen
Kandidaten Pinkgwardt erwiderte kräftige Ohrfeige.
Trotz erniedrigenden Bittganges meiner Mutter zum Di-
rektor Mörner blieb er unerbittlich. Sein lakonischer Bescheid an meine ihn anflehende Mutter lautete: Ihr Sohn
verdirbt die ganze Klasse, eine Zurücknahme des Leh-
rerkollegiumbeschlusses kommt hier gar nicht in Frage,
Frau Grosz; vielleicht versuchen Sie Ihren Sohn woanders einzuschulen. Auf Wiedersehen! Auf Nimmerwiedersehen! Auf frohes Nimmerwiedersehen, Herr
Dr. Mörner! – Aber damals war mir bei aller Frechheit
gar nicht so keß zumute; wie ein krankes Stück Wild
hielt ich mich in der Waschküche verborgen, weinte
über den Gram, den ich durch meinen Rausschmiß meiner Mutter zugefügt hatte, und grübelte dann düster mit
tränenleeren Augen über meine gänzlich ungewisse Zukunft nach. Doch ich habe hiermit den Ereignissen
schon vorgegriffen. Kehren wir ruhig um und noch ein
letztes Mal in die Schule zurück. – In meiner Klasse war

auch der Sohn eines höheren Steuerbeamten mit Namen Köller. Dieser Junge war schon als einfacher Schulknabe so unheimlich dick, daß er den Beinamen der dicke Köller führte. Fast immer gibt es, auf jeder Schule, solch einen für sein Alter grotesk dicken Burschen. Wer hätte den in seiner Schulzeit nicht selbst einmal erlebt. Diesen kleinen Goliath aus Speck mit dem lustig beim Gehen hin und her wackelnden Popo, den Mordsbeinen mit den fetten Birnenwaden und den melancholischen Hängebäckchen. Dabei, trotz allem Phlegma, äußerst vif und frech. Auf diesen leibhaftigen Quadrathintern hatte ich es, durch irgendwelchen Streit mit ihm erbost, abgesehen. Zum Gaudium der ganzen Klasse machte ich, frei nach Busch, ein Spottgedicht mit Zeichnungen über ihn. Mein Machwerk war ziemlich plump, aber wirkungsvoll. Es trug mir, außer Erhöhung meiner Popularität, eine Prügelei auf dem Schulhof und eine kleine Todfeindschaft ein. Ein anderes Mal versuchte ich meine satirische Begabung an einem harmlosen Friseur. Der, ein Rousseau in seiner Art, neben seinem Beruf leidenschaftlich der Ölmalerei ergeben war. Zwischen Pappdeckeln mit aufgehefteten Schnurrbartbinden, Flaschen mit Seebalds Haartinktur gegen Kahlköpfe, spitzenverzierten Kartons mit rosa und hellblauen Seifen, Kämmen und Bürsten, Haarnadelpaketen, Zahnkrems, Tuben mit Bartpomade und Brillantinestangen, inmitten der ganzen süßlichen Pracht der Schaufensterauslage standen immer die neuesten Ölbilder seiner Hand. Schön goldgerahmt standen sie da; die Jagd- und Tierbilder, äsende Rehe im Schnee, der feurige, ein wenig zu himbeerfarbene Sonnenuntergang in der Heide und das Segelschiff im Sturm auf selterflaschengrünen Wellen. An den Markttagen standen die kunstliebenden Bauern voller Bewunderung vor seinem Ladenfenster, und manch einer erstand, nachdem er gewandt von dem Meister eingeseift und rasiert worden war, dieses oder jenes Gemälde. Von heute aus gesehen hatte sein Betrieb fast etwas sympathisch Altertümliches, von jener Zeit, als man neben der Malerei oder umgekehrt noch Wirt, Doktor, Friseur, Bürger-

meister oder sonst etwas war. Trat man in die Barbier-
stube, traf man sehr häufig den Meister beim Malen an.
Er hatte eine geschweifte Riesenpalette, die, verbunden
mit einer wirklich schöngepflegten Friseurtolle, in der
oft ein Kamm steckte, seiner Erscheinung etwas von
einem heute fast nur noch in Paris übriggebliebenen
Kunstmalertyp gaben. Eigentümlicher Eindruck, wenn
man da saß, um sich die Haare schneiden zu lassen, und
der Duft des Terpentin- und Leinöls sich mit den Aro-
men der Haar- und Bartwässer, der Pomaden und Seifen
mischte. Auf dieses liebenswürdig komische Original
hatte es jener von mir schon weiter vorn beschriebene
Chefdekorationsmaler abgesehen. Dieser hatte in München wahre Kunst von unechter unterscheiden gelernt
und empfand sich als eine Art künstlerisches Gewissen
der Stadt Stolp. Infolgedessen hielt er den malenden Fi-
garo für eine bekämpfenswerte Kulturschande, seine Bilder für total kitschige Machwerke und die ganze Erscheinung für eine Geschmacksverderbnis des pommerschen Volkes. Da er ein satirischer Kopf war, gab er für
sich und ein paar Freunde in einer kleinen Steindrucke-
rei von Zeit zu Zeit ein zweiseitiges Flugblättchen heraus, ›Stolper Bilderbogen‹ genannt. Hierin geißelte er in
›linienstilistischen Zeichnungen‹ und selbstgemachten
Versen besonders dumme Lokalereignisse. Ihm waren
die vergrößerten Postkartenmalereien des Meisters
Hingst ein gefundenes Objekt. Ich, der ich einen Auf-
trieb nach höherer Kunstbildung verspürte, lauschte seinen wohlgesetzten Reden, und manches ging in mir auf
wie Spargel nach dem Regen. Dadurch wurde bewirkt,
daß der Entschluß reifte, etwas von mir aus zu unternehmen gegen die geschmacksverseuchenden Malereien
dieses Schaumschlägers. Also dachte ich mir ganz was
Höhnisches und Bissiges für Gr.'s Blättchen aus. In ›linienstilistischer‹ Manier zeichnete ich den Meister
Hingst, wie er in einem abnorm großen Nachttopf
bräunlichen Schaum schlägt und eben im Begriff ist, auf
einer Leinwand (dies sollte satirisch-symbolisch sein)
einen Kunden sozusagen mit seiner Kunst einzuseifen.

Ich hielt meinen Einfall für sehr originell und scharf. Auch einen witzigen Text setzte ich unter mein Pamphlet. Bezeichnenderweise in Form einer naturgeschichtlich-zoologischen Beschreibung. – Leider blieb dieses Capriccio ungedruckt. Der Stolper Bilderbogen stellte wegen mangelnden satirischen Verständnisses der Einwohner und damit bedingter finanzieller Schwierigkeiten bis auf weiteres sein Erscheinen ein. Irgend jemand hatte mir erzählt, daß man mit Karikaturen viel Geld verdienen könne. So entstanden in Kürze eine Unmenge der albernsten ›linienstilistischen‹ Zeichnungen. Das meiste in diesen Blättern war nicht auf meinem Miste gewachsen, und ich verlor mich in ein immer mehr zunehmendes linienstilistisches Gestrüpp. Einfachheit und Komik schwebten mir wohl vor, und durch das Betrachten alter und neuer Witzblattzeichnungen glaubte ich meinen Stil zu finden. Aber es war noch ein langer Weg nach Tipperary. Die Witzblattredakteure waren kritischer als ich. Mit hoffnungsloser Regelmäßigkeit erhielt ich stets meine Arbeiten zurück. Immer lag der gleiche Absagebrief dabei: ›Von Ihrer frdl. Einsendung, für die wir bestens danken, bedauern wir keinen Gebrauch machen zu können.‹ – Meine rosigen Träume waren zu Essig geworden. Wir hatten damals an der Realschule einen sehr verständigen Mann, den Zeichenlehrer Papst. Er stützte mich durch Rat und Tat, er war der einzige, der mein Talent sehr früh erkannte und meiner Mutter zuredete, mich Maler werden zu lassen. Papst stammte aus Österreich und war akademisch gebildet. Nach lustigen, etwas bohemehaften Studienjahren aufs Geldverdienen angewiesen, war er schließlich bei dem sehr geschätzten Hofmaler Iser in Stettin gelandet. Iser, darin dem weltberühmten Fischer in der Berliner Passage ähnlich, hatte eine richtiggehende Fabrikation repräsentativer Porträts. Er lieferte an Rathäuser, Schulen, Kasinos und andere öffentliche Gebäude die nötig verlangten Abbilder der Rats- und Standesherren, der Abgeordneten, der Bürgermeister, Generale und aller verdienstvollen Söhne der Gemeinden. Er hatte einen ganzen Stab von Gehilfen, und darunter war auch besagter Papst gewesen. Später wechselte er diese Stellung und wurde neben dem sehr alten und komischen Herrn Fitzlaff zweiter Zeichen- und Turnlehrer an unserer Realschule. Hager, von großem Wuchs, mit faltigen Gesichtszügen, slawischen Backenknochen, warmen braunen Augen, bürstengleichen Stehhaaren wirkte er alles in allem vertrauenerweckend und achtunggebietend.

Obwohl er keineswegs so aussah, wurde er mein rettender Engel. Durch freundlichen Zuspruch flößte er meiner Mutter, die ihn meinetwegen aufgesucht hatte, neue Hoffnung für ihren mißratenen Sohn ein. Denn mißraten war ich; ich war mit Schimpf aus der Schule geschaßt worden, das erschien meiner Mutter und meinen Schwestern als Schande, zumindest eine schlechte Vorbedeutung für später. Sie teilten die allgemeinen Vorurteile der Vorkriegszeit. Mit Recht, denn, das Einjährige nicht gemacht zu haben, bedeutete drei, eventuell vier Jahre beim Kommiß dienen und wertvolle Zeit verlieren, abgesehen von der ziemlichen Menschenabschinderei, die nun einmal mit diesem gemeinen Gamaschendienst verbunden ist. Auch gesellschaftlich war man ebenfalls nicht erstklassig, hatte man als gemeiner Soldat gedient. Hierin waren die Vorurteile der Menschen, auf die es ankam, sehr streng, denn weiterhin war das Einjährige der Schlüssel zum Reserveoffizier, und dieser Reserveoffizierrang war hinwiederum nötig, wollte man Karriere machen oder sich reich und zweckmäßig verloben. Mit einem Wort, das Einjährige war lebenswichtig, um in eine höhere Lebenssphäre zu gelangen. Und in vielen kleinbürgerlichen Familien von bescheidenster Lebenshaltung sah man oft wunderbare Beispiele, wie die Eltern sich alles vom Munde abdarbten, zusammenkratzten und an der Aussteuer der Tochter knauserten und sparten, alles für den Sohn, nur damit er sein Dienstjahr von sich aus bestreiten konnte. Auch wurde schon überall in den anständigen Berufen die Berechtigung zum Einjährigen verlangt. Wenn es auch lange nicht so streng war wie heutzutage, wo ja alle Berufe mit einem scheußlichen Stacheldraht von geforderten Reifezeugnissen und nichts besagenden Prüfungen abgesperrt sind. Doch verlassen wir jetzt diese eingeschaltete Abschweifung über das Einjährige und folgen wir weiter den Erinnerungen. Auch meine Mutter hatte alle diese Bedenken vor Augen. Sorgenvoll sah sie in düstere Zukunft, und mich als besseren Lithographen und ordinären Kommißinfanteristen meine drei Jahre runterrasseln. Nachdem die ersten Tränen getrocknet waren – ich war längst aus meiner freiwilligen Waschküchenverbannung hervorgekommen, radelte schon wieder, als wäre nichts geschehen, fröhlich in der Stadt umher –, traute ich mich, wenn auch noch schüchtern, wieder mit meinem Lieblingswunsch, Maler zu werden, hervor. Meine Mutter wollte sich damit gar nicht befreunden. Als praktische Frau hätte sie mich viel lieber in Schlawe oder Köslin von neuem eingeschult. Denn eine höhere Beamtenkarriere, zum Beispiel bei der Post, erschien ihr bei weitem sicherer und besser. Damit hatte sie auch durchaus recht. Mir allerdings erschien solcherlei Berufswahl und eine neue Einschulung wenig verführerisch. Ich hatte inzwischen schon eine schöne schulstundenlose Zeit gehabt, und die Freiheit, zu tun, wozu ich Lust und Laune hatte, wollte ich ungern wieder aufgeben. Natürlich mußte etwas geschehen, das sah ich ebenfalls ein, und auf die Dauer war mir bei meinem so In-den-Tag-Hineinleben auch ein wenig unheimlich zumute. Ja, Maler wollte ich gerne werden, große Bilder malen, oder, noch besser, an irgendeiner humoristischen Zeitschrift ein hochbezahlter Mitarbeiter. Damals setzte die ›Berliner Illustrierte Zeitung‹ einen sogenannten Menzelpreis (3000 Mark) für junge Illustratoren aus, so dachte ich im stillen, diesen Preis, wenn ich genügend ausgebildet wäre, einmal zu erlangen. Dieser Preis hatte es mir angetan, ich träumte vage von schönen Reisen in fremde Länder als zeichnender Berichterstatter, und hatte ich erst die 3000 Mark, eine ungeheure Summe in jener Zeit für mich, so hatten alle Zukunftssorgen ein Ende. Aber meine Mutter war äußerst skeptisch. Ich sollte ein tüchtiger Mensch werden und fleißig Geld verdienen. Kunstmaler, mein Gott, das war in ihren Augen ein völlig brotloser Beruf, wo man immer nur zuzubuttern hatte. War denn das überhaupt ein Beruf für jemand, der die höhere Schule besucht hatte? Na ja, man hörte und las gelegentlich von einem Hirtenjungen, der dann sein Glück gemacht hatte und Professor geworden war und einen Orden bekommen hatte, aber das waren doch Seltenheiten. Die meisten waren rechte Liederjahne geworden, hausten in obskuren Dachateliers mit Diwan und Samtportiere, gingen salopp gekleidet, hatten Hunger und blieben hinterher dem Bäcker die Semmeln schuldig. Ja, ein recht nichtsnutziges Dasein war das, gearbeitet wurde da auch nicht allzuviel, die lagen auf der Bärenhaut, womöglich mit leichtfertigen Modellpersonen, und vertranken das Studiengeld, das man sich mühsam zusammengerackert und abgespart hatte. Letzten Endes kam dabei nichts heraus als ein ganz gemeines Lotterleben auf anderer Leute Kosten. Aber der brave Papst, mein ehemaliger Zeichenlehrer, verstand es, meiner Mutter klarzumachen, daß alles nur halb so schlimm sei. Er meinte sehr richtig: Verlumpen und zu nichts bringen könnte man es in jedem anderen Beruf auch, und da zweifellos bei mir ein nicht gewöhnliches Talent vorliege und er mich auch etwas als Charakter hätte kennengelernt, so rate er mit bestem Gewissen zum Malerberuf. ›Ihr Sohn hat das Zeug dazu in sich und wird seinen Weg schon machen‹, sagte er mit schönem Vertrauen in meine mir selbst noch unklaren Fähigkeiten. So zerstreute er alle Bedenken, und schweren Herzens entschloß sich meine Mutter zu dieser Berufswahl. Ich sollte also auf eine Kunstakademie geschickt werden. Es kam hier Berlin oder Dresden in Frage. Er, Papst, erbot sich, mich für die nötige Aufnahmeprüfung vorzubereiten, denn er hatte selbst eine Akademie besucht und wußte, was verlangt wurde. So zeichnete ich unter seiner Korrektur auf blauem Tonpapier nach einer Gipsbüste. Ich zeichnete in schwarzer Kreide und setzte zum Schluß sorgfältig mit weißer Kreide die Lichter zur Erhöhung des plastischen Eindrucks auf. Es war der Kopf einer Göttin in Lebensgröße. Dann malte ich auf selbstpräparierten Pappendeckeln in monochromer Manier, das heißt nur in Schwarzweiß, die Porträtbüste von Lessing, einmal von vorne und einmal von der Seite in Ölfarbe. Die Resultate wurden von Papst kritisch besprochen, und außerdem gab er mir allerlei nützliche und wissenswerte Winke für meine spätere Laufbahn. Er hatte ein großes Herz und eine freie männliche sympathische Gesinnung, er stärkte mein Selbstvertrauen und handelte wirklich uneigennützig und hochanständig. Oft noch erinnere ich mich seiner; ihm verdanke ich die ersten sicheren Schritte auf dem ziemlich holprigen Wege zur Kunst. Inzwischen hatte ich auch an meine Schwester Cläre nach Berlin geschrieben, um ebenfalls ihre Meinung einzuholen. Sie war damals in einem großen Kaufhaus als Direktrice angestellt und hatte mir gelegentlich von dem für dieses Kaufhaus tätigen Maler und Zeichner Hajduk erzählt. Ich bewunderte seine Reklamekarikaturen sehr, schnitt sie sogar aus den Zeitungen und sammelte sie. Meine Schwester war mir, solange ich denken kann, sehr zugetan und unterstützte auch immer meine Vorliebe, aber als ich nun so wenig würdig die Schule quittierte und partout zur Kunst wollte, da riet sie, energisch wie stets, ganz entschieden ab. Aber sie hat mir meine hartnäckige gegenteilige Meinung nie nachgetragen, im Gegenteil mir späterhin noch viel Gutes erwiesen und mich in allen Zeiten unterstützt, wo sie nur konnte. Und in den Zeiten, wo ich wenig hatte, kamen oft Pakete von ihr mit Lebensmitteln und allerlei leckerem Schnickschnack zum Essen. Ich packte nun flugs ein Paket mit Arbeiten ein und sandte es ihr. Meine Absicht war, sie sollte es in Berlin einem ihr wohl oberflächlich bekannten Malprofessor (ich glaube, es war Professor Seeger von der Akademie) zeigen, um allenfalls noch ein Fachurteil mehr in der Hand zu haben. Ich hatte fleißig gezeichnet, nicht nur bei Papst, sondern auch für mich. Im Hinblick auf die Tradition der Berliner Akademie hatte ich einen meiner Schnürstiefel naturgetreu und sehr peinlich in Bleistift abgezeichnet und dem Paket beigelegt. Dieses Kunstblatt war es denn auch, was mir einen Achtungserfolg des begutachtenden Professors eintrug. Aber trotzdem entschieden wir uns für Dresden. Ich sammelte also abermals alle meine besten Zeichnungen, fügte einen höflichen Begleitbrief nebst Lebenslauf bei und sandte alles in banger Erwartung ab. Der Bescheid lief nach geraumer Zeit ein. Er lautete, ich solle mich an dem und dem Tage in dem und dem Raume zur Aufnahmeprüfung einfinden. Ich war hochbeglückt, und voll Stolz geschwellt erzählte ich davon meinen Freunden, die noch in der Schule schwitzen mußten. Rosig gelaunt, allerdings mit ein wenig Angst im geheimen vor der Prüfung, sah ich diesem neuen Abschnitt meines Lebens entgegen.

Mit meiner Tante (jener, die gemeinsam mit meiner Mutter in Stolp das Kasino bewirtschaftete) wurde ich nach Dresden geschickt. Sie hatte dort von früher her Bekannte wohnen. Und so stiegen wir denn zunächst bei Familie Kühling in Striesen ab. Hier sollte ich solange zu Gast wohnen, bis die Prüfung über weiteres Bleiben oder nicht entschieden haben würde. Herr Kühling war ein freundlich würdiger Mann, sehr groß, meistens steckte eine Zigarre zwischen seinen weißbebarteten Lippen. Er war wohl eine Art Zivilingenieur, jedenfalls bewohnte er in Striesen den ersten Stock einer Villa. Er hatte zwei erwachsene, unverheiratete Töchter mit strammen Busen. Das Auf- und Abhüpfen der wohlgeformten üppigen Halbkugeln unter den weißen Blusen erfüllte mich mit Wünschen und Vorstellungen.

Vergeblich versuchte ich dieser Wunschvorstellungen Herr zu werden, aber es gelang mir nicht; immer wieder sah ich die beiden Schwestern in irgendeiner bestimmten, unziemlichen Weise vor mir. Gerne hätte ich wohl auch einmal eine diesbezügliche Annäherung unternommen, aber ich war einfach noch viel zu grün, zu schüchtern. Wäre ja auch sicher hanebüchen aufgelaufen und wohl mit Glanz von Vater Kühling an die Luft befördert worden. Und das durfte ich keinesfalls riskieren, denn ich steckte andererseits voll eben gefaßter braver Vorsätze und wollte doch zeigen, was ich konnte, außerdem rückte der Prüfungstag näher und näher, und ich war im übrigen gar nicht so unbedingt sicher, ob ich die Bedingungen erfüllen würde. So hieß es denn eines Tages früh raus, und der schwere Gang zum staatlichen Kunsttempel wurde angetreten. Die damals noch ›königliche‹ Kunstakademie war wunderschön an der berühmten Brühlschen Terrasse gelegen. Es war ein herrlicher, ein wenig schwermütiger Herbsttag, der zu meiner etwas fatalistischen Prüflingsstimmung paßte. Da lag die glitzernde Elbe und da drüben die alte Karolabrücke, die Kühl so oft gemalt hat, und weiter drüben die sonnenbeleuchteten Häuser von Dresden-Neustadt. Ganz weh wurde einem beim Gedanken, daß man jetzt dort in das mächtige, palastartige Gebäude hinein sollte, um seine Fähigkeiten zu erweisen. Ich öffnete die Tür und betrat die kühle Vorhalle. Man merkte schon, daß etwas los war heute. Vor der kleinen Loge des Portiers Rasch drängten sich eine Menge ebensolcher Ankömmlinge wie ich, ließen sich Bescheid und Auskunft geben, andere wiederum, die ihren Bestimmungsplatz schon gefunden, kauften bei ihm Papierrahmen und für die Prüfung notwendiges Zeichenmaterial. Schon sah man diesen und jenen Prüfling mit einem großen papierbespannten Rahmen im Korridor entschwinden, in der einen freien Hand krampfhaft ein paar Kreidestifte und einen Knetgummiklumpen geklemmt. Dann sah man wiederum andere, wohl schon ältere Schüler, die am schwarzen Brett nach Neuigkeiten sahen oder mit dem Portier ein fast auf Du stehendes Gespräch, vertraut so von oben herunter, führten. Der farbbekleckste Malerkittel gab ihnen in unseren Augen etwas von alten Soldaten, die schon lange im Regimente dienten und was erzählen konnten. Einem, der außerdem nach echter Kunstmalerart eine Lavallière trug und eine kurze Bulldoggpfeife rauchte, sah ich ehrfürchtig nach, als er mit einem Paket Zeichenkohle im wehenden Malkittel in einer der vielen großen Türen verschwand. Gleich beschloß ich bei mir: So mußt du auch später aussehen. Bitter enttäuscht war ich, als ich hinterher erfuhr, daß dieser mir so hochkünstlerisch Erschienene nur ein ganz einfacher Architekturschüler war. Ich erkundete nun ebenfalls das Notwendige, ging einen großen, mit Bildern und Zeichnungen aller Art und Stil behängten bogenförmigen Korridor entlang und landete in der damaligen Unterklasse. Im Vorbeigehen las ich noch auf der benachbarten Tür die angeheftete Visitenkarte Professor Richard Müller, ohne zu ahnen, daß dieser im Verlauf der nächsten Wochen mein Lehrer sein würde. Die Unterklasse war ein großer Atelierraum mit Oberlicht. Es war offenbar im Hinblick auf die Prüfung Platz gemacht worden, der Raum war ziemlich leer, in einer Ecke stand ein großer Schrank, in dem Gerümpel und alte Kittel waren, an den Wänden standen auf fahrbaren Untersätzen drehbare antike Gipsstatuen, ein laufender Gipsmann reckte leicht angeschmutzt seinen Fechterarm den Eintretenden entgegen. Ein paar Staffeleien mit schon aufgestellten, unschuldsvoll leuchtenden Papierrahmen und im Hintergrund ein paar große, total vollgekritzelte Abdeckungswände gaben dem Ganzen einen grauen, etwas staubigen Charakter. Das von oben kommende, abgedämpfte kalte Licht erhöhte diese allgemeine graue Stimmung. Als ich eintrat, waren schon eine ganze Anzahl Prüflinge versammelt, Gruppen hatten sich gebildet, und man hörte neben unverfälschtem Sächsisch alle möglichen Idiome deutscher Zunge. Ich gesellte mich einer diskutierenden Gruppe bei, die gerade dabei war, ein von irgend jemand hervorgeholtes Ölbild zu kritisieren. Ein sehr breit und mahlend sächsisch sprechender Jüngling mit einer Stahlbrille erläuterte uns, daß es von Hodlers Neffen gemalt sei und daß dieser gerade in die Malklasse von Professor Zwintscher versetzt sei. Ich hatte von Hodler noch nichts gehört und gesehen, und mir sagte diese von seinem Neffen mit sehr viel dicker grüner Farbe gemalte Landschaft nichts. Dann ging das Gespräch auf Professor Richard Müller über, und ich erfuhr hier zum ersten Male seine Bedeutung als großer Meister, mit ehrfürchtiger Stimme, wenn auch mit sehr sächsischem Akzent erzählte uns dann der stahlbebrillte Jüngling von horrenden Preisen und daß seine Zeichnungen sogar vom Londoner Kupferstichkabinett angekauft worden seien. Ich spürte mich plötzlich recht bescheiden werden und dachte an den langen Weg von Fleiß und Talent bis zum Londoner Kupferstichkabinett. Wir waren eine recht gemischte Gesellschaft, wir angehenden Kunstakademiker. Ganz von selbst bildeten sich schon kleine Annäherungen und Sympathien zueinander aus. Ich machte sofort die Bekanntschaft mit einem Russen namens Marjan Fränkel, ein jüdischer russischer Pole in einem kaftanähnlichen Mantel, mit einer gaumigen Aussprache des Deutschen. Sicher einer, der schon allerlei erlebt hatte, dachte ich, als ich sein Gesicht sah. Bald darauf trat dann unser Prüfungsmeister ein. Es war Professor Sterl. Mit einem sympathischen radieschenfarbenen, bespitzbarteten Junggesellengesicht, kleinen zugekniffenen Impressionisten-Äuglein im gutmütigen Gesicht. Sicher ein Mensch, der wenig redet, aber gern bei einer guten Flasche Rotwein sich erzählen läßt. Er gab uns als Prüfungsaufgabe eine Zeichnung nach dem Gipskopfabguß der Büste des Kaisers Nero auf. Nachdem er alle Versammelten noch freundschaftlich-brummend ermahnt hatte, überließ er uns unseren Fähigkeiten, und bald hörte man nur noch das Kratzen und Wischen der Kreide und Kohlestifte auf den hartgespannten Papieren. Die Prüfung dauerte einige Tage, in denen uns Professor Sterl ab und zu besuchte und nach dem Rechten sah, und da und dort auch wohl eine Minute kritisch verweilte. Ich hatte mich gleich, obwohl keineswegs sicher, tollkühn in die Arbeit gestürzt, lotete und maß wie ein alter abgebrühter Akademiker und traf mit meiner etwas flächigen Kohletechnik sicherlich die Anerkennung Professor Sterls, denn im Vorbeigehen brummte er mir wohlwollend zu. So war ich fein heraus und freute mich sehr, denn mit dieser sparsam brummigen Beifallsbezeugung war ich so gut wie aufgenommen. Merkwürdige Gesellen, wir Prüflinge, und mit welcher leidenschaftlichen Hingabe manche das Heil in der staatlich akademischen Ausbildung sahen [...].

Nachdem die Prüfung überstanden, blieb ich nicht länger bei Kühlings. Ich siedelte in ein kleines möbliertes Zimmer in der Dornblüthstraße über. Hier wohnte ich recht und schlecht für sehr billiges Geld in einem winzigen Zimmerchen nach vorneheraus. Ich glaube, alles in allem, mit Kaffee früh, zahlte ich an fünfzehn Mark monatlich. Da war ein Bett, längs der Wand gestellt, ein üblicher Kleiderschrank mit Muschel- und Kugelornamentik, ein einfaches Seriensofa mit festgesteckten gehäkelten Deckchen, ein viel zu kleiner Tisch und ein Stuhl. Hier saß ich die erste Zeit meines Dresdener Aufenthalts leicht melancholisch-einsam und zeichnete bei der Petroleumlampe oder las, nachdem ich mein einfaches Abendbrot, bestehend aus etwas Wurst mit Kartoffelsalat und ein paar Stückchen Dresdner Käse (sogenannte Leichenfinger), verzehrt hatte. Die Familie, von der ich das Zimmer gemietet hatte, war eine ehrbare Proletarierfamilie, der Mann ging als Drucker auf Arbeit und war den ganzen Tag fort. Die erste Zeit nahm ich den akademischen Unterricht sehr ernst, war ich doch voller guter Vorsätze und absolut willens, sie auch auszuführen. Ich stand regelmäßig früh auf, denn da die Dornblüthstraße in Striesen lag, so hatte ich mich zu tummeln, um pünktlich an der Staffelei zu stehen. Ich war also in die sogenannte Unterklasse aufgenommen worden. Diese Klasse, die heute nicht mehr existiert, war eine Art Vorklasse, wohl noch aus Winckelmannschen Zeiten der Klassizistik übriggeblieben, wenn man sie nicht lediglich als Pensionskrippe einiger Malprofessoren ansah. Die Mittelklasse war das Reich der Professoren Richard Müller und Osmar Schindler. Der eine regierte mit militärischer Strenge, Malstock und einem Dutzend tödlich spitzer Kreidestifte – der andere mehr zivilistisch schlapp mit Estampe, Wischkreide und Glacépalette. Es wurde in der Hauptsache nach Gipsabgüssen gezeichnet, die man in Originalgröße wiederzugeben hatte. An großen Figuren zeichnete man durchschnittlich eine Woche bis vierzehn Tage. Zweimal im Monat wurde nach lebendem Modell gearbeitet. Dann gab es noch ergänzenden Unterricht in Perspektive bei dem Architekten Beyrich und Anatomie bei dem stets in einen schwarzen Schwalbenschwanz gekleideten, sehr verbindlichen und blond bespitzbarteten Professor Dittrich. Ein junger, flott aussehender Landschaftsmaler Berndt veranstaltete Landschaftskurse, die aber wahlfrei waren und an denen hauptsächlich Architekten teilnahmen, die sich hinterher besoffen. Halt, da hätte ich fast den alten Meister Johannes Raphael Wehle vergessen, er lebt in der Kunstgeschichte als der Schöpfer des Treffers ›und sie folgten ihm nach‹ fort. Bei ihm hatten wir hin und wieder Kompositionsunterricht, und dann und wann korrigierte er auch nach Modell und im Abendakt. Er war ein braver alter Herr, schon leicht mümmelnd, und gehörte eigentlich schon der zurückliegenden Zeit des Faltenwurfs und der Thumannschen Madonnen an ... Nichts zu lachen hatten wir bei Professor Richard Müller. Er hielt auf Disziplin und militärische Pünktlichkeit, wer zu spät kam, wurde angeschnauzt. Er war selbst ein riesig fleißiger Arbeiter und von früh sechs bis abends um acht (er malte bei künstlichem Lichte) unermüdlich an der Staffelei tätig. Als ich einmal zu spät kam – er war schon in der Klasse bei der Korrektur –, herrschte er mich sofort an: ›Wo komm'n Sie d'n her? Wie? Zu spät aufgestanden, was??! Was heißt'n das, Elektrische versäumen, was? Ein Mann wie Sie und bei Ihrem Talent, der müßte schon früh um fünfe vor der Akademietür warten, bis se aufgemacht wird, scher'n Sie sich an die Arbeit.‹ Ja, so vernichtend konnte er einen herunterkanzeln, und dabei lag in seinem ganzen Wesen etwas Autoritätheischendes, dem man sich auch bei aller Frechheit nicht entziehen konnte und das keinen Widerspruch erlaubte. [...]

Von außen sah er sehr gut aus damals. Er hatte einen energischen, schön geschnittenen Kopf mit vollem, ganz ergrautem Haar. Er sah auf den ersten Blick wie ein Normalamerikaner vom Titelblattyp eines Magazins aus. Er war stets sehr sauber und korrekt angezogen, und der energische Schritt seiner mit derben braunen Veraschuhen bekleideten Füße warf den Schall seiner energischen Persönlichkeit weit in den Akademiekorridor voraus. Man wußte, aha! Richard Müller kommt. Er hatte hübsche, klare, intelligente, scharfe, graue Augen und eine angenehme Hautfarbe, natürlich verunzierte kein sonst bei Künstlern so beliebter Spitzbart sein offenes männliches Antlitz. Das Haar trug er glatt an der Seite gescheitelt, und kein Mensch hätte in ihm den Schöpfer so vieler photographisch genauen Zeichnungen und Bilder vermutet. Schade nur, daß sein leuchtendes Beispiel bei den Begabteren von uns so wenig Anklang fand. Das dauernde Arbeiten nach diesen wirklich scheußlich langweiligen Gipsklamotten schmeckte langsam sauer, man sah keinen rechten Sinn dahinter, und die wohl vorhandene Normalschönheit, der heutzutage wieder auflebende klassische Kanon, war uns verschlossen. So standen wir vor dem schon vielfach befingerten und abgeloteten Dornauszieher oder dem borghesischen Fechter und zeichneten viel zu groß stumpfsinnig drauf los, bestrebt, möglichst eine lebensgroße Photographie in Kreide herzustellen. Aber in den Begabteren regte sich ja, Gott sei Dank, ihr mitgebrachtes Talent. Und so gingen sie denn in die Bibliothek und bildeten sich da selbst auf eigene Kosten weiter. So studierten wir in der Bibliothek und in den Galerien gerade die Künstler, die Richard Müller so herunterkanzelte. Wir Anfänger hatten die gesunde natürliche Scheu jedes Beginners vor Pimpelei und Kleinlichkeit, und die ewige Ausführerei mit harten spitzen Stiften versaute uns das ganze Studium nach der Natur. Wir wollten gerne gleich loslegen und am liebsten, da das undisziplinierte dicke Farbaufschmieren damals in der Luft lag, am liebsten ebenso irgend etwas in dieser Manier machen. Man hätte, wenn eine bessere Pädagogik dagewesen wäre, uns ruhig die erste Zeit ausschmieren lassen sollen, so wie wir Lust und Laune hatten. Das wäre besser und nützlicher gewesen, als uns gleich von Anfang an in einen zeichnerischen Kommißstil zu drillen. Das unausgesprochene Ideal dieses Zeichenunterrichts war, uns zu möglichst präzis funktionierenden Reproduktionsmaschinen zu erziehen. Es wehte eine sehr akademische trockene Luft in den Unterrichtsateliers, die den Schwung der eigenen Phantasie bedenklich zügelte. Man schrieb das Jahr 1910. Es war eine interessante Zeit in der Kunstbewegung, die Kubisten und Futuristen kamen auf, die Dresdener Künstlergruppe ›Brücke‹ trat auf den Plan, und in Sindelsheim regten sich im ›Blauen Reiter‹ unter Leitung Franz Marcs und Wassili Kandinskys junge, selbständige, wertvolle Kräfte. Viele ausländische, besonders französische Maler fingen an, auch in Deutschland bekannt zu werden, man sah und hörte Entscheidendes von van Gogh, von Matisse und von Munch. Sonderbünde und private Kunstförderer wagten sich hervor, es war eine lebendige Kunstwelle in der europäischen Welt kurz vor dem Kriege. Aber all dieses Neue drang nicht durch die dicken Mauern der königlichen Kunstakademie und viel weniger in die noch dickeren Köpfe der bestellten Talentpfleger. So waren die fortschrittlich Gerichteten unter uns vollkommen auf sich selbst, auf Ausstellungen moderner Bilder und dementsprechende Zeitschriften und Reproduktionen angewiesen. Diskussionen entwickelten sich ganz von selbst, und gelegentlich brachte ein Weitgereister sensationelle Kunde von neuen Malversuchen und originellen Vorstößen. Ich weiß noch, wie besagter Höhmann zum ersten Male, wir standen in einer Pause zusammen, von einem merkwürdigen Maler namens van Gogh erzählte, der versucht hätte, die direkte Sonne zu malen, und welch leidenschaftliches Hin und Her seiner Erzählung folgte. Ein anderes Mal machte mich mein Freund Kittelsen mit Reproduktionen von Munch bekannt. Dann kam der ebenfalls schon erwähnte Barkus mit Nolde, der ganz kunstrevolutionär damals wirkte, und so gab es immer ab und zu Neues und Niegesehenes zu sehen und zu erörtern. Eigentlich wäre es doch Aufgabe unseres Lehrers gewesen, uns mit all diesen neuen Strömungen bekannt zu machen, meinetwegen nach seinem Geschmack all diese Talente und Bestrebungen zu erklären, oder noch besser hätte er getan, wenn er in fruchtbarem Wechselgespräch mit uns darüber diskutiert hätte. Wie dankbar und anregend für beide Teile hätte so der trockene Zeichenunterricht belebt werden können. Aber nichts wollte man davon wissen, wie in der eben verlassenen Schule der Lehrer war der Professor behördlich amtliche Autorität, und seinem Urteil war Folge zu leisten. Selbstredend waren solche Urteile unfehlbar. Selten sah man über die vier Wände seines geräumigen Ateliers hinaus. Daß Kunst und künstlerische Betätigung auch in das direkte Leben eingriff und nicht nur eine Sonderexistenz im Schaufenster der Kunsthandlungen führte, davon wußte oder wollte man höheren Ortes wenig wissen. So bezogen wir alle lebendigen Anregungen von außen ziemlich wahllos und durcheinander. Gerade hier hätte ein geschickter Lehrer einzusetzen gehabt und uns systematisch einen Weg zeigen können. So mußten die Interessierten unter den Studierenden sich gewissermaßen erst durch Kraut und Rüben, durch Gutes und Dummes mühsam emporlesen. Manchen Irrtum und Zeitverlust hätte man mit Hilfe eines allgemein und vorurteilsfrei gebildeten Lehrers sicher vermieden. Ich bin mir natürlich bewußt, daß in dem, was ich hier kritisch ausführe, eine gewisse Relativität liegt. Ich weiß auch, und so ist es mir ja gerade ergangen, daß es auch für einen sehr verständnisvollen Lehrer in der Kunst nicht so einfach ist, ein Talent sofort zu entwickeln und zur Reife zu bringen. Da spielen ja nachher ganz andere Dinge mit, da ist es dann schließlich, banal gesagt, das rätselhafte Auf und Ab des erlebten Lebens selbst, das die Begabung erst zu Leistungen befähigt. Aber meist ist doch der junge Beginner noch dumpf, voller Gärung, voll von einem gefühlten Irgendetwas, was er einmal leisten wird können, aber auch meist voller gutem Willen und Feuer für die Sache. Hier, und das meinte ich mit oben Ausgeführtem, kann ein gebildeter Lehrer ein verständnisvoller Wegweiser und Ratgeber sein, nicht nur in der Frage, wie man mit einer Rohrfeder umgeht und anderen rein technischen Dingen. Heute soll, erzählt man, ja längst ein anderer Geist des Unterrichts an den staatlichen Anstalten herrschen. Hoffentlich ist es mit dem Geist einer autoritativen Banausität endgültig vorbei. Wir loteten, maßen und zeichneten weiter drauf los, alle vierzehn Tage lieferten die Fleißigen einen schön gezeichneten ›Gips‹ ab. Die zu solcher Pimpelarbeit besonders prädestinierten ehemaligen Lithographen taten sich da glänzend hervor. Mit insektenhaftem Fleiß wurden sogar oft die kleinen Abschürfungen und Bruchstellen miniaturhaft mit ausgeführt, zum Entzücken Professor Müllers, der ja selbst in solcher Detailzeichnerei Meister war. Sorgfältig wurden, wenn wir Kopfmodell hatten, die Haare der Augenbrauen abgezählt. Weit ging man über das Programm der jetzt so beliebten Sachlichkeit hinaus. [...]

Modelle standen oft in gewagten Posen, ausgerenkte Arme und schwer zu haltende Beinstellungen wurden durch Anbinden unterstützt. Das sah grotesk aus, ähnlich den Kopfstützen bei altertümlichen Provinzphotographen. Schließlich waren wir ja auch nicht viel mehr, und da so ein Modell oft drei Wochen in derselben Pose verharren mußte, so war schnelle Auffassung nicht nötig. Durch diese lange Posiererei entwickelte sich unter den Schülern eine kleinliche Korrigierwut, jeden Tag wurde neu am Modell herumgestellt und geschoben, einem war gestern der Arm weiter rechts, dem anderen der Fuß mehr nach außen gedreht. So lagen sich besonders Ängstliche, aufs genaue Maß Bedachte dauernd mit der angeblich richtigen Stellung von gestern in den Haaren. Erst wenn die allgemeinen Umrisse zu Papier gebracht waren, was bei der herrschenden Gewissenhaftigkeit oft tagelang dauerte, hatten diese Modellquälgeister Ruhe, und zwei Wochen wurde nun sorgfältig schattiert, radiert und gewischt. Von heute aus betrachtet, eine wahrhaft Don Quichotische Szenerie. Damals konnte man unter Umständen abends nicht einschlafen, wenn man die Verhältnisse irgendwo versaut hatte. Im Hintergrund dazu den Tadel oder das Lob des seine spitzen Kreiden und seinen Malstock wie ein Bakel schwingenden Kunstprofessors.

Fasse ich kritisch meine Erfahrungen aus dieser Lehrzeit zusammen, so kann ich ohne Ressentiment sagen, viel gelernt habe ich bei dieser Art Zeichenunterricht nicht. Das, was ich von diesen zwei Akademiejahren lernte und erfuhr, bildete sich im Umgang mit meinen Freunden heraus und kam von selbst aufgestöberten Büchern und Bildern. Ich begann damals mit dem einfachen Skizzieren nach der Natur in der Art der japanischen Zeichnerschule, das heißt, ich zeichnete in kleinen Taschenbüchern flüchtige Notizen hin, gehende Menschen und dergleichen. Möglichst alles zeichnen zu lernen und zu können, erschien mir eine wichtige Vorbedingung für späteren Illustratorenberuf. Ich hatte ja schon als Schüler nach der Natur skizziert, aber nicht so systematisch und im direkten Hinblick auf spätere Arbeiten. Ich nahm somit meine spezielle Ausbildung in eigene Hand, denn in der Akademie wurde niemals in dieser Weise die Natur skizziert. Vom Fünfminutenaktzeichnen, wie ich es später bei Colarossi in Paris tat, wußte man nichts. Ich muß hier nachtragen. Ich zeichnete viel zu Hause für mich, immer fast Karikaturen. Dies ist wichtig zu bemerken, denn davon kam ich zum Betrachten der Japaner und später zu Daumier und Toulouse. Mithin merkte ich bald, wo es fehlte, und deswegen sah ich mir das Leben außerhalb der Akademiewände genauer an und begann die Dinge zu notieren. Ich hoffte durch solche Methodik eine größere Lebensnähe in meine Zeichnungen zu bringen. Denn damals krankten alle meine freien komponierten Zeichnungen an jener im Anfangsteil erwähnten ›Linienstilistik‹. Meine Zeichnungen hatten den üblichen Fehler vieler Anfangsblätter, sie waren zu ornamental, zu kunstgewerblich. Hinzu kam der Einfluß von Simplicissimuszeichnern wie Paul, und eine Zeit sogar Julius Klinger und Preetorius. Ich hatte zwar im unterbewußten Gefühl so eine Ahnung, daß da was nicht stimmte, aber

dann wiederum, wenn ich fein säuberlich ein Blatt entworfen hatte, freute ich mich darüber, glaubte an mein
Talent und hielt es meinen Vorbildern ebenbürtig. In
Wirklichkeit standen sie viel zu sehr unter ihrem Einfluß, und die Redaktionen, die ich wieder mit Auswahl-
sendungen beglückte, urteilten strenger als ich und
sandten mir meistens alles wieder zurück. Allmählich
änderte sich mein Stil ein wenig. Wie ich darauf kam,
weiß ich selbst nicht, ich nehme an, aus reproduktions-
technischen Erwägungen heraus, erinnerte mich auch,
in einer Ausstellung von Illustratoren eine solche Technik gesehen zu haben. Ich zeichnete also den Kontur
einer Figur einmalig linear ganz gleichmäßig aus und la-
vierte dann willkürlich, aber doch eigentlich kunstgewerblich das ganze Blatt mit Graphittusche durch. Die
Graphittusche kaufte ich in einem dicken Stück bei
Klein in der Amalienstraße, wo ich einen laufenden Kre-
dit hatte. Gulbransson hatte es mir gerade angetan, und
seinen Zeichnungen eiferte ich nach. Späterhin erweiterte ich, auch wohl unter dem Einfluß meines Freundes
Kittelsen, meine Technik und kolorierte einzelne Flächen mit geschmackvoll kunstgewerblichen Farben.
Auch fing ich an, die Zeichenfeder zu gebrauchen, nicht
in freier Manier zunächst, sondern ich zeichnete vorher
sorgfältig die Umrisse mit Blei und zog dann pedantisch
mit der Feder nach. Ich stümperte mich langsam vorwärts, aber zur vollkommenen Beherrschung meiner einfachen Instrumente war es noch ein langer Weg voll viel
Fleiß, Erfahrung und Mühe. Doch ich war auf meinem
mir bestimmten Wege, das dunkle Gefühl hatte ich.
Meine hochfahrenden Ölbildpläne mit Leiterstaffelei
waren ganz in den Hintergrund gedrängt. Ja, ich dachte
daran gar nicht mehr. Woran ich desto mehr dachte, war,
wie ich mit meinen Fähigkeiten Geld verdienen könne.
Das war ein teuflisches Gebiet. Schwer zu durchschauen, wie man's machen sollte, wie herankommen an
die nahrhafte, dichtbelagerte Futterkrippe. Eins stand
fest, die Witzblätter waren eine günstige Chance. So
zeichnete ich weiter drauflos und sandte an die Redak-

tionen ein. Bislang war es stets vergeblich gewesen, prompt kamen meine Zeichnungen zurück. Da, eines Tages, wieder hatte ich in banger Erwartung einige Blätter an den Berliner ›Ulk‹ geschickt, bekam ich die Nachricht, daß man ein Blatt mit selbstgemachtem Witz angenommen hatte. Mein Stolz war unbeschreiblich, meine Freude groß, jetzt sah ich mich schon als gutbezahlten ständigen Mitarbeiter des ›Ulk‹, Beiblatt des Berliner Tageblatt. Hätte ich Visitenkarten benötigt, sicherlich hätte ich es klein darauf vermerken lassen: Mitarbeiter des ›Ulk‹, Beiblatt des Berliner Tageblatt. Donnerwetter, das war eine Chance. Zwölf Mark erhielt ich sehr bald als Honorar und kaufte mir sofort ein Paar wunderbar nach innen gebogene amerikanische Lackhalbschuhe. Diese Form, mit einer hohen Nase vorne drauf, war damals, jedenfalls in meinen Augen, der höchste Schick. Noch einmal durchpulste mich Freude und Stolz, als ich ein wenig später meine Zeichnung wirklich gedruckt sah, zwar hätte ich sie ein bißchen größer gewünscht, aber es war eben ein Anfang, und mir genügte, daß ich neben Hajduk, Feininger und Herbert Schulze abgedruckt wurde. Dieser doch lächerlich bescheidene Erfolg ermunterte mich sehr, und großspurig tat ich mich vor mir selbst dick, berichtete hoffnungsgeschwellt meiner Mutter nach Stolp mit beigefügtem Ulkexemplar; jawohl, Maler war doch nicht so ein brotloser Beruf. Damals war ich siebzehn Jahre alt.

So verließ ich den schmalen hinterpommerschen Feldweg und bog in die breite Chaussee der Witzblattillustration ein. Wie ich früher schon einmal erwähnte, spielte der Werturteilsbegriff ›Kunst‹ für mich gar keine Rolle, mir kam es darauf an, mit meinem Talent Geld zu verdienen und meinen ersten Erfolg weiter auszuwerten. Munter wanderte ich auf der großen Landstraße der Gebrauchsillustration dahin, fern den feingeistigen Zirkeln, in denen die Kunsturteile der Epoche gemacht wurden. Eine geistige Vagabundage und Schnorrerei begann. Der kleine Erfolg beim ›Ulk‹ belebte meinen angeborenen Fleiß außerordentlich. Ich zeichnete Hunderte von Blättern, die eigentlich immer dasselbe darstellten, zwei sich gegenüberstehende groteske Figuren. Auch Witze erfand ich häufig dazu, die genau so schematisch und unselbständig waren wie die Zeichnungen. Es war mir bekannt, daß Witzblattzeichnungen sich leichter absetzen ließen, wenn gleich der Text mitgeliefert wurde. Herrgott, war das manchmal eine Schinderei, den passenden Text in Dialogform zu bringen. Ich war gar kein Witzbold, und hinwiederum eine gewisse oberflächliche Schnoddrigkeit in Ausdrücken und Redensarten, die ich an mir hatte, konnte ich einfach nicht literarisch für meine Zwecke umsetzen. Lächerlich, wenn ich heute daran zurückdenke. Was alles herhalten mußte und wie zum Schlusse dann doch nichts Vernünftiges herauskam.

Unter dem Einfluß meiner Vorbilder, der Witzblattzeichner, hatte ich vollkommen die naive Ursprünglichkeit meiner Schul- und Kinderzeichnungen verloren, dafür hatte meine rein manuelle Geschicklichkeit zugenommen, ich probierte und experimentierte in allen möglichen abgesehenen Simplicissimus- und sonstwelchen Techniken, so daß, durch Spritzbürste und Mustersieb verdeckt, überhaupt keine Grosz-Physiognomie mehr zu erkennen war. Wenn ich auch, allerdings von ferne, Daumier, Toulouse sowie die Japaner kennengelernt hatte, so hatten diese keinen direkt sichtbaren Einfluß, sonderbar, ich empfing meine Anregung auf Umwegen von ihren Nachtretern. Bei Preetorius, dessen Linienschwünge mich als alten ›Linienstilisten‹ entzückten, oder bei dem zweifelhaften Julius Klinger, dessen moderne Plakate ich bewunderte und dessen Aubrey Beardsleysche Muster ich fast kopierte. Von ihm hatte ich mir auch eine bestimmte Stilisierungsart, einen Schuh zu zeichnen, angewöhnt. Merkwürdig, zu den eigentlichen Quellen war ich noch nicht vorgedrungen, ich nahm mit den mehr oder weniger dünnen Epigonen vorlieb. Sonderbarerweise ließ mich der richtige Aubrey Beardsley kalt (Kittelsen zeigte mir einmal rühmend einige Abbildungen von ihm), während mich das Populär-Verwässerte anzog (siehe Klinger).

Die Witzblätter waren meine Plantagen, ja, sogar so kleine rührende, gänzlich unbekannte Zeichner wie ein gewisser Herbert Schulze, der sich Herbert Schulze-Berlin schrieb, beeinflußten mich, der hatte so eine Gulbranssonsche Manier an sich, und ich nahm wiederum von ihm eine gewisse Art regenfadigen parallelen Strichs. Es war einfach toll, was man so alles machte, und schwerlich hätte jemand in meinen Zeichnungen von jener Zeit den späteren Grosz vorgeahnt. Im allgemeinen war ich recht zufrieden mit mir, man druckte von mir eigene Sachen und würde wohl noch mehr drucken, so hatte ich eine Art Überlegenheitsgefühl im Verhältnis zu meinen Mitakademikern, das hob mich innerlich heraus, vielleicht war dieses Gefühl (es war keineswegs eine arrogante Eingebildetheit) dumm, aber es war durchaus natürlich. In mir lebte damals noch jene Vorkriegsehrfurcht vor bedrucktem Papier; was gedruckt war, war eben Wahrheit. Es steht in der Zeitung, hieß mit anderen Worten: Also muß es wahr sein. Ich hatte Achtung vor dem, was gedruckt war, und da ich auch gedruckt war, hatte ich Achtung vor mir. [...]

[Neigung zum Phantastischen]

Ich war ja auch ziemlich belesen. Ich hatte mich sozusagen emporgelesen – ganz buchstäblich, als Abonnent auf eine Bücherserie, die damals in Berlin von dem genialen Zeitungsunternehmer August Scherl herausgebracht und ›Lese Dich Empor‹ betitelt war. Scherl hatte die ulkige Idee gehabt, daß eigentlich jeder von uns anfänglich ein ungebildeter Banause sei und sich erst allmählich an die höheren geistigen Genüsse gewöhnen müsse. Man könne, meinte er sehr richtig, eben nicht gleich mit ganz schwerer Literatur anfangen. Man werde sie nicht verstehen und nach kurzer Zeit das Buch gelangweilt wegwerfen. Langsam, ganz langsam müsse man sich ›emporlesen‹: vom sogenannten Schauerroman, der von Handlung, Rührung und Spannung nur so troff, über Dumas und Walter Scott bis hinauf zu Hauptmann, Ibsen, Strindberg und Maurice Maeterlinck, mit Stationen mittwegs, erinnere ich mich, bei Tolstoi oder Dostojewski, Zola, Tschechow oder Leonid Andrejew und ›Sanin‹ – damals, nach der verunglückten russischen Revolution von 1905; einem der umstrittensten und gelesensten Bücher, weil darin nämlich von ganz ›freier‹ Liebe die Rede war.

Diese Sammlung wurde aber nicht bis zum Ende fortgesetzt; ich glaube, sie hörte schon bei Zola auf. Es rentierte sich wohl nicht. Die Spekulation auf den bildungshungrigen Proleten oder das Schauerromane verschlingende Dienstmädchen, die sich nun langsam zu den literarischen Höhen hinauflesen würden, war eben grundfalsch, denn: einmal Schauerroman – immer Schauerroman. Was beispielsweise mich angeht, so hat mich phantastisch-dämonische Schriftstellerei von jeher angezogen, und so las ich denn auch alle, deren ich habhaft werden konnte. Ich las Gustav Meyrink, war entzückt von Hanns Heinz Ewers (seine ›Alraune‹ war 1913 Das Buch des Jahres, jeder sprach darüber) und verschlang Maurice Renard mit Begeisterung. Ich verehrte Barbey d'Aurevilly und legte mir nach seinem Muster eine Spazierstocksammlung an; gern hätte ich auch einen Zylinder getragen und ein violett-schwarzes Samtcape, aber dazu war die Zeit nicht mehr. Viele dieser Autoren befruchteten meine Arbeiten oder zumindest, wenn ich es so nennen kann, meine Philosophie des Lebens. Das Seltsame, Geheimnisvolle, oft bewußt Verrückte zog mich in seinen Bann. Es war schön und auch wieder recht jugendlich, denn phantasievolle junge Menschen machen wohl immer ähnliche Perioden durch. Kittelsen zum Beispiel machte in einer ihm eigenen Mischtechnik merkwürdige Zeichnungen, die er als Federzeichnungen begann und in Wasserfarbe und Pittkreide beendete. Meist waren es traumhafte, ornamentale Szenen, die er zu Papier brachte, in perspektivisch verzerrten Linien und geschmackvoll abgestimmten Farben und von sonderbaren Wesen, halb Vogel-, halb

Spinnenmenschen, bevölkert. Eine etwas dilettantische Genialität, ein Andersseinwollen, eine absichtliche Krankhaftigkeit lag in allem, was er machte. ›Du‹, pflegte er zu sagen, ›ich bin ein dreizehntes Kind. Entweder werde ich ein Genie, oder ich sterbe jung.‹

Wir kamen oft hart aneinander. Denn er war ein träumerischer, abwegiger, zum Absurden neigender Mensch, der seine angeborenen Verkehrtheiten noch hegte und pflegte. Ich wiederum hatte bei aller angeborenen Neigung zum Phantastischen und Grotesk-Satirischen einen stark ausgeprägten Sinn für die Wirklichkeit, für etwas protestantisch Unornamentales im Gegensatz zum brütend überladenen Zierat der katholischen Kirche. Mein Wirklichkeitssinn gab mir eine gewisse Balance. Gewiß, schon damals zog mich das Irreale an, aber die mir innewohnende Skepsis, ein fast sportliches Interesse am Aufsuchen der ›Wahrheit‹, des tatsächlichen Faktums, brachte mich immer wieder zum sicher dünkenden, banalen Alltag zurück – und gleich stand ich wieder mit meinen vier Beinen auf dem Boden der ›gesunden‹ Vernunft.

[Brief an Robert Bell]

Südende
Ausgang September 1915
Ich bin grenzenlos einsam, d. h. bin allein mit meinen Doppelgängern, fantomatische Figuren, in denen ich ganz bestimmte Träume, Ideen, Neigungen usw. real werden lasse. Ich fetze gleichsam 3 andere Personen aus meinem inneren Vorstellungsleben heraus, ich glaube selbst an diese vorstellenden Pseudonyme. Allmählich sind drei fest umrissene Typen entstanden. 1. Grosz. 2. Graf Ehrenfried, der nonchalante Aristokrat mit gepflegten Fingernägeln, darauf bedacht, nur sich zu kultivieren, mit einem Wort: der aparte aristokratische Indi-

vidualist. 3. Der Arzt Dr. William King Thomas, der mehr amerikanisch-praktisch materialistische Ausgleich in der Mutterfigur des Grosz. Wie erwähnt, es heißt bewußt Fähigkeiten zu entwickeln – und doch! es lebt im Grosz ein aparter Hang zum Einsamen, neben oft ausgesprochener Betonung zum lebendigen Genuß. Doch alles erscheint immer mehr schal und minderwertig gefälscht; es gibt Stunden, die Grosz in stumpfem Brüten im verqualmten Atelier auf dem Sofa zubringt, tierisch stumpf – wohl ein Knick, der von der Militärzeit hin und wieder sichtbar wird. Ich bin einer der wenigen revolutionären Naturen, die, es muß gesagt werden, Deine Briefe begreifen können, begreifen in der seelischen Trostlosigkeit, wenn man in stinkenden Kasernenzellen mit apathischen Händen sich zum Schreiben aufrüttelt. Nichts liegt mir ferner, als zu trösten, denn ebenso wie Dir, Robert Bell, steht mir die positive erbärmliche Gewißheit eines schlimmeren Sträflingloses tagtäglich vor Augen: Kennzeichen. Ausmusterung der Dienstuntauglichen. Visionäres Bild (ha, ha!): Schwert des Damokles, die über meinem zerklüfteten markanten Haupte hängende abermalige Einberufung. Himmel, wann werden wir stark genug sein, uns wehren zu können – aber die Landschaft ist wieder trübe und proletarisch verräuchert – wir stehen abermals vor einem neuen Chaos. Zweitausend Jahre zurückgeschnellt ist die von Optimisten so oft hoch besungene Menschheit (Deine und meine Brüder! Jesus Christus – ha! ha!). Die Soldaten werden in die Kirche zum Gottesdienst kommandiert und rechtsstehende Blätter faseln von der Wiedergeburt des christlichen Ideals – die Religion ist eine entmarkte Mumie geworden, man schändet Leichen, die längst aufgehört haben zu leben und leben zu wollen. Ich verstehe Dich, und glaube daran, es gibt noch gleich empfindende Naturen, denen der Zwang ebendasselbe ist wie Zuchthaus. Bedenke, man erzieht heute noch nach dem überlebten (wie?) Grundsatz F. des Großen, d. i. der Soldat soll in der Kaserne so getreten und malträtiert werden, daß er sich mit Wonne ins feindliche Feuer stürzt.

Sind das Menschen? Christus, ein sozialistischer Philosoph (pfui Deibel!) spricht von Brüdern, von ›Brüder, liebt euch untereinander‹. Ekelhaft und verlogen, wie alles Menschliche (jawohl!) beten diese Kreaturen heute zu demselben Christus, nur wird er spezifisch deutsch, nein, ich möchte sagen, es wird aus dem internationalen Abrüstungsprediger ein preußischer, so allerdings gebrauchsfertiger Christus (vielleicht geben wir ihm Uniform usw.?). Es ist häßlich (nichts ist beleidigender wie Häßlichkeit), täglich diesen gesamten Mischmasch mit ansehen zu müssen; dabei haben diese meine Mitmenschen nicht einmal die Entschuldigung, ein unkultiviertes (dafür aber reines harmonisches) Negervolk zu sein. Wenn ich Dir immerhin einen Rat gebe, so tue ich das nicht in dem Gefühl, Dir damit etwas absolut Überlegenes zu sagen – ich dachte mir: werde gleichgültig! Und doch weiß ich (an ureigenster Erfahrung), daß es Elemente in uns gibt, die einfach nicht passiv gleichgültig abgestumpft werden, die eher den gesamten Organismus zugrunde gehen machen, als in tierischer Stumpfheit dahindämmern zu können. Meine Zeit, die ich in der Kandare des Militarismus verbracht habe, war ein ständiges Wehren – und ich weiß, ich habe keine Handlung getan, die mich nicht im tiefsten Grunde anwiderte.

Und was die wirtschaftliche, die ökonomische Seite für uns freie Berufe anbetrifft, so weiß ich, daß wir auch in dieser Beziehung zurückgeschleudert worden sind – wenn man vordem überhaupt auf einer Höhe gestanden hat. Die Zeit ist günstig für Scharlatane aller Art, vom Fleischersatzfabrikanten bis zu den Kriegsgesängen höfischer Lyriker. Deutschland zeigt uns sein wahres Antlitz (hu!) – oh, heillose Harlekinade (in Deinem Sinne!). Ein Traum von mir (jawohl!) ist: Vielleicht kommen doch noch Wendungen, Empörungen; vielleicht erstarkt eines Tages doch noch einmal der marklos gewordene internationale Sozialismus zu einem offenen Aufruhr – und dann, W. II und Kronprinz! Es ist ein fantasievoller Traum, nichts mehr – und an die Säulen klebt man wei-

ter die Gestellungsschlachtbefehle. Auf ins Schlacht-
haus!!

Herzlichst Georg

N. B. Ein Brief hin und wieder würde mich freuen! Ich
soll von Otto Schoff grüßen, er ist eben zu mir gekommen.

[Brief an Robert Bell]

[1916/17]

Lieber Robert Bell!
Ich kann es nicht über Mein Herz bringen, auf Deine
freundlichen Zeilen (banal, näh?) zu antworten. So höre
denn also aufmerksam auf alles, was Ich Dir hier
schreibe; vielleicht, wenn auch nicht belehrend im päd-
agogischen Sinne, so wird Dir doch immerhin ein Brief,
ja überhaupt etwas Schriftliches von Meiner Hand, interessant sein. Ich wohne (Ich schreibe natürlich das
Hauptsächlichste nur von Mir – eine oft angefeindete
Eigenart, die Du aber entschuldigst) – Ich wohne vor
wie nach in dem reizenden, spießigen, honett bürgerlichen Berliner Vorort Südende, und Tag für Tag erhält
mein Deutschenhaß durch das unmöglich Häßliche, Unästhetische (jawohl!), schlecht, überaus schlecht Gekleidete seiner deutschesten Bürger, neue, sehr lichterloh
brennende Nahrung. Hier stehe es für Dich: ›Ich fühle
keine Verwandtschaft mit diesem Menschenmisch-
masch.‹ Rasse ist ein Begriff, der einem scharfen Beobachter nicht geeignet erscheint, ihn den Deutschen zu
geben. Was sehe ich, seitdem keine Ausländer mehr in
Deutschland leben: nur ungepflegte, dicke, deformierte,
häßlichste Männer und Frauen (vor allem), degeneriert
(obwohl ein dicker, roter, fettig schlapper Mann hier als
›stattlicher Herr‹ gilt), mit schlechten Säften (vom Bier),
mit zu dicken und zu kurzen Hüften, kurz, es hält überaus schwer beim Erinnern an so viel, ach allzuviel Häßli-

chem, sich hier auf dem Papier in den Grenzen der Schicklichkeit zu bewegen. Du kannst nun begreifen, was diese Rasse sich in geistiger Beziehung für Culten hingibt. Es ist buchstäblich reale Tatsache, daß ein Deutscher nie etwas in geistiger Beziehung neugeschaffen hat. Der Deutsche hat alles vom Auslande abgesehen. (Welch Glück, daß ich kein Deutscher bin!) Es ist eine sich immer erneuernde Qual, als Sehender unter all diesen stinkenden Blinden zu leben – und dabei haben diese Menschen (Christus, den Ich gestürzt habe, spricht, welch Hohn, von meinen lieben Brüdern, Trotteltumreligion) die positive Macht, sie zwingen Mich zu ihren Diensten, indem sie Mich einfach zu Militärdiensten einziehen oder sonstwie erschießen lassen. Welche merkwürdigen Begriffe von Menschlichkeit, frage ich Mich: Wozu haben alle die einzelnen Philosophen gelebt, die nach Schulsprache: ›uns Menschen (mich?) hinaufführen sollen.‹ Es ist wahr, ich bin ein Gegner des Krieges, daß heißt, ich bin ein Gegner gegen jedes System, das (welches) *Mich* zwingt – vom Standpunkt einer ästhetisierenden Anschauung allerdings freue ich mich über jeden Deutschen, der auf dem Felde der Ehre (wie schön) den Heldentod stirbt. Deutsch sein heißt immer: geschmacklos sein, dumm, häßlich, dick, unelastisch – heißt: mit 40 Jahren keine Leiter besteigen können, schlecht angezogen sein. Deutsch sein heißt: reaktionär schlimmster Sorte, heißt: unter hundert wäscht sich mal einer den ganzen Körper. (N. B. Die deutsche Frau ist überhaupt diskussionslos.) – Pause. Augenblicklich befinde ich Mich abermals in jener überaus reizvollen Stellung eines Jünglings, der kurz vor der zweiten Einstellung zum Vaterlandsdienste steht. Ach, es ist so schön, über das Schicksal, das (welches) Mir bevorsteht, nichts zu wissen, es lähmt so angenehm, auch in wirtschaftlicher Beziehung. Gott, sind das (dieses) große Zeiten, wie danke ich Dir, Herrgott (verzeihe, wenn ich Dich störe) dafür, daß (so daß) Ich dieses alles erleben durfte (Original stammt vom Wilhelm dem II., deutscher Kaiser und König vom Preußen). – Pause.

Tatsachen: die Siebzehnjährigen müssen sich zur Landsturmrolle anmelden; die Dienstuntauglichen (vollkommen Dienstuntauglichen!!) werden abermals ausgemustert – und die hohen Behörden beraten die Erhöhung der Landsturmpflicht und die Einziehung der Greise bis 52 Jahre. (Statistisches: von 100 Deutschen, Alter 52 Jahre, haben 99 Herzverfettung, Arterienverkalkung, Nierenleiden, schlechte Säfte, usw., auch verfetteter Nacken mit Furunkulose ist nicht selten, was wiederum auf Vorhandensein von Zucker schließen läßt.) Das sind also die Menschenmaterialien, aus denen das Deutsche Reich seine neuen Armeen aufstellen will und den Ersatz zu anderen aufgeriebenen Truppenteilen, und das (dieses) sind nicht wenig. Ich kenne Regimenter, die schon drei- viermal aufgefüllt worden sind. Allerdings ist das rotwangige, verkalkte Spießerpublikum, das sensationshungrig die verjudete Presse liest, in seligstem Optimismus, und selbst die skeptische Auffassung ist verpönt. Man glaubt, was man mit bierüberfülltem und sauerkohlgeschwängertem Magen eben glauben kann; man veranstaltet von ›Siechen‹ aus anläßlich sog. ›Siege‹ patriotische Verdauungsumzüge, bis vor das Reichskanzlerpalais, wo dann irgendein Oberlehrer oder Beamter ein dunkles Fenster mit einer Ansprache bespritzt. Oh, es ist ein komisches Gebaren dicker, häßlicher, aufgedunsener Figuren, wie in einer parodistischen Komödie mit den häßlichsten abschreckendsten Marionetten (in Deinem Sinne) der Welt. Und diese Soldaten, diese Menschen, deren Gehirn, Kritik, Vernunft, deren Menschsein mit der Uniform verschwindet! Jene schönen Phrasen der Judenpresse (die gesamte Presse Deutschlands ist damit gemeint) von Kameradschaftlichkeit, Gleichheit der Mannschaften, treue Liebe zu den Vorgesetzten – oh, Höllensabbat von Verzerrungen. Man fragt sich, wie ist es möglich, daß (so daß) es Millionen von Menschen gibt, ohne Geist, ohne nüchterne Beobachtung des realen Geschehens, Menschen, denen man von klein auf in den Schulen Sand in die dummen wäßrigen Augen streute, deren Geist man mit den Attributen verdummender Reaktion vollfüllte wie: Gott, Vaterland, Militarismus. Wie ist es möglich, daß man sich öffentlich als eines der aufgeklärtesten Völker brüstet – wo doch in den Schulen schon die schlimmsten Grundsätze verbreitet werden, Grundsätze, die von vornherein jede Freiheit des Individuums knebeln, ihn dafür aber zu einem Herden- und Massentier erziehen, ohne eigenes Denken, Fühlen, *Wollen*. Auch die Sozialdemokratie hat versagt, indessen: Die Sozialisten sind zu beachten, sind zu merken als ein Pünktchen anderes Wollen, als ein Atom Selbstbesinnung zur Menschlichkeit – doch positiv haben die Sozialisten versagt. Aber die Theorie wird nicht absterben – und vielleicht wird aus manchem sogenannten politisch Indifferenten auf einmal ein Sehender, ein Erkenner, der mit Leidenschaft in das Lager jener geht, die man Unzufriedene nennt oder Sozialisten. (Nebenbei: Ich habe mich persönlich längst über die Kollektivismus-, Mehrheits-, Sozialistenlehre hinaus entwickelt und bin zur Zeit vornehmster Individualist.) Doch stehen mir natürlich nie die Gesättigten am nächsten – ich weiß, daß neue Ideen nur von den Hungernden, Unzufriedenen durchgeführt werden. Auch ich, d.h. wir, leiden durch diese Zustände mehr noch als alle anderen Berufe; ja, alle Aussichten sind durch diese große Zeit auf unabsehbare Zeit vernichtet – und dann sollen wir noch hurrapatriotisch begeistert den Siegsang mitbrüllen. Pfui, Teufel!

herzlichst Georg Ehrenfried

›Der Haß ist heilig‹ (Zola, franz. Romancier)

[Brief an Otto Schmalhausen]

30. 6. 1917

Lieber alter Peer!

[...] Ich lebe vorerst hier ungestört, bisher flatterte mich kein Militärpapier an – ich male recht viel, ein größeres Stadtbild und ein kleineres Bild (Rots, viel Rots!); abends und nachtens hocke ich mit Rohrfederbündel und schwarzmagischer Tinte vorm Reißbrett. Ich stecke voll bis an den Hals hinauf mit Gesichten – und diese Arbeit bedeutet mir alleinige Emotionen, federnde Erregung, sausende Straßenfront aufs Papier! oder hui? kreist der Sternenhimmel übern roten Kopf, die Elektrische platzt ins Bild, es klingeln die Telefons, Gebärende schreit auf, indes Schlagring und Solingmesser friedlich in der schwülen Zuhälterhosentasche schlummern – ach und die Labyrinthe der Spiegel, ihr Straßenzaubergärten! wo Circe die Menschen in Säue abwandelt, komischer Lodenhut mit Stutz, oder den Rume-Tumm-Tiddle-walk im Patéphon, wo der Hörer sich ans Ohr festfängt und dir die Musik des Grammofons, Palmen sind und Schiffe mit denen du fortfährst – oder die Gesänge der Schilder, Du goldener Schirm, der Reigen der Buchstaben – und die portweinroten, nierenzerfressenden Nächte, in denen der Mond ist neben Infektion und schimpfendem Droschkenkutscher, und wo im staubigen Kohlenkeller der Würgemord passiert – o Emotion der großen Städte! Ja, alter Peer! auch Dir singen die Landschaften rote Melodien, ebenso knallen Sterne Dir übern brennenden Kopf! Zugreifen! Peer! Zugreifen! Hinein in den Schutt!!! schwitzend arbeiten zu können! tief wie in heißen Bergwerks, unw[h]istlerisch – hart und energievollst das Papier zerfasern, Linien darüber hinzaunen – Weite in sich zu haben – vor allem, Peer, Streben! Elastizität, hochschnellen können!!!! Biceps, Triceps und Deltamuskeln – ruhig vorher am Stahlstrecker arbeiten! (am Chest-Expander dehnen!!!). [...]

[Brief an Otto Schmalhausen]

15. 12. 1917

Lieber Peer!

[...] Hier ist's immer noch verflucht windig – ich male zur Zeit an einem großen Höllenbild – Schnapsgasse grotesker Tode und Verrückter, da spielt sich viel ab – der Leibhaftige reitet auf dem queren Sarg nach links ab durchs Bild, rechts übergibt sich ein Jüngling, speit er all die schönen Jugendillusionen in die Leinewand – Oskar Panizza hab ich dies Bild gewidmet. Ein Gewimmel besessener Menschtiere – darin, daß diese Epoche destruktiv nach unten segelt – bin ich der Anschauung unverrückbar – unser beschmiertes Paradies – vielleicht aus Alkoholdämpfen entsteigt's Dir – Deiner eigensten Romantik – diese Insel, auf die Du Dich begibst – eingebildet – um Dich aufs Schlafsofa zu legen und zu träumen – denke: daß wo Du hintrittst es nach Scheiße riecht – parbleu! milles diables! [...]

[Protest durch Satire]

1917 begann ich das, was mich bewegte, in kleinen satirischen Zeichnungen darzustellen. Kunst um der Kunst willen schien mir Unsinn. Ich wollte gegen diese Welt gegenseitiger Zerstörung protestieren. Alles in mir war dumpfer Protest. Ich hatte Heldentum gesehen, aber es erschien mir blind. Ich sah Elend, Bedürfnis, Stumpfsinn, Hunger, Feigheit, Entsetzen. Dann malte ich ein großes Bild: In einer seltsamen Straße wälzt sich zur Nacht eine höllische Prozession entmenschter Figuren, in den Gesichtern spiegeln sich Alkohol, Syphilis, Pest. Eine Figur bläst Trompete, eine andere schreit Hurra. Über dieser Menge reitet der Tod auf einem Schwarzen Sarg – direkt als Symbol, als Knochenmann.

Dieses Bild ging auf meine Vorfahren zurück, die mittelalterlichen Meister Bosch und Bruegel. Auch sie lebten im Zwielicht einer neuen Epoche und formten deren Ausdruck. Ich malte diesen Protest gegen eine Menschheit, die verrückt geworden war.

[Brief an Otto Schmalhausen]

22. 4. 1918

Lieber Oz!
[...] so lebt man, die Sonnensehnsuchts im Blut nach braunen Perustädten und Cowboyromantik. Doch dagegen die Liebe zu fabelhaftesten Zivilisationen, zur Stahlkonstruktion, zum elastischen Elevator, zu den gigantischen Manifesten der neuen großen amerikanischen Welt – dabei die Menschen darin – oft Köpfe, hart verweht mit Kanten und Meißellinien – eckig in den Schultern, ganz Begriff rücksichtslosen brutalen Denkens – so tauchen sie hin und wieder auf in meinen Zeichnungen neben abrupten finnigen verkrümmten und scheelen Bedrängten, die irgendwann die Balance ihres bißchen Daseins verloren haben. Groß pendelst Du zwischen den Häusern einher – nicht Dostojewskis Eingekerkertsein und sentimentale Epilepsie – sondern frei, ich setze dafür ›mit roter Bluse, breit und braun‹.

Hoffentlich kommst Du zur klaren Arbeit, mathematisch diszipliniert; es gilt: endgültig mit den französisch flauen Traditionen, die alle deutschen Maler fast gänzlich beherrscht haben, aufzuräumen – mit den öden Sentiments- und Flaumalern, den Cézanne, den Picasso und so fort – uns liegen schon die Belgier näher, dieses tief Schürfende hinter den Dingen, dies Enträtseln-Wollen des banalsten Alltags – geht mir doch heute die merkwürdige Unbegrenztheit, die vielfältige Wirkung des Umgebenden immer mehr auf – schreie in die Welt: endgültigste Bejahung!!!! Disziplin! Elastizität gesteigerte! – frühmorgens vom Fingernagel-Reinigen bis zur aufrechten Haltung im Kreuz, hörste! Brutalität! Klarheit, die wehtut! Zum Einschlafen gibt's genügend Musiken! Daher diese Gesänge der Amerikaner, wie spitzige Widerhaken immer wieder ins Gehirn hakend (man kann von Unkunst sprechen – bitte! ich hab überhaupt mit der Kunscht nichts Intimes). Oh, Gesänge der Stahlsäge oder das Nieten von Konstruktionen – kilometerhafte Weite durchsungen von Telefondrähten, exaltiertes Gekurbel des Motors auf Zementbahnen und gleitende schwarze Dampfer – hier Maler in die Reihen – pinsle was das Zeug hält – fang die rasende Zeit ein, eh Dich der Teufel holt! und ehe Dir die Rotationsmaschinen den Grabgesang singen – bedenke aber: Nimm viel Schwarz auf die Palette und viel Graus – *farbig* allein bleibt Dein Weltbild nur im Variété – ja! heilige (mein Gott! ja!) Gleichzeitigkeit – tausend Kehlen brüllen den gleichen Gassenhauer, schichtenweise werden Städte zertrümmert – Jensens Rad saust – hoho Lotterie, bunteste Zirkusarena, Abnormitäten aller Kaliber, in 3 Jahren –! Stündlich neue Weltanschauungen, schon geistern Donner an dem knalligen Horizont – bald schneits's – Oh! unseres Lebens seligster April! (böse! böse! Junge! boy! – ja! eines Tages, nur ein einziges Mal stecktest Du die Hände in die Sakkotasche – schon klauten sie Dir die volle Börse). [...]

[Brief an Otto Schmalhausen]

Südende
9. 7. 1918

Lieber Otto!
[...] Auf die Pornofotos freue ich mich sehr – ich als marottenhaft verschrien, hege und pflege meine kleine ausgewählte Sammlung dieser Art, wie nur je ein guter Bür-

ger seine Goldfische im Glas oder seinen Fensterbalkon. Dank gebürt Dir als rührigster Finder und Aufstöberer, noch mehr wenn Du sie gleich hersendest ... [...] Um noch einmal auf die Nacktfotos zu kommen: Ich ernenne Dich hiermit zu meinem Commissionär und Vertreter für diese Gattung. Du kannst Prozente vom Kaufpreis verdienen, bitte Dich als erstes, für mich sämtliche pornographische Postkarten, Fotos, folkloristische Gedichte, Zeichnungen, Pissoirinschriften zu sammeln aufzukaufen – erwarte hierüber *sofort* telegrafischen Bescheid, ob und wieviele Serien *sofort* greifbar sind, und lasse dann *sofort* Geld per Draht anweisen – ich hoffe Dich hiermit durchaus einverstanden.

[...] Sonst wird gearbeitet, male vorwiegend Aquarelle und bekomme nächstens eine Satirische Rubrik als Cartoonist für die neuentstandenen *Weißen Blätter*. Kennst Du die Dresdener Kunstzeitschrift 1918, Verlag Emil Richter? Werde dort auch mitmachen (Kunschtrummel, Posaune her und Pauken-Kunscht! – Kunschschschschschschschscht!!! Kunnschschschschschschschscht! meine Herrschaften!). Über *dadaheft* – wenig neues, junge, unreife Burschen, stark hysterisch, psychopathisch – *besten* Falls reinster Bluff – im übrigen ungefähr dieselben Ansichten wie Du. Erklären läßt sich da nichts weiter, selbst von meiner Seite nicht. Du hast ja selbst gesehen und dankend abgelehnt – ist natürlich bereits wieder in den Orkus gesunken – außerdem vom Generalkommando beschlagnahmt. [...]

[Brief an Otto Schmalhausen]

Berlin, Wilmersdorf, No. 4
Nassauischestr.

17. 1. 1919

Lieber Otto!

Es tut mir leid, daß Du gar so schweigsam Dich ver-
hältst, bist Du krank oder haben Dich Zeit und Wetter
so schweigend hypochondrisch beeinflußt? Ich hoffe
aber, Du wirst in den folgenden Wochen Dein Vergehen
gegen Dein Versprechen nachholen. Ich befinde mich
wohl und munter und keineswegs bedrückt und übel gesinnt, zumal ja nun wieder, dank unseres heldenhaften
Bürgertums, Ruhe und schöne Ordnung eingekehrt
sind. Ach, es war gar zu gräßlich die letzten Wochen;
auch Dein braves Bürgerherz hätte sehr gebangt und ge-
zagt, hätte es diese Schießereien hier miterlebt – kenne
ich Dich doch als den Wandler auf dem schönen gerechten Mittelweg. Es ist ja auch weise, lieber Otto, nicht zu
extrem zu sein, haben wir doch endlich eingesehen, wohin diese Verbrecher des Spartakusbundes uns führen.
Niemals wird mein bürgerliches Herz diesem konsequenten Sozialismus zustimmen.

Herzlichst Dein alter George

N. B. 1. Kannst Du Tabak schicken? Vielleicht Lam-
bert & Butler Mixture? N. B. 2. Hier tragen jetzt die Soldaten alle weiße Armbinden, was ich viel schöner finde
als dieses ekelhafte Rot. N. B. 3. Solltest Du zufällig unter den englischen Soldaten einen Lewis Hymers finden,
bitte grüß ihn von mir.

Der Kunstlump
(zusammen mit John Heartfield)

Die Bourgeoisie und das ihr mit Haut und Haaren verschriebene Kleinbürgertum haben sich gegen das aufbäumende Proletariat stets unter anderem auch mit ›Kultur‹ gepanzert. Ein alter Schlachttrick des Bürgers! Im Rahmen dieser mit ihm in Schlamm und Dreck versinkenden Kultur steht die ›Kunst‹. Mit der Bibel in der Hand weiht man immer die Mordwaffen, die für die gemeinsten Interessen der verruchten Ausbeuterbande geführt werden (siehe jetzt auch Horthy-Ungarn), mit Goethes Faust im Tornister und den bösartigsten Dichterphrasen im Maul als Beruhigungspillen gab man sich stets das ›ethische Gleichgewicht‹, dessen man bedurfte im Kampf für Raub, Unterdrückung und rücksichtsloseste Ausbeutung des andern bis aufs Hemd.

In den Staatsgebäuden zur Pflege und Erhaltung der mittelalterlichen Inventare und Gebilde, eines Stabes überflüssiger Kunstbeamten, alles toten, heutigen Lebensbedürfnissen zuwidersprechenden Gerümpels, Geschreibsels und Gemale, das bestenfalls nur historischen Nachschlagewert hat für Idioten und Nichtstuer, die die Dokumente der menschlichen Dummheit, bis in die greiseste Vergangenheit greifend, preisen zu müssen glauben, hängen die verstaubten ›Werke‹ der Rubens, Rembrandts, die für uns heute nicht den geringsten Lebenswert mehr bergen. Die Marktinteresse für den Bürger haben! In denen er sein Geld sicherte und festlegte. Wie er auch heute sein überschüssiges Kapital in den Bildern der für ihn pinselnden Maler für sich aufhäuft und die bedeutenden Gemälde der bedeutenden ›Schaffenden‹ (beleidigen Sie die Bedeutenden nicht und sagen Sie nicht ›Arbeitenden‹!) nur aus Kapitalsinteressen als sein Eigentum für seine unbewohnten Herren-, Speise- und Damenzimmer in dieser Hungerzeit erwirbt. Nebenbei schaffen diese Erwerbungen dem Bürger, solch eines uneigennützigen Handelns wegen, allen

Glanz und Ruhm eines Kunst- und den Rang und die Warte eines erstklassigen Kulturförderers, von wo aus man auf den nur produktive Arbeit leistenden ›Pöbel‹ mit geschürzten Lippen den Tabaksaft der zwischen Goldplomben zerkauten Havanna herabspeien kann. Ja, ja, den guten verfetteten Bürgerbuckel rutscht Schauer der Ehrfurcht über den verschwitzten Arsch bis zu den dienstbeflissenen Fersenballen hinab, wenn ihm ein günstiges Schicksal ermöglicht, zum Beispiel, um nur einen von vielen zu nennen, den Palast des Berliner Millionärs Mendelssohn-Bartholdy betreten zu dürfen und dann unter der breiten, feudalen, mit Kandelabern verzierten Treppe neben den Kleiderständern schon einen zwei handbreit großen Fetzen Leinewand, von Henri Rousseau bemalt, so nebensächlich, als koste er gar nichts, hängen zu sehen (er kostet doch Unsummen); wenn er gar seinen Pelzmantel mit dem Bild berühren, das unsterbliche teure Werk mit seinem noch regennassen Mantel zuhängen darf.

Ja, hier herrscht Großzügigkeit. Ah! hier empfindet man gleich eine Ehrfurcht erheischende Distanz zum dicken Herrn des Hauses, der man sich freudig unterwirft. Hier ist ein geistiges Fluidum, aus dem heraus man die Welt mit Wonne betrachtet. Hier geht einem erst der Sinn des Daseins auf. Alle Schönheiten dieser Erde entblättern sich dir hier! Ah! hier entblößt man willig das Haupt vor dem Wert der Kultur, fühlt sich von ihr begnadet und verpflichtet, zu ihrem Schutze einzutreten gegen alle Zerstörungsabsichten des kulturzerstörenden Bolschewismus, gegen den Hordengeist der Zerrüttung unserer heutigen Zeit. Und immer mehr blüht das Herz auf, wenn man, wo immer man zufällig hingreift, einen zweimal hunderttausend Mark Kunstölfleck berührt und neben den herrlichsten Werken der alten Meister: Rubens' pompösen Frauenschenkeln, Blumenputten, Generalsmächtigen mit Orden und Sternen, meisterlich gemalt, heute unnachschaffbar, neben des Malerfürsten Rembrandt Kreuzabnahme, Goldhelmmännern, auch moderne Kunstwerke entdeckt, vielleicht des jungen Professors Oskar Kokoschka schon sehr kaufkräftige Zeichnungen und Gemälde, vielleicht sein Bild: ›Die Schauspielerin Margarete Kupfer mit ihrem Lieblingshund‹, das links oder rechts herum gemalt sein kann, ohne für den Bürger Böses auszusagen, das mit einem kunstrevolutionär zu nennenden Aufwand von Kobaltblau, ging dieses zufällig aus, dann auch mit Preußischblau weiter gemalt sein kann und doch schon ›klassisch‹ wirkt und in dem kunstsinnigen Hause einer Frau Großmüllereibesitzer Bienert-Dresden ebensowenig stört wie etwa des Kleinbürgers und Zöllners Bilder ›Blauer Gartenzaun‹, ›Urwald 3‹, ›Kind mit Ball‹, ›Wald mit Zeppelin‹.

Ja, hier gehören diese großen Kunstwerke alle hin! An die Prunktäfelung der hohen Wände!! – oder etwa in eine Arbeiterstube, in das Alltagselend eines Arbeiters, vielleicht über sein Arbeiterlausebett?

Was soll der Arbeiter mit Kunst?

Wo er stündlich um seine primitivsten Lebensbedürfnisse kämpfen muß, wo er unter den zerrütteten Verhältnissen fiebert, in denen er seine Kameraden, seine Familie, alle seine Mitstreitenden dank der bürgerlichen Blutsauger und geschwollenen Besitzkröten dauernd versinken sieht und sich schuldig fühlt jeder Minute, die er nicht damit zubringt, diese Welt aus den Schleimfängen des kapitalistischen Systems zu befreien.

Wo er unaufhörlich die Augen aufreißen muß, um den Verbrechen, den Schlichen, den Hintergehungen, den Umbiegungen, den Verleumdungen, mit denen die bürgerliche Gesellschaft sein Rettungswerk zu vernichten sucht, zuvorzukommen.

Wo er dauernd dem Kapital, das auf jede Weise die Stabilisierung der Ausbeutung ersinnt und ausführt, entgegentreten muß. Wo er die Ebert mit den Kapp und Mannerheim verhandeln und die Revolution verkaufen sieht.

Wo er die Bildung im Bunde mit den Ludendorffs Handgranaten werfen sieht.

Was soll der Arbeiter mit der Kunst, die ihn trotz aller

dieser erschreckenden Tatsachen in eine davon unberührte Ideenwelt führen will, vom revolutionären Handeln abzuhalten versucht, die ihn die Verbrechen der Besitzenden vergessen machen will und ihm die bourgeoise Vorstellung einer Welt der Ruhe und Ordnung vorgaukelt. Die ihn also den Klauen seiner Zerfleischer ausliefert, statt ihn aufzupeitschen gegen diese Hunde.

Was soll der Arbeiter mit dem Geiste der Dichter und Denker, die angesichts all dessen, was ihm den Lebensatem abschnürt, keine Verpflichtung fühlen, den Kampf gegen die Ausbeuter aufzunehmen. Ja, was soll den Arbeitern die Kunst? Haben die Maler ihren Bildern die Inhalte gegeben, die dem Befreiungskampf der arbeitenden Menschen entsprechen, die sie lehren, sich zu befreien aus dem Joch tausendjähriger Unterdrückung?!

Sie haben die Welt trotz all dieser Schande im beruhigenden Lichte gemalt. Die Schönheit der Natur, den Wald mit Vogelgezwitscher und Abendsonnenschein! Zeigt man, daß der Wald in den schmierigen Händen des Profitmachers ist, der ihn meilenweit als sein Privateigentum erklärt, über das er allein verfügt, der ihn abholzt, wenn sein Geldschlot es erfordert, ihn aber umzäunt, damit Frierende darin sich kein Holz holen können.

Doch die Kunst ist tendenzlos! Sieh an!

Deshalb malt man den ganzen alten barocken Gottesschwindel, barocke Engel und barocke Apostel, mit denen kein Lebender mehr etwas anzufangen weiß. Kreuzigungen in allen Façons im Original für die christlichen Mittagstische der Junker und vervielfältigt zur Verdummung des Volkes. Als würde man noch von der Kirche bezahlt oder stände ihren Ideen nahe, als würde man in ihren Schoß flüchten können vor den Standgerichten der bürgerlichen Republik.

Deshalb predigt man in den Bildwerken Flucht der Gefühle und Gedanken, weg von den unerträglichen Zuständen der Erde, zu Mond und Sternen, in den Himmel, läßt so die Maschinengewehre der Demokratie gewähren, die ja auch die Reise der Besitzlosen in ein reineres Jenseits bezwecken. Deshalb dichtet so ein Schwächling wie Rainer Maria Rilke, den die parfümierten Nichtstuer aushalten, ›Armut ist ein großer Glanz von innen‹ (Stundenbuch.)

Arbeiter! Indem man Euch die Ideen des christlichen Kirchentums vorsetzt, will man Euch entwaffnen, um Euch um so bequemer der mörderischen Staatsmaschine auszuliefern.

Arbeiter! Indem man in Gemälden irgend etwas darstellt, an das sich der Bürger noch klammern kann, das Euch Schönheit und Glück vorspiegelt, stärkt man ihn, sabotiert man Euer Klassenbewußtsein, Euren Willen zur Macht.

Indem man Euch auf die Kunst verweist und schreit: ›Die Kunst dem Volke‹, will man Euch verführen, an ein Gut zu glauben, das Ihr mit Euren Peinigern gemeinsam besitzt und dem zuliebe Ihr den berechtigtsten Kampf, den die Welt je sah, einstellen sollt. Man will wieder einmal Euch mit ›Seelischem‹ gefügig machen und Euch das Bewußtsein Eurer eigenen Kleinheit im Verhältnis zu den Wunderwerken des menschlichen Geistes einflößen.

Schwindel! Schwindel!

Gemeinster Betrug!!

Nein, die Kunst paßt in die Museen, um in Rundspaziergängen von Kleinbürgern auf Ferienreisen beglotzt zu werden, die Kunst paßt in die Paläste der Bluthunde, vor die Safes. Wenn Herr Stinnes nach getaner Schiebung mit seinen vom Kuponschneiden ach so schwieligen Händchen im Schoß, seine vom fortgesetzten Rechnen, wie man Euch am besten kurz hält, ach so kurzsichtigen Äuglein in die Höhen reiner Menschlichkeit aufschwingt, seinen überanstrengten Geist an den antiken Bildwerken oder etwa an Kokoschkas Meisterschinken ›Die Macht der Musik‹ erquickt, so läßt sich kaum annehmen, daß diese Bilder die Notwendigkeit der Vernichtung der alten und den Aufbau einer gerechteren Welt predigen.

Arbeiter, Ihr, die Ihr den Mehrwert dauernd schafft,

66

der es den Ausbeutern erst ermöglicht, sich die Wände mit diesem ›ästhetischen‹ Luxus zu behängen, die Ihr den Künstlern somit den Lebensunterhalt, der meist immer ein vielfach reichlicherer war als der Eure, gewährleistet, Arbeiter, nun hört, wie solch ein Künstler zu Euch und Eurem Kampfe Stellung nimmt.

Nach den Kapptagen, da Ihr Euch bewaffnet habt, zum Verdruß der Antimilitaristen und Pazifisten, die es am liebsten gesehen hätten, daß Ihr mit langen weißen Hemden bekleidet, mit einer Kerze in der einen und Lehrer Franks Buch ›Der Mensch ist gut‹ in der anderen Hand in langen Prozessionen den Hakenkreuzzüglern entgegengepilgert wäret, um mit geistigen Waffen die weißen Heilande zu vertreiben – in diesen Tagen hat sich so ein Kunstbürschchen wie Oskar Kokoschka, republikanischer Professor an der Kunstakademie Dresden, nicht etwa nur dem Kampf ferngehalten, wie es bei der traditionellen Feigheit der Intellektuellen kaum anders zu erwarten war, sondern hat in Wahrung seines Kunstschwindels folgendes lapidare Manifest an die Einwohnerschaft Dresdens gerichtet:

›Ich richte an alle, die hier in Zukunft vorhaben, ihre politischen Theorien, gleichviel ob links-, rechts- oder mittelradikale, mit dem Schießprügel zu argumentieren, die flehentlichste Bitte, solche geplanten kriegerischen Übungen nicht mehr vor der Gemäldegalerie des Zwingers, sondern etwa auf den Schießplätzen der Heide abhalten zu wollen, wo menschliche Kultur nicht in Gefahr kommt. Am Montag, dem 15. März, wurde ein Meisterbild des Rubens durch eine Kugel verletzt. Nachdem Bilder keine Möglichkeit haben, sich von dort zu retten, wo sie nicht mehr unter dem Schutze der Menschheit stehen, und auch weil die Entente einen Raubzug in unsere Galerie damit begründen könnte, daß wir keinen Sinn für Bilder hätten, so fiele auf die Künstlerschaft von Dresden, die mit mir bangt und zittert und sich dessen bewußt ist, solche Meisterwerke nicht selber schaffen zu können, wenn die uns anvertrauten zerstört wurden, die Verantwortung, einer Beraubung des armen zukünftigen Volkes an seinen heiligsten Gütern nicht mit allen Mitteln rechtzeitig Einhalt geboten zu haben. Sicher wird später das deutsche Volk im Ansehen der geretteten Bilder mehr Glück und Sinn finden, als in sämtlichen Ansichten der politisierenden Deutschen von heute. Ich wage nicht zu hoffen, daß mein Gegenvorschlag durchdringt, der vorsähe: Daß in der deutschen Republik wie in den klassischen Zeiten Fehden künftig durch Zweikämpfe der politischen Führer ausgetragen werden möchten, etwa im Zirkus, eindrucksvoller gemacht durch das homerische Geschimpfe der von ihnen angeführten Partei. Was alsdann harmloser und weniger verworren wäre als die jetzt üblichen Methoden.‹

Oskar Kokoschka
Professor an der Akademie der bildenden Künste in Dresden.

Wir richten an alle, die noch nicht genug verblödet sind, die snobistische Äußerung dieses Kunstlumpen gutzuheißen, die dringende Bitte, energisch Stellung dagegen zu nehmen. Wir fordern alle dazu auf, denen es nebensächlich ist, daß Kugeln Meisterbilder verletzten, da sie Menschen zerfetzen, die ihr Leben wagen, um sich und ihre Mitmenschen aus den Klauen der Aussauger zu erretten.

Die ›heiligsten Güter‹ sind, wenn sie auch als Kunst, Kultur, Vaterland usw. umschrieben werden, in Wirklichkeit nichts anderes als die Arbeitsprodukte der produktiv tätigen Menschen, und wenn zum Kampf um sie aufgerufen wird, so meinen Herren wie Oskar Kokoschka und auch Wilhelm II. den Kampf darum, daß diese heiligsten Güter in den Händen derjenigen bleiben, die sie gewohnheitsmäßig als Spekulationsobjekte betrachten. Menschen, die jede Möglichkeit ›einer Beraubung des armen zukünftigen Volkes aus seinen heiligsten Gütern‹ getilgt wissen wollen, würden es begrüßen, wenn man, statt wie dieser Kulturphrasenheld Kokoschka einen Raubzug der Entente in unsere Gale-

68

rien an die Wand zu malen, diese Bilder, dem Beispiele der Stadt Wien folgend, gegen Nahrungsmittel für die unterernährte heranwachsende Generation an die Entente verkaufen würde. Für das ›arme zukünftige Volk‹ wäre damit mehr geschehen, als wenn man ihm die Möglichkeit ließe, mit von der englischen Krankheit krummgebogenen Beinen vor den unversehrten Meisterbildern in den Galerien zu stehen. Das deutsche Volk würde später noch mehr Glück und Sinn finden im Rückblick auf solch ein kulturvergessenes Handeln als in Marmeladerationen zu Ehren Rembrandts. Die Kämpfe ›sämtlicher Ansichten der politisierenden Deutschen von heute‹ sind der logische Ausdruck des Willens weiterzubestehen und künftigen Generationen andere Daseinsbedingungen zu schaffen als solche, die nur den [von] Gott erleuchteten Kokoschkas ermöglichen, sich satt zu essen und über die Hungernden zu witzeln. Natürlich, satte Leute brauchen Ruhe zur Verdauung, und wenn sich das unbedeutende Volk schon bemerkbar machen muß, darf es ihm, dem Weaner-Kind, wohl vororgeln: ›Nua Wolza muß ös sein‹, aber mit Gewehren und Maschinengewehren darf's ihm den Zusammenhang mit seinen Mitmenschen und die Abhängigkeit seines Schicksals von ihrem nicht zum Bewußtsein bringen. Er ist ein Lump, der seine Pinseltätigkeit als eine göttliche Mission geachtet wissen will. Heute, wo es von größerer Bedeutung ist, daß ein roter Soldat sein Gewehr putzt, als das ganze metaphysische Werk sämtlicher Maler. Der Begriff Kunst und Künstler ist eine Erfindung des Bürgers, und ihre Stellung im Staat kann nur auf Seiten der Herrschenden, d. h. der bürgerlichen Kaste sein.

Die Titulierung ›Künstler‹ ist eine Beleidigung.

Die Bezeichnung ›Kunst‹ ist eine Annullierung der menschlichen Gleichwertigkeit.

Die Vergottung des Künstlers ist gleichbedeutend mit Selbstvergottung.

Der Künstler steht nie höher als sein Milieu und die Gesellschaft derjenigen, die ihn bejahen. Denn sein kleiner Kopf produziert nicht den Inhalt seiner Schöpfungen, sondern verarbeitet (wie ein Wurstkessel Fleisch) das Weltbild seines Publikums.

Oskar Kokoschka, der Schöpfer ›psychologischer‹ Spießerporträts, vergeudet seinen psychologischen Impetus natürlich nicht an seelenlosen Mob. Seine Realschulkenntnisse genügen ihm, um in wahrer historischer Einsicht Links- und Krumm- und Grade- und Rechtsradikale aufzufordern, ihre politischen Theorien ›mit dem Schiasprüagel in da Hond auf den Schiaßplätzen auf der Heide oobzuholten, so zum Spurt, damit die oiten Moistabüida net valetzt werrn und da Mönschheit koa Schodn zuagefüagt wird.‹ Und obwohl er über dem Hader der Parteien steht, wie alle großen Kunsthuren, versagt er dem verblendeten Volk nicht folgende unerhört neue politische Erkenntnis: Zur politischen Arena soll der Zirkus werden, die Führer treten dort als Gladiatoren auf, das Parteigesindel gröööööhlt, die Feuerwehr steht mit Minimax dabei, damit kein Brand ausbricht, Schutzleute überwachen das Ganze, damit kein Rubens und kein Rembrandt im Grab [zu] rotieren braucht.

Herr Professor, wissen Sie kein Mittel, um Rubens und Rembrandt, die nebenbei bemerkt nicht mal telephonieren können, die in Dreimaster, Schnabelschuhen, Spitzenkragen und Kavalierdegen uns ebenso ehrwürdig vorkämen wie ihre Bilder, aus dem Grabe auferstehen zu lassen? Sie wären zweifellos berufen, des deutschen Volkes Seelenzwiespalt zu heilen und so dem schwergeprüften Vaterland Ruhe und Ordnung wiederzuschenken und es einer besseren Zukunft entgegenzuführen. Die Entente würde selbstverständlich den Versailler Vertrag revidieren.

Arbeiter, blickt nach Dresden! Dort seht Ihr die Wiege Eurer glücklichen Kinder und das Bankdepot O. Kokoschkas.

Oschka Kokoschka, der wie die Zofe mit der Herrschaft bangt und zittert, daß ihm der Arsch mit Grundeis geht, ist uns nur der Anlaß, um die bürgerliche Kunst entlarven zu können, wobei die Person dieses Professors so nebensächlich bleibt, wie sie an sich ist. Dieser Hochschullehrer für Kunst, der bei Aufnahmen von Schülern authentisch äußerte: ›Ich kann nur absolut unberührte Menschen brauchen‹ (von den Dingen und den Fragen der heutigen Zeit unberührte Menschen, Engel vom Mond, aus metaphysischen Gefilden), ist eine symptomatische Person, mit deren Anschauungen über Kunst das ganze Kunstbeamtentum, der Kunstmarkt, die öffentliche Meinung über Kunst sich decken, und indem wir ihn angreifen, wollen wir alles treffen, was sich hinter ihm an Kunstdummheit und -gemeinheit und -arroganz versteckt. Den ganzen unverschämten Kunst- und Kulturschwindel unserer Zeit!

Kokoschkas Äußerungen sind ein typischer Ausdruck der Gesinnung des gesamten Bürgertums. Das Bürgertum stellt seine Kultur und seine Kunst höher als das Leben der Arbeiterklasse. Auch hier ergibt sich wiederum die Folgerung, daß es keine Versöhnung geben kann zwischen der Bourgeoisie, ihrer Lebenseinstellung und Kultur, und dem Proletariat.

Arbeiter, wir sehen die Versuche der Unabhängigen, diese Kultur und die verlogenen Anschauungen über Kunst hinüberzuretten in den proletarischen Aufbau der Welt: Wir erwarten sehr bald von dem Herrn Genossen Felix Stössinger, daß er Euch in der ›Freien Welt‹ die Werke des bedeutenden Malers Oschka Kokoschka zeigt und Euch ihre Bedeutung für das Proletariat nachweist, wie er Euch auch mit dem kirchlichen Zimt des Isenheimer Altars oder den heute erledigten individualistischen Kunstquälereien eines van Gogh bekannt machte. Der egozentrische Individualismus ging mit der Entwicklung des Kapitals Hand in Hand und muß mit ihm fallen.

Wir begrüßen mit Freude, daß die Kugeln in Galerien und Paläste, in die Meisterbilder der Rubens sausen, statt in die Häuser der Armen in den Arbeitervierteln!
Wir begrüßen es, wenn der offene Kampf zwischen Kapital und Arbeit dort sich abspielt, wo die schändliche

Kultur und Kunst zu Hause ist, die stets dazu diente, den Armen zu knebeln, die den Bourgeois am Sonntag erbaute, damit er am Montag seinen Fellhandel, seine Ausbeutung um so beruhigter aufnehmen konnte!

Es gibt nur eine Aufgabe: Mit allen Mitteln, mit aller Intelligenz und Konsequenz den Zerfall dieser Ausbeuterkultur zu beschleunigen.

Jede Indifferenz ist konterrevolutionär!

Wir werden den konterrevolutionären Erhaltungstrieb der Kokoschkas niemals dulden, die noch nicht einmal die beweglichen Ideen der Futuristen sich zu eigen gemacht haben, an deren Bilder das einzige Gute ist, daß sie sie nach dem Tode verbrannt wissen wollen, in der richtigen Erkenntnis, daß diese bis dahin doch längst überholt sind. (Was soll uns ein futuristisches Gemälde ›Damenhut bewegt sich die Treppe abwärts‹ in einer butterarmen Zeit?!)

Wir fordern alle auf, Stellung zu nehmen gegen die masochistische Ehrfurcht vor historischen Werten, gegen Kultur und Kunst!

Insbesondere bitten wir um Übermittlung von Stellungnahmen gegen den Aufruf Kokoschkas! Wir wollen die Stimmen gegen solche Lumpen und die hinter ihnen Versteckten sammeln und nach Möglichkeit der Öffentlichkeit übergeben.

Von Euch, Arbeiter, wissen wir, daß Ihr Eure Arbeiterkultur ganz allein schaffen werdet, ebenso wie Ihr Eure Klassenkampforganisationen aus eigener Kraft geschaffen habt.

Statt einer Biographie

Die heutige Kunst ist abhängig von der bürgerlichen Klasse und stirbt mit ihr. – Der Maler, ohne daß er es vielleicht will, eine Banknotenfabrik und Aktienmaschine, deren sich der reiche Ausbeuter und ästhetische Fatzke bedient, um sein Geld mehr oder weniger lukrativ anzulegen, um vor sich und der Gesellschaft als Förderer der Kultur, die auch danach ist, dazustehen, Vielen ist die Kunst auch eine Art Flucht aus dieser ›pöbelhaften‹ Welt auf einen besseren Stern, in das Mondland ihrer Phantasie, in ein reineres, partei- und bürgerkriegloses Paradies. Der Individualitäts- und Persönlichkeitskult, der mit den Malern und Dichtern getrieben wird und den sie selbst, je nach Begabung, noch scharlatanhaft steigern, ist eine Kunstmarktangelegenheit. Je ›genie‹hafter die Persönlichkeit, um so größer der Profit.

Wie kommt der Künstler heute in der Bourgeoisie hoch? – – – durch Schwindel!! – – – Meistens als proletarische Existenz anfangend, im dreckigen Atelier hausend, mit unbewußter, bewunderungswürdiger Anpassungsfähigkeit nach ›oben‹ strebend, findet er bald einen Bonzen von Einfluß, der ihn ›macht‹, das heißt: seinen Weg auf den Kapitalmarkt ebnet. Gelegentlich kreuzt seinen Weg ein Mäzen, der ihm hundert Mark monatlich gibt, dafür seine ganze Produktion stiehlt; oder er verfällt dem Kunsthändler – der bläst dem bürgerlichen Sammler Kauflust ein für alles. Immer feste natürlich mit Hilfe der geistigen Begriffe, die gerade die Konjunktur erfordert; dazu werden alle alten Requisiten des Heiligen- und Gottschwindels, viel Kosmik und Metaphysik herbeigeholt, wird mit dicken Backen in die Ewigkeitsposaune geblasen. Hinter den Kulissen zynischer Betrieb Eingeweihten gegenüber (›Wo du nicht bist, Herr Organist, da schweigen alle Flöten!‹), nach außen priesterhafte Kulturförderergeste. So verlangt es das System – und das Geschäft blüht.

Die Künstler selbst, aufgeblasen oder zerwühlt, ihre begnadete Stellung herleitend vom Nicht-fertigwerden-mit-der-Welt, dem – Leben – sind meistenteils verdummt und im Schlepptau des großen reaktionären Geistschwindels. Sie glauben ›Schöpfer‹ zu sein und zum mindesten turmhoch über dem Durchschnittsbanausen zu stehen, dem es etwa einfällt, über den tiefen Inhalt eines der Bilder von Picasso und Konsorten zu lachen. Aber ihre ›Schöpfungen‹ entsprechen ganz der

Struktur des sogenannten Kulturgeistes: Sie sind gedankenlos, tatsachenfeindlich und kampffremd. Geht in die Ausstellungen und seht die Inhalte, die von den Wänden strahlen! Diese Zeit ist ja auch so idyllisch, so geigenhaft, so geschaffen für gotischen Heiligenkult, für Negerdorfschöne oder kosmische Eingebungen – ›die Wirklichkeit, ach, sie ist häßlich, ihr Getöse stört den zarten Organismus unserer harmonischen Seelen.‹

Oder seht euch an, die da an der Zeit leiden – wie sich alles in ihnen verkrampft und wie sie bedrängt werden von ihren gewaltigen Visionen. Solchen Marasmus brauchen wir, immer feste Gotik und den alten Greco; und Ägypten nicht vergessen! Seht den großen Grünewald, oder Cézanne, der auf seine Orden so stolz war, oder Henri Rousseau, den lieben, alten, dummen Douanier, berauscht euch an der heiligen Einfalt – heute ist es ja so öde, so kalt und so leer. Und die heutige Revolution so nüchtern, so klanglos, so ohne Schwung (nur Lohnkampf – nicht wahr – gar keine Heiligkeit!). Die Menschen haben ganz vergessen, daß sie von Gott abstammen.

Es ist ein Irrtum, zu glauben, wenn einer Kreisel malt, Kuben oder tiefseelisches Gewirre – er sei dann, vielleicht im Gegensatz zu Makart, revolutionär. Seht euch Makart an; er ist ein Maler der Bourgeoisie, er malte ihre Sehnsüchte, ihre Inhalte und ihre Historie, und ihr? – was seid ihr anderes als klägliche Trabanten der Bourgeoisie. Eure snobistischen Ideen, eure eigenartigen Gedanken, von wem bezieht ihr sie? – – Arbeitet ihr etwa für das Proletariat, das der Träger der kommenden Kultur sein wird? Bemüht ihr euch, die Ideenwelt der Proletarier zu erleben und zu erfassen und den Ausbeutern und den Niederhaltern entgegenzustellen? was euch doch immerhin möglich sein müßte! Fragt ihr euch nicht, ob es nicht endlich an der Zeit ist, mit euren perlmutternen Dekorationen aufzuhören? Ihr gebt vor, zeitlos zu sein und über den Parteien zu stehen, ihr Hüter des ›elfenbeinernen Turmes‹ in euch. Ihr gebt vor, für den Menschen zu schaffen – wo ist der Mensch?!! Was ist eure schöpferische Indifferenz und euer abstraktes Gefasel von der Zeitlosigkeit anderes als eine lächerliche, nutzlose Spekulation auf die Ewigkeit. *Eure Pinsel und Federn, die Waffen sein sollten, sind leere Strohhalme.* Geht aus euren Stuben heraus, wenn es euch auch schwer wird, hebt eure individuelle Absperrung auf, laßt euch von den Ideen der arbeitenden Menschen erfassen und helft ihnen im Kampf gegen die verrottete Gesellschaft.

Dies schreibe ich an Stelle der so beliebten, immer und immer wieder gewünschten biographischen Notizen. Es war mir wesentlicher, Erkenntnisfakten und allgemein gültige Forderungen aus den Erfahrungen meines Lebens zu geben, als all die dummen, äußerlichen Zufälligkeiten meines Lebens aufzuzählen, wie es sind: Geburtstag, Familientradition, Schulbesuch, erste Hose, Künstlers Erdenwallen von der Wiege bis zum Grabe, Schaffensdrang und -rausch, erster Erfolg usw. usw.

Das Getue um das eigene Ich ist vollkommen belanglos.

Zu meinen neuen Bildern

Kunst ist heute eine absolut sekundäre Angelegenheit. Jeder, der über den meistens recht individuell eingestellten Rahmen seines Ateliers hinwegzusehen vermag, wird dies einsehen. Trotzdem ist Kunst eine Angelegenheit, die von dem, der sie ausübt, klare Entscheidung verlangt. Es ist nicht gleichgültig, wo Du in diesem Betrieb stehst und wie Du Dich zum Problem Masse, das für Klarsehende keins mehr ist, stellst. *Stehst Du auf Seiten der Ausbeuter oder auf der Seite der Massen, die diesen Ausbeutern ans Leder gehen?*

Diese Frage ist nicht abzutun mit dem alten Schwindel von der Erhabenheit und Heiligkeit und dem Über-Alles-Stehen der Kunstübung. Heute ist der Künstler gekauft von dem best-zahlendsten Jobber oder Mäzen. – Dieser Zwischenhandel heißt im bourgeoisen Staat Kulturförderung. Aber die heutigen Maler und Dichter wollen von der Masse nichts wissen. Wie ist es sonst zu erklären, daß wir fast gar nichts aufweisen können, was irgendwie die Ideale und Bestrebungen und den Willen der emporstürmenden Massen spiegelt.

Die Kunstrevolutionen der Maler und Dichter sind gewiß interessant und ästhetisch wertvoll – aber doch sind sie letzten Endes Atelierprobleme, und manche Künstler, die sich ernstlich quälen, versinken in ungläubigen Bourgeois-Nihilismus, da sie in ihrer individualistischen Künstler-Eigenbrödelei verbleiben und nicht klar genug revolutionäre Probleme erfassen lernen, sich zu wenig darum bemühen. Ja, es gibt kunstrevolutionäre Maler, welche sich heute noch nicht frei gemacht haben von Christus- und Aposteldarstellungen, heute, wo es revolutionäre Pflicht ist, verdoppelte Propaganda zu treiben, um das Weltbild von den übernatürlichen Kräften, von Gott und den Engeln zu reinigen, um dem Menschen wieder den Blick zu schärfen für sein realistisches Verhältnis zur Umwelt. Die längst verbrauchten Symbole und mystischen Verzückungen des dümmsten Heiligenschwindels, von dem die heutige Malerei voll ist, was sollen sie uns noch? Das Leben ist stärker in seinen Anforderungen, als daß dieser gemalte Unsinn noch standhalten könnte.

Was Ihr tun sollt, welchen Inhalt Ihr Euren Gemälden geben sollt?

Geht in ein Proletariermeeting und seht und hört, wie dort die Leute, Menschen wie Ihr, über eine winzige Verbesserung ihres Lebens diskutieren. –

Begreift, diese Masse ist es, die an der Organisation der Welt arbeitet! Nicht Ihr! Aber Ihr könnt mitbauen an dieser Organisation. Ihr könnt helfen, wenn Ihr nur wollt! Und dadurch könnt Ihr lernen, Euren künstlerischen Arbeiten einen Inhalt zu geben, der getragen ist von den revolutionären Idealen der arbeitenden Menschen.

Zu meinen Arbeiten in diesem Heft will ich folgendes

sagen: Ich versuche wieder ein absolut realistisches Weltbild zu geben. Ich strebe an, *jedem* Menschen verständlich zu sein – ohne die heute verlangte Tiefe, – in die man doch nie steigen kann ohne einen wahren Taucheranzug, vollgestopft mit geistigem kabbalistischen Schwindel und Metaphysik. Bei dem Bemühen, einen klaren einfachen Stil zu bilden, kommt man unwillkürlich in die Nähe Carràs. Trotzdem trennt mich alles von ihm, der sehr metaphysisch genossen sein will und dessen Problemstellung bourgeois ist. Meine Arbeiten sind als Trainingsarbeiten zu erkennen – *ein systematisches Arbeiten* am Ball – ohne Ausblick ins Ewige! Ich versuche, in meinen sogenannten künstlerischen Arbeiten eine ganz reale Plattform aufzubauen. Der Mensch ist nicht mehr individuell, mit feinschürfender Psychologie dargestellt, sondern als kollektivistischer, fast mechanischer Begriff. Das Einzelschicksal ist nicht mehr wichtig. Ich möchte, wie im alten Griechenland, auch ganz einfache Sportsymbole zeigen, jedem verständlich und ohne Kommentar genießbar.

Farbe dränge ich zurück. Linie wird unindividuell-photographisch gezogen, konstruiert wird, um Plastik zu geben. Wieder Stabilität, Aufbau, Zweckmäßigkeit – zum Beispiel Sport, Ingenieur, Maschine, doch nicht mehr dynamische, futuristische Romantik.

Kontrolle über Strich und Form wird wieder eingeführt. – Nicht mehr handelt es sich darum, expressionistische Seelentapeten bunt auf die Leinewand zu zaubern. – Die Sachlichkeit und Klarheit der Ingenieurzeichnung ist ein besseres Lehrbild als das unkontrollierbare Geschwafel von Kabbala und Metaphysik und Heiligenekstase.

Es ist nicht möglich, ganz präzise alles zu schreiben über die eigene Arbeit, zumal wenn man dauernd im Training ist – da bringt oft jeder Tag neue Orientierung und neuen Aufschluß. Eins möchte ich noch sagen: Die Entwicklung der Malerei sehe ich in zukünftigen Werkstätten, im rein handwerklichen, nicht im heiligen Kunsttempel. Malerei ist eine Handarbeit wie jede andere, die kann gut oder schlecht gemacht sein. Heute haben wir ein Starsystem wie in anderen Kunstzweigen auch – das wird verschwinden.

Die Photographie wird eine große Rolle spielen, heute ist es ja schon viel besser und billiger, sich photographieren als sich malen zu lassen. Außerdem kommt hinzu, daß die heutigen Künstler in ihrer Art alles verzerren – und eine eigenartige Abneigung gegen Ähnlichkeit des Dargestellten haben. Der expressionistische Anarchismus muß aufhören. Heute gefallen sich die Maler notgedrungen in ihm – da sie unaufgeklärt, nicht mit den arbeitenden Menschen im Zusammenhang stehen. Es wird eine Zeit kommen, in der der Künstler nicht mehr jener bohemehafte schwammige Anarchist ist – sondern ein heller, gesunder Arbeiter in der kollektivistischen Gemeinschaft. Solange dieses Ziel von der arbeitenden Masse noch nicht verwirklicht ist, wird der Geistige ungläubig zynisch hin und her schwanken. Erst dann wird die Kunst aus dem dünnen Bett strömen, in dem sie heute blutarm durch das Leben der oberen ›Zehntausend‹ fließt, und wieder als voller Strom sich der ganzen arbeitenden Menschheit mitteilen. Das Monopol des Kapitals auf geistige Dinge hat dann ein Ende gefunden. –

So wird auch hier wieder der Kommunismus zur Bereicherung und Fortentwicklung der Menschheit, zur wirklichen klassenlosen Kultur führen.

Ein neuer Naturalismus?

Die sogenannte neue Gegenständlichkeit ist für uns heute wertlos. Das Zurückgehen auf die klassische französische Malerei: Poussin, Ingres und Corot ist eine schlechte Biedermeiermode. Es scheint, daß der politischen Reaktion nun auch die geistige folgt.

Eine wertvollere und reine Gegenständlichkeit ist und

bleibt der Film. Heute befriedigt bereits der Film den Bildhunger von vielen, vielen tausend Menschen täglich. Der Film ist die modernste Bildebene überhaupt, er hat jede dynamische, simultane und futuristische Möglichkeit. Ist es ein Wunder, daß Chaplin und Fatty lebendiger wirken als die beste Kunstausstellung? – hier liegt auch die Kunst der Zukunft.

Eine andere Gegenständlichkeit scheint in der Journalistik zu liegen, und zwar im journalistischen Tageszeichner mit Anschluß an die Rotationspresse. Dieser Zeichnertyp wird noch leben, wenn der Staffeleibildmaler längst ausgestorben ist. Er ist politisch – ähnlich wie in Amerika, wo solch ein Zeichner eine Macht darstellt, von der wir uns hier keinen Begriff machen können. Diese Linie der Entwicklung wird ihn zusammenstellen mit den technischen Künstlern und Malern der Industrie und Reklame – mit dem konstruktivistischen Zeichner und mit dem Erfinder und Ingenieur.

[Aus dem ›Ecce-homo-Prozeß‹]

[...] *Vorsitzender:* Sie wollen den Zeitgeist geißeln, zum Beispiel ein Schieberpublikum, seine Genüsse und Leidenschaften, die sich in unverfeinerter sexueller und sonstwelcher Art äußern. Ja, *derartige Sachen sind doch aber allgemein bekannt durch die Zeitungen*; das weiß doch schließlich das Publikum, daß eine derartige Gesellschaftsschicht besteht, daß in dieser Weise derartige Sachen, wie Sie sie zeigen, getrieben werden [...]

Warum sehen Sie das *so*? Oder ich will mal fragen: Warum bringen Sie das in diesem Buche zur Darstellung? Soll das besonders Spießige oder Kahle, Nackte, Trübe dargestellt werden? Auch hier liegt doch gar kein Anlaß vor, nur das Geschlechtliche zu betonen durch die Darstellung der Geschlechtsteile.

Grosz: Darauf kann ich so schnell nicht antworten. Jedenfalls steht meine ganze Weltauffassung sehr im Gegensatz zu der des Herrn Staatsanwaltes, sie ist wesentlich negativer und skeptischer. Ich sehe die Dinge so, wie ich sie dargestellt habe. Wenn ich mir den größten Teil der Menschheit ansehe, so sehe ich keine Schönheiten oder lieblichen Gebilde. So geht es mir auch bei den Frauen und bei den Familienszenen. Für mich ist der Mensch ...

Vorsitzender (unterbrechend): Ich bin nicht der Herr Staatsanwalt. Sicherlich hat der Gerichtshof auch kraft seines Berufes eine ganze Menge abgestoßener Dinge gesehen. Daraus entsteht aber doch nicht das Recht, solche Dinge vorzuführen.

Grosz: Ich bin noch nicht so geläutert. Ich bin noch im Entwicklungsprozeß, in dem ich die Dinge so sehe, wie ich sie sehe. –

Vorsitzender: Aquarell IV heißt ›Ecce Homo‹. Ja, wollen Sie vielleicht dieses Bild erklären, was Sie sich darunter vorgestellt haben: ›Siehe da, der Mensch!‹

Grosz: Im Zusammenhang dieses ganzen Werkes kann man sagen: ›Seht, welche Menschen!‹

Vorsitzender: Sie wissen ja, daß das Wort eine ganz besondere Bedeutung hat?

Grosz: Ein Moralist wie ich kann schließlich kein besseres Wort wählen als dieses ›Ecce Homo!‹ Denn Christus ist die Verkörperung des Menschen und das Gegenteil von dem, was hier dargestellt wird.

Vorsitzender: Sie wollen sagen, was aus dem Idealbild, das Sie in Christus sehen, geworden ist. Sie wollen durch den Vergleich zeigen, was aus dieser Menschheit geworden ist?

Grosz: Jawohl.[...]

Staatsanwalt: Der Angeklagte führte an, er hätte sich ›anfangs‹ über die Beschlagnahme gewundert. Ich habe einen Nachsatz dazu nicht gehört. Sind ihm hinterher ...

Vorsitzender: Sind Ihnen, Herr Grosz, hinterher doch Gedanken gekommen, daß man auch anders über Ihr Werk urteilen könnte, als Sie bis dahin geurteilt haben? Daß die Grenzen, die der Kunst gezogen sind, von Ihnen im allgemeinen doch überschritten worden sind?

Grosz: Nein, nein!

Vorsitzender (fortfahrend): Daß der Künstler nicht für sich allein lebt, sondern in einer Gemeinschaft, und daß, wenn er für die Gemeinschaft schafft, ihm gewisse Grenzen gezogen sind, innerhalb der Bande, die die Gemeinschaft der Menschen erforderlich macht? Daß die sittlichen Zusammenhalte nicht zerstört werden dürfen und nicht zerstört werden sollen, auch vom Künstler nicht?

Grosz: Selbst durch die Darstellung der häßlichsten Dinge, die in diesem Werke sind und von denen angenommen werden könnte, daß sie einen Teil von Menschen befremden, wird nach meiner Meinung eine große erzieherische Arbeit geleistet, und gerade durch diese. Denn wenn ich einen alten Mann darstelle mit der Häßlichkeit des Alters und der Häßlichkeit des unkontrollierbaren Körpers, so bewirke ich, daß man schon von früher Jugend an auf seinen Körper achtet, ihn trainiert, durch Sport usw. Es sind dies alles ganz bestimmte moralische Tendenzen, auch bei der Darstellung der krassesten und häßlichsten Dinge, und deswegen stehe ich nach wie vor auf dem Standpunkt, daß nur eine ... ich meine ... (stockt). Ich nehme da nichts zurück.

Vorsitzender: Sie bleiben auch bezüglich der Bilder, die Ihnen besonders vorgehalten worden sind, bei Ihrer Auffassung!

Grosz: Ja.

Abwicklung

Die anämischen, langhaarigen, sonderbaren Menschen in den fünften Stockwerken unserer Großstädte, die keiner Katze einen Stein nachwerfen und die Portierfrau fürchten, können von nichts tiefer gekränkt werden, als von Zweifeln an ihrem revolutionären Charakter.

Zu diesem eigentümlichen Völkchen habe ich gehört, und wenn es erlaubt ist, will ich an meiner eigenen Entwicklung zeigen, daß es tatsächlich ein revolutionäres Empfinden ist, das den Künstler anspornt. Lange genug hieß es, ein echter Maler muß dumm sein. Muß er dumm sein? Bezeichnet nicht die empirische Weisheit die Künstler als die Edelsten der Nation?

Dürfen sich die Edelsten der Nation nur auf Kultivierung ihrer Gefühle beschränken und im übrigen dumme Kerle sein ohne Kenntnisse und Erkenntnisse? Wenn ja, dann haben die Künstler recht, wenn sie glauben Revolutionäre zu sein, indem sie jahraus, jahrein pinseln und kritiklos auf eine bessere Zukunft hoffen. *Meine* Meinung ist, daß sie nicht das Recht auf Dummheit haben, daß gerade ein Künstler seine Kenntnisse und Erkenntnisse stets erweitern muß, selbst auf die Gefahr hin, nicht mehr gut zu lieben – sondern gut zu hassen.

Als ich begann, die Welt bewußt zu erleben, da entdeckte ich bald, daß es mit der Buntheit, dem Glanz und vor allem mit meinen Mitmenschen nicht weit her war. Damals war ich Idealist und noch recht romantisch gesonnen; ich fühlte mich einsam und schloß mich ab.

Unwissend wie ich damals war, überschätzte ich Kunst und kam zu ganz schiefen Gesichtswinkeln. An beiden Augen hatte ich Scheuklappen, die Menschen haßte ich. Sah alles von meinem kleinen Dachatelier aus. Unter mir und neben mir Kleinbürger und Hausbesitzer und kleine Kaufleute, deren Gerede und Ideen mich anwiderten. So wurde ich ein richtiger misanthropischer und skeptischer Individualist. Glaubte, töricht und verbildet wie ich war, ich hätte die Weisheit und Erkenntnis gepachtet und fühlte mich stolz, weil ich glaubte, die mich wie ein Nebel umgebende Dummheit zu durchschauen.

Ich begann mit Zeichnungen; sie waren der Niederschlag meiner damaligen Haßstimmung. Ich zeichnete zum Beispiel einen Stammtisch bei Siechen, wo die Menschen wie dicke rote Fleischmassen in graue häßliche Säcke gepreßt saßen. Um zu einem Stil zu gelangen, der so drastisch und unverblümt die Härte und Lieblosigkeit meiner Objekte wiedergab, studierte ich die unmit-

telbarsten Manifestationen des Kunsttriebes. Ich kopierte
in Pissoirs die folkloristischen Zeichnungen, sie erschienen mir als der unmittelbarste Ausdruck und die kürze-
ste Übersetzung starker Gefühle. Auch Kinderzeichnungen regten mich ihrer Eindeutigkeit wegen an. So kam
ich allmählich zu diesem messerharten Zeichenstil, dessen ich zur Übertragung meiner damals von absolutem
Menschenhaß diktierten Beobachtungen bedurfte.

Ich notierte auf der Straße, in den Cafés, in den Varie-
tés usw. in kleinen Notizbüchern sorgfältig Beobachtungen auf. Und analysierte hinterher manchmal noch
schriftlich meine Eindrücke. Damals, vor dem Kriege,
plante ich ein großes dreibändiges Werk ›Die Häßlichkeit der Deutschen‹. Dieses Werk kam aber über die An-
fangskapitel nie hinaus, da damals der Malik-Verlag
noch nicht existierte.

Vorübergehend war ich in Paris. Einen besonderen
Eindruck hat Paris nicht auf mich gemacht, und die
übertriebene Anhimmelung dieser Flaneurstadt habe ich
nie geteilt. Zusammenfassend läßt sich sagen, daß dies
in der Vorkriegszeit meine Erkenntnisse ausmachte: Die
Menschen sind Schweine, das Gerede von Ethik ist Betrug, bestimmt für die Dummen. Das Leben hat keinen
Sinn als den, seinen Hunger nach Nahrung und Weibern
zu befriedigen. Seele gibt's nicht. Hauptsache, man hat
das Nötige. Ellenbogengebrauch war notwendig, allerdings ekelhaft. So drückte sich auch in meinen Produk-
ten eine starke Abscheu vor dem Leben aus, die nur
überboten wurde von dem Interesse für die Vorgänge.
Wurde der Ekel zu groß, betrank man sich. – Der Ausbruch des Krieges machte mir klar, daß die Mehrzahl der
Masse willenlos war, als sie begeistert durch die Straßen
zog, ausnahmslos gebannt vom Willen der Militärs. Ich
spürte diesen Willen auch über mir, war aber nicht begeistert, da ich die individuelle Freiheit, in der ich bis
dahin lebte, bedroht sah. Ich fühlte mich damals anarchi-
stisch abseits von den Menschen, nun lief ich Gefahr,
zur Gemeinschaft mit den mir so verhaßten Menschen
gezwungen zu werden. Mein Haß konzentrierte sich auf

die, die mich dazu zwingen wollten. Den Krieg betrachtete ich als eine ins Ungeheuerliche ausgeartete Erscheinungsform des üblichen Kampfes um Besitz. Dieser Kampf war mir im Detail schon widerwärtig, im en gros erst recht. Das hinderte nicht, daß ich preußischer Soldat wurde. Zu meiner Verwunderung nahm ich wahr, daß es Leute gab, die auch nicht so recht begeistert waren. Diese Leute haßte ich etwas weniger. Das Einsamkeitsgefühl nahm ein wenig ab. Das schöne Soldatenleben regte mich zu mancher Zeichnung an.

Manchen Kameraden machten diese Zeichnungen offenbar Freude, sie teilten meine Gefühle; diese Bestätigung war mir lieber als die Anerkennung dieses oder jenes Kunstsammlers, der ja doch nur meine Arbeiten in erster Linie vom spekulativen Standpunkt aus einschätzte. In dieser Zeit begann ich, nicht nur weil es mir Freude machte, zu zeichnen, sondern im Bewußtsein, daß auch andere meine Gesinnung teilten. Ich begann einzusehen, daß es einen besseren Zweck gab, als nur für sich und den Kunsthändler zu arbeiten. Ich wollte Illustrator werden, die hohe Kunst interessierte mich nicht, soweit sie die Schönheit der Welt darstellte – mich interessierten die verpönten Tendenzmaler und Moralisten: Hogarth, Goya, Daumier und ähnliche. Ich zeichnete und malte aus Widerspruch und versuchte durch meine Arbeiten die Welt zu überzeugen, daß diese Welt häßlich, krank und verlogen ist. Nennenswerte Erfolge hatte ich nicht, machte mir auch keine besonderen Hoffnungen, fühlte mich aber durchaus revolutionär und verwechselte mein Ressentiment mit Erkenntnis.

Der Krieg änderte daran nichts grundlegend. Ich blieb meinen Freunden gegenüber mißtrauisch, so was wie Kameradschaft paßte nicht in mein Weltbild, ich wollte mir keine Illusionen machen. Ich begann von revolutionären Strömungen zu hören, blieb aber skeptisch, man brauchte nur die SPD ansehen – große Menschheitsverbrüderung und Kriegskreditbewilligung. Das war die

Wirklichkeit. Es gab für mich nicht mehr dämonische Mächte und Swedenborgsche Hölle, ich fing an, die eigentlichen Höllenfürsten und Teufel zu sehen, Männer mit langen Hosen und Bärten, mit und ohne Orden. Hoffnungen auf Friede oder Revolution mancher Freunde hielt ich für unbegründet. Wieder als Zivilist in Berlin, erlebte ich die Uranfänge der Dada-Bewegung in Berlin, deren Beginn in die Zeit der Kohlrübe in Deutschland fiel.

Die deutsche Dada-Bewegung hatte ihre Wurzeln in der Erkenntnis, die gleichzeitig manchen Kameraden wie auch mir kam, daß es vollendeter Irrsinn war zu glauben, der Geist oder irgendwelche Geister regierten die Welt. Goethe im Trommelfeuer, Nietzsche im Tornister, Jesus im Schützengraben. Da gab es noch immer Leute, die Geist und Kunst für Macht hielten. Wir sprechen hier über Kunst, daher noch einige Worte zum Dadaismus, der einzigen künstlerischen Bewegung in Deutschland seit Jahrzehnten. Lächeln Sie nicht – an dieser Bewegung sind alle Ismen in der Kunst zu kleinen Atelierangelegenheiten von vorgestern geworden. Der Dadaismus war keine ideologische Bewegung, sondern ein organisches Produkt, entstanden als Reagenz auf die Wolkenwanderertendenzen der sogenannten heiligen Kunst, die über Kuben und Gotik nachsann, während die Feldherren mit Blut malten. Der Dadaismus zwang die Kunstbeflissenen, Farbe zu bekennen.

Was taten die Dadaisten? Sie sagten, es ist egal, ob man irgend ein Gepuste von sich gibt – oder ein Sonett von Petrarca – oder Rilke – ob man Stiefelabsätze vergoldet oder Madonnen schnitzt – geschossen wird doch, gewuchert wird doch, gehungert wird doch, gelogen wird doch, wozu die ganze Kunst. War sie nicht der Gipfel des Betrugs – wo sie uns geistige Werte vorgaukelte – war sie nicht der Gipfel der Lächerlichkeit, wo sie sich ernst nahm, aber niemand sie. Hände weg von der heiligen Kunst – schrien die Gegner des Dadaismus. Warum vergaßen die Herren es, zu schreien, als man auf ihre Kunstdenkmäler schoß, ihre Kollegen vergewaltigte und ermordete? Was faselten sie von Geist, wo es doch nur einen Geist gab, den der Presse, die schrieb: Zeichnet Kriegsanleihe! Heute weiß ich und mit mir alle anderen Begründer des deutschen Dadaismus – daß unser einziger Fehler war, die sogenannte Kunst überhaupt ernst genommen zu haben. Der Dadaismus war unser Erwachen aus diesem Selbstbetrug. Wir sahen die irrsinnigen Endprodukte der herrschenden Gesellschaftsordnung und brachen in Gelächter aus. Noch nicht sahen wir, daß diesem Irrsinn ein System zugrunde lag.

Die nahende Revolution brachte die Erkenntnis dieses Systems. Zum Lachen war kein Anlaß mehr, es gab wichtigere Probleme als die der Kunst – wenn sie noch irgendwelchen Sinn haben sollte, mußte sie sich diesen Problemen unterordnen. Die Probleme sind Ihnen bekannt. Es sind die Probleme der Zukunft – der kommenden Menschen, die Probleme des Klassenkampfes.

Heute hasse ich die Menschen nicht mehr wahllos, heute hasse ich ihre schlechten Institutionen und die Machthaber, die diese Institutionen verteidigen. Und wenn ich eine Hoffnung habe, so ist es die, daß diese Institutionen und daß die Menschenklasse, die sie schützt, verschwinden. Dieser Hoffnung dient meine Arbeit. Mit mir teilen Millionen Menschen diese Hoffnung, es sind dies nicht Kunstsachverständige, nicht Mäzene, nicht Kaufkräftige. Ob man daher meine Arbeit Kunst nennt, ist abhängig von der Frage, ob man glaubt, daß die Zukunft der arbeitenden Klasse gehört.

[Jules Pascin]

... Pascin in Paris: Licht, Stimmengesumm, Sommerabend am Boul'Miche und Boulevard Montparnasse, Fremde aller Länder auf den Terrassen, Teppichverkäufer ... Die Zeit ist 1924. Die Bäume sind grün, wie gefärbt, grün wie der Menthe à l'eau. Es drängt und schiebt sich aus allen Nationen. Viele sind Amerikaner. In der Bar du Dingo sitzt ein amerikanischer Kunststudent, das seit ewiger Zeit nicht benutzte Skizzenbuch unter dem Arm, die ganze Benediktinerflasche am Munde – vielleicht ein früherer Cowboy. Jazzmusik klingt aus den kleinen bunten Bars. Le Jockey hat eine gestrandete Schiffsbesatzung als Kapelle. Da sehe ich Pascin wieder ...

Eintretend, mich zwischen tanzenden Paaren durchzwängend, sehe ich zur Musik hinüber. Ein kleiner, schwarzgekleideter Mann, den steifen Hut auf dem Kopf verrutscht, bedient das Schlagzeug. Er spielt aber nur damit. Die Arme schwingen wie bei einer vom Alkohol gelähmten Puppe; gleich platzt einer, und Sägemehl oder Watte fällt heraus ... Alles ist wie verschwommen hinter dickem Zigarettenrauch. Der kleine Mann ist glücklich. Weil er betäubt ist. Und betäuben wollte er sich, wollte von etwas fort, freiwillig fort. Er lief in den Rausch hinein – wußte er, daß die Welt schon anfing, sich zu verdunkeln? War das hier ein Totentanz, der Totentanz einer Schmetterlingswelt? All die süßen, kleinen, bunten Schmetterlinge, die dicken Totenkopfschmetterlinge, die gelben Zitronenfalter – flatterten die noch einmal wie Motten um das zum letzten Mal hell strahlende Licht von Paris-Montparnasse?

Die Getränke schimmerten so süß und bunt, die Frauen rochen wie aufgeblühte oder schon verwesende Blumen. Aber sie waren doch zauberhaft, wenn sie so halbnackt waren – waren sie das nicht, Freund Pascin? Hattest Du sie nicht immer und immer wieder so dargestellt? Waren Deine Blätter nicht wie mit Schmetterlingsstaub gemalt? (Aber einen kleinen ironischen Stachel hattest Du auch – Du, den ich oft wie einen seltsamen Mistkäfer sah!) Du lebtest ja selbst das Leben eines flatternden Schmetterlings. Ja, hier warst Du zu Hause – kaum in Amerika, das Du so liebtest ...

Hunderte von Blättern kritzelte Deine unermüdliche

Hand, aber Du kümmertest Dich wenig darum. Sie lagen überall verstreut, auf den Tischen und Stühlen Deines Ateliers am Boulevard Montparnasse, Ablagerungen gleichsam, verstaubt und ungenutzt, wie ein Vogel Federn verliert. Ich sehe Dich noch, als Du 1913 im alten Café du Dôme kleine Zeichnungen auf Zeitungspapierfetzen machtest, sie mit einem angenäßten Streichholz rötlich koloriertest und von hinten leicht anräuchertest. Kleine, niedliche, obszöne Dingerchen, und so unheimlich geschickt, daß wir alle an Deinem Tisch staunten: Was für ein Meister! Da saß Professor Orlik, der mein Lehrer gewesen; da saßen der Maler Levy, genannt Levy vom Dôme, der Deutschfranzose mit der väterlichen Baßstimme, und der Bayer Paul Thesing, der wie ein alter Korpsstudent und Säbelwetzer seinen Spazierstock an die Bordsteine schlug, weil er raufen wollte und jemanden dazu brauchte, und der Bildhauer Ernesto de Fiori und der Schwede Niels de Dardel. Hin und wieder saß auch Matisse dort und sah aus wie ein deutscher Professor.

Aber das ist lange her, und Montparnasse war noch unentdeckt. Du gingst dann nach Amerika, und nach dem großen Krieg war es zwar viel lustiger und vielleicht auch ein wenig wilder, aber wir waren alle verändert. Oft zog eine geheime Sehnsucht Dich plötzlich fort; da hieß es dann, Pascin sei in Italien gewesen und habe Raffael neu entdeckt … Zum letzten Mal sah ich Dich an einem jener Abende, als wir die ganze Nacht hindurch von einem Lokal ins andere zogen, bis zum frühen Morgen, faire la bombe. Und immer mehr Freunde und Anhänger kamen dazu, denn Du bezahltest alles. Du warfst das Geld weg wie schmutzige Lappen, aber es flatterte Dir immer wieder nach und in Deine Taschen zurück. Du konntest es einfach nicht loswerden. Ich saß neben Dir; unsere Köpfe schwammen in Musik und Alkohol, und mit Deiner leisen Stimme erzähltest Du mir dieses einzige Mal, wie es in Dir aussah. Und nicht lange danach schnittest Du Dir die Pulsadern durch, wie Du die schmutzigen Enden Deiner Manschetten abschnittest …

[Über journalistische Arbeit]

... Ich bin überzeugt, daß journalistische Arbeit eines anständigen, politisch gebildeten Künstlers sehr wichtig und notwendig ist. [...]

Ich halte die Zeichnung für ein gutes Instrument im Kampfe gegen das derzeitige Mittelalter. Ich bin gern bewußter Moralist und Satiriker und sehe gerade in den höhnischen Abweisungen allwissender, ›über dem Tag‹ stehender Kritiker eine gewisse Bestätigung meiner notwendigen Arbeit.

[...] Griechenland ist nun mal zum Teufel, wozu noch klagen – die Quellen aus der Vergangenheit sind trübe und dreckig oder verfärbt, und die Gegenwart ist Bauch und Bankscheck und Fordautomobil im Kaffernkral, eine langohrige Masse mit Kopfhörern und ›mächtig stolz auf die technische Präzisionsarbeit‹ – dabei, ich sagte es schon, in jeder Weise unfähig, diesem ganzen technischen Irrsinn einen Sinn zu geben. So hockt man aufeinander, wie die Würmer wohnt man in Unternehmerlöchern oder schuftet unter Tage oder läuft eine halbe Sekunde schneller als der andere Favorit. Dazwischen steht hin und her schwankend der Künstler. Oder sie sind angeschlossen mit tausend Fäden an die große Amüsierindustrie, und intellektuelle Wanzen, mit den abgestandenen Kulturresten aller Zeiten und Völker vollgesogen, spielen in den kleinen blutarmen Kunstzirkeln der heutigen Gesellschaft eine groteske Rolle. Es ist wahr: in dieser Gesellschaft hat der produktive Künstler in der alten Auffassung keinen Sinn mehr.

Und unten – da sind die Sklaven, die diese Zivilisation ermöglichen, die den Mehrwert zur Bestreitung dieser Kultur erschuften. Millionen ausgemergelter, nicht schöner Maschinenproletarier – die wiederum ihre Kultur und Bildung in Fertigfabrikaten von oben in Buntdrucken staatlich genehmigt beziehen. Mit dieser anonymen Masse befaßt sich natürlich der geistige Schöpfer von heute noch nicht. Manchmal ist ja die Konjunktur danach, doch auch dann nur sehr ungern.

Es ist wahr, das Leben wäre sinnlos und zwecklos, wenn es nicht den einen Sinn hätte, den Kampf gegen die Dummheit und willkürliche Brutalität der heutigen Machthaber.

Die Kunst ist in Gefahr

Ein Orientierungsversuch
(zusammen mit Wieland Herzfelde)

Betrachtet man die Kunst der Gegenwart, so findet man eine tolle und verwirrte Materie. Es ist nicht leicht, zu einem richtigen Urteil zu gelangen.

Diese Zeit in ihren Widersprüchen und ihrem rücksichtslosen Kampf aller gegen alle zeitigt naturgemäß auch widerspruchsvolle, einander rücksichtslos bekämpfende Kunstbestrebungen. Wie sieht es heute um die Kunst aus?

Betreten wir die Kunstarena! – Vom Pathetiker bis zum Exzentrikclown tummelt sich da ein eigentümliches Völkchen – oft Frohsinn und Sonnenschein, aber auch Stunk und Kampf bis auf zerbrochenen Pinselstiel und verbogenen Konstruktionszirkel. Betrieb – Reklame – Geräusch; aber auch vornehme Abgesondertheit, Resignation und Weltflucht. Individuelle Vielfältigkeit bis in die Akademieklassen hinein. Kunstschriften aller Art, dreieckig, quadratisch, länglich – eine die andere bekämpfend, voll von Problemen und Theorien. Greift man danach, so fragt man: Wer hat die wahre Kunstmeinung? ›Der Sturm‹, ›Der Kunstwart‹, ›Der Cicerone‹ oder ›Kunst und Künstler‹, ›G‹, ›Das Kunstblatt‹?

Da verleugnet eine Gruppe jegliche Tradition; in wilder Ekstase schwingt man das Handwerkszeug und malt barbarischer als Ureinwohner. Andere sind streng gotisch und gebrauchsfertig katholisch, eine Abart äußert sich zionistisch oder buddhistisch. Andere wieder kommen alt-toskanisch – angeregt von alten Meistern bringen sie gut mondäne Schlankheit, oder Kopf verkehrt, Knock-about, mit leicht Pariser Sauce. Auch die Kubisten mit der ewigen Gitarre wollen nicht aussterben, obwohl neuerdings die Klassik im Kurs gestiegen und Ingres, Flaxmann, Poussin und Genelli anfangen, aus den Gräbern zu steigen. Dann die Futuristen, die Simultan-Anbeter und Geräusch-Verehrer. Wieder andere mischen aus altrussischem Heiligenbild und aufgesüßtem Kubismus ein großstädtisches Ragout fin. Manche verzichten – ehrlich währt am längsten – überhaupt aufs Erneuern und Experimentieren, sie bleiben brav bei gewohnter Hausmannskost. Ihnen sind die optischen Gesetze und Farbforschungen der Impressionisten (beispielsweise die Ausschnittmethode der Japaner, – der *Fushijama* durch ein Fischernetz gesehen), – die Versuche der Pointilisten und Neopointillisten immer noch neu. Andere schwören auf Leibl, Lenbach, Menzel oder Defregger, und der pastose Strich eines Trübner wird besonders in Süddeutschland in weiten Kreisen geschätzt. Dann die Maler der Scholle, Eichler, Putz, Erler und die hundertprozentig deutschen Maler Carl Vinnen, Hans Thoma, auch allerhand Eigenbrötler, die, wie Kubin, Ensor und Doms, trotz Automobil und Radio immer noch an Hexen, Feen, Lurche und Nachtspuk glauben. Nicht zu vergessen die Maler, die auf dem rechten Flügel der ›Großen Kunstausstellung‹ zu Hause sind, die Meister der großen Gesellschaftsporträts, der Repräsentationsbilder, der lebensgroßen Pferde und Madonnen – ordengeschmückt und hoch in Ehren wirken sie, von den oberen Zehntausend anerkannt und geschätzt; zu guter Letzt die Panoramen- und Passagemaler, die sich auch Künstler nennen. Warum nicht? Schließlich sind es nur beschränkte Zirkel, die ihnen das Recht dazu absprechen.

Wer hat nun das richtige Urteil? Welcher Standpunkt

ist zu bejahen? Wie äußern sich heute die Künstler, diese ›feinsten Nerven der Gesellschaft‹? Wie und wo verspürt man ihren Einfluß?

Keine Zeit war der Kunst feindlicher als die heutige, und es trifft für den Durchschnittstyp des heutigen Menschen zu, wenn man behauptet, er könne ohne Kunst leben. Was immer man unter Kunst verstehen mag, feststeht, daß es eine ihrer ursprünglichsten Aufgaben ist, den im Menschen lebenden Bildhunger zu befriedigen. Dieser Bildhunger besteht heute in den Massen vielleicht mehr als je, und er wird in noch nie dagewesener Weise befriedigt; aber nicht durch das, was wir landläufig mit unseren überkommenen Schaufensterbegriffen als Kunst bezeichnen – die Illustrationsphotographie und der Kinemathograph werden diesem Bedürfnis gerecht.

Mit der Erfindung der Photographie begann die Dämmerung der Kunst. Sie ging ihrer Rolle als Berichterstatterin verlustig. Die romantischen Sehnsüchte der Masse werden im Kino befriedigt, dort findet Liebe, Ehrgeiz, der Drang ins Unbekannte und zur Natur genügend Nahrung, auch wer Aktualitäten oder historisches Gepränge liebt, kommt auf seine Kosten: Der Landesvater mit und ohne Zylinder, Raubmörder Haarmann, Turnerfest und Denkmalsfeiern, unsere braven Grünen – alles ist da. Hindenburgs leiddurchfurchtes Antlitz ist der Menschheit durch keinen Rembrandt, durch keinen Dürer erhalten. Von Dempseys Muskeln zeugt kein Michelangelo.

Es wird eingewandt, das sei doch nicht das Wesentliche der Kunst. – *Wie* es des Künstlers Auge schaut und wie er das Geschaute übersetzt – aufs Seelische komme es an. Das heißt zugeben, daß die Berichterstattung heute in der Kunst so gut wie wegfällt. Auch Sie gehen, wenn Sie wissen wollen, wie die Welt aussieht, ins Kino, nicht in eine Kunstausstellung. Im Kino ist also die eine Hälfte der Kunst, für die meisten die wichtigere Hälfte, vollkommener als je, zu finden. Der anderen Hälfte bleibt es vorbehalten, Feineres, Verinnerlichtes, Edleres zu bringen als die Kunst zu Zeiten unserer Vorväter, denen die Kunst meist Berichterstattung war vom Diesseits sowohl wie vom Jenseits.

Der menschliche Geist schreitet im Technischen munter fort. Und so ist die Filmhälfte der Kunst nicht mehr gebunden an einen viereckigen Leinwandrahmen. Wohl verpackt liegt das heutige Kunstwerk in einer kleinen Blechtrommel und wirkt, auch ein Vorzug, gleichzeitig in New York, Berlin, London, Paris, aber ebensogut in den entlegensten Provinzstädten. Wie mühselig und veraltet scheint dagegen das Herstellen eines Ölbildes, wie unzeitgemäß. Im Film ist auch die Arbeit eine frischere, schon da dort die Anfertigung nicht an die Begabung eines Einzelnen gebunden ist. Dadurch, daß viele Köpfe daran arbeiten, gewinnt der Film viel leichter einen sozial wirksamen Charakter als die individuelle Handarbeit des Künstlers. Nebenbei gesagt machen hier Bewegungs- und Lichtprobleme keine Schwierigkeit, die selbst in den kühnsten und gelungensten Versuchen der Maler und Zeichner nur mangelhaft gelöst sind. Was ist angesichts eines bewegten Meeres im Film eine mit demselben Motiv vollgemalte Leinwand? – eine langweilige Angelegenheit, die bestenfalls mehr oder minder gut gekonnt ist.

Nun ja, viele unserer Maler haben dies eingesehen. Man anerkannte die überlegenen Reproduktionsfähigkeiten der Technik und stellte das Abbilden der Natur ein. Versenkte sich ins eigene Innere, träumte sich fort von dieser Welt der realen Dinge und hörte auf das ›orphische Schwingen‹ seiner Seele. Die Seele sollte das Rennen machen.

Hier starteten viele Expressionisten. Ehrbare, ein wenig tief veranlagte Herren. Kandinsky musizierte – und projizierte die seelische Musik ins Leinwandviereck. Paul Klee häkelte am Biedermeiernähtisch zarte Jungmädchenhandarbeiten. Lediglich die Gefühle des Malers blieben Darstellungsobjekt der sogenannten reinen Kunst, folglich mußte der wahre Maler sein Innenleben malen. – Da beginnt die Kalamität. Das Ergebnis:

77 Kunstrichtungen. Alle behaupten, die *wahre* Seele zu malen.

Es gab auch Gruppen, die sahen ein, *so* geht es nicht, die Seele ist ein gar zu schwankendes Gebilde – und mit Feuereifer stürzten sie sich auf andere Probleme. Simultanität, Bewegung, Rhythmus! Es war natürlich vergeblicher Idealismus: Simultanität und reine Bewegung kann man eben auf einem Malgrund nur unzulänglich ausdrücken.

Und doch lagen hier die Anfänge neueren Erkennens. Man ging weiter und konstruierte. Indem man von Dynamik sprach, erkannte man bald, daß in den trockenen Ingenieurszeichnungen die Dynamik ihren unmittelbarsten Ausdruck fand. Der Zirkel und das Lineal vertrieben die Seele und die metaphysischen Spekulationen. Die Konstruktivsten traten auf. Sie sehen mit mehr Klarheit in die Zeit. Sie flüchten nicht ins Metaphysische. Ihre Ziele sind frei von altertümlichen, abgewirtschafteten Vorurteilen. Sie wollen Sachlichkeit, wollen für tatsächliche Bedürfnisse arbeiten. Sie fordern wieder den kontrollierbaren Zweck in der künstlerischen Produktion.

Leider haben die Konstruktivisten in der Praxis einen Fehler – sie erreichen ihren Zweck nicht, denn sie klammern sich in der Mehrzahl daran, im überkommenen Wirkungsbereich der Kunst zu verbleiben. Sie vergessen in der Regel, daß es nur *einen* Konstruktivistentyp gibt: den Ingenieur, den Baumeister, den Metallarbeiter, den Tischler, kurz, den Techniker. Sie glauben, jene zu lenken, sind aber in Wirklichkeit nur ihr Reflex. – Die Ehrlichsten stellen daher die sogenannte Kunst beiseite und fangen an, sich mit den wahren Grundlagen des Konstruktivismus zu befassen, mit den technischen Wissenschaften. Selbst dann versuchen sie das schöne Wort ›Kunst‹ noch zu retten und – kompromittieren es. Die Möbel aus dem Weimarer Bauhause etwa sind vermutlich trefflich konstruiert. Und doch sitzt man lieber auf manchem Stuhl, den ganz anonyme Tischler fabrikmäßig herstellen – denn er ist bequemer als der von einem in technischer Romantik schwelgenden Bauhauskonstrukteur entworfene. Der Konstruktivismus führt logisch entwickelt überhaupt zum Abbau des Künstlers in heutiger Form. Er führt zum Beruf des Ingenieurs, des Architekten und Technikers, des wahren Gestalters unserer Zeit. In Rußland hat diese konstruktivistische Romantik noch einen tieferen Sinn und ist auch tatsächlich weit mehr sozial bedingt als in Westeuropa. Dort ist der Konstruktivismus zum Teil der natürliche Reflex auf die starke maschinelle Offensive des beginnenden Industrieaufbaus. Den Bauern ist dort das Erlebnis einer elektrischen Anlage, eines rotgestrichenen Traktors der Kees-Kompagnie, einer Turbine noch etwas ganz Neues und Unerhörtes. Dort ist sogar das platonisch mit maschinellen Konstruktionen bemalte Leinwandviereck nicht so zwecklos wie in Westeuropa. Die Suggestivkraft der maschinellen Ästhetik, die für Laien ans himmlisch Wundervolle grenzenden Geheimnisse der Technik werden zum Anknüpfungspunkt an die mehr gefühlsmäßig als verstandesmäßig reagierenden Massen. Der Künstler ist (wenn auch vielleicht unbewußt) Mittler und Werber für die Idee der industriellen Entfaltung. Ich habe mich persönlich davon überzeugt, daß in der Staatlichen Akademie zu Moskau eine Abteilung eingerichtet ist, in der man die Schüler in Statik und Mechanik unterweist, so daß dort Künstler sein in vielen Fällen heißt: technischer Student sein.

Dergestalt wird aus manchem zunächst gefühlsmäßig von der Schönheit der Technik angezogenen Kunstbeflissenen bald ein wirklicher ›Konstruktivist‹.

Im Westen kann sich aber die Kunst solche Aufgaben nicht mehr stellen. Hier bedarf die Technik nicht des Umwegs über die Kunst, denn sie ist längst Allgemeingut der breitesten Massen in Stadt und Land.

Was also tun? Alles bisher Gesagte führt nur zu der einen Lösung: Liquidierung der Kunst! Und doch befriedigt diese Lösung nicht. Woran liegt das?

Das eingangs erwähnte ›Innerliche‹ in der Kunst scheint doch noch andere Inhalte haben zu können, die es nicht nur verstaubten Köpfen möglich machen,

Künstler zu bleiben. Es ist keine Laune, sondern ein generationenalter Trieb, der Menschen, oft selbst in bitterster Not, darauf beharren läßt, als Künstler, nur als Künstler zu wirken. Sie glauben unerschütterlich daran, es gäbe noch Dinge zu sagen, die allein der Künstler sagen kann und die gesagt werden müssen. Wenn auch die Gegenwart sie nicht hören will – es bleibt der Trost, daß vielleicht in Zukunft, und sei es erst nach dem Tode, eine Generation leben wird, die ihren Werken gerecht wird. Jahrhundertausstellungen fördern ja auch heute plötzlich irgendeinen Namen ans Tageslicht und beleben den Kunstmarkt überraschend mit dem Ruhm eines bei Lebzeiten ›Verkannten‹.

Das gläubige Bewußtsein, Ewigkeitswerte zu schaffen, verleiht ihnen die Spannkraft, unbekümmert Gleichgültigkeit oder Ablehnung der Mitwelt zu ertragen. Man steht der erstaunlichen Tatsache gegenüber, daß eine Anzahl oft hochentwickelter Menschen offenbar zwecklos ein Leben lang arbeitet, sich nur an die zwei Begriffe Zukunft und Ewigkeit klammernd (wenn man von den Tagessorgen und den Kniffen absieht, die die Beschaffung des Notwendigsten mit sich bringt). Die Glückspilze unter ihnen sehen einige ihrer Werke noch bei Lebzeiten in einsamen Privatgalerien, vielleicht sogar in Museen hängen.

Sollte dies der Zweck unseres Strebens sein, in Galerien bewundert zu werden? Die Vorstellung, Grünewald hätte seinen Isenheimer Altar bei Cassirer ausgestellt, beleuchtet kraß die problematische Stellung des Künstlers in der heutigen Gesellschaft. Eine Sackgasse: Materiell gequält, ist er meist von einem Idealismus, einer eigenartigen Begeisterung besessen für die Zukunft, für die Ewigkeit.

Es kommt darauf an, festzustellen, was der Künstler sich unter Zukunft (Ewigkeit ist ja nur ihre Fortsetzung) eigentlich vorstellt. Daß er beim Malen nicht auf die Anerkennung einer kommenden Zeit hofft, in der es *keinen* Menschen gibt, versteht sich von selbst. Bliebe die Menschheit in Zukunft so, wie sie zu Lebzeiten des

Künstlers war, so würde sie niemals Gründe für die erhoffte posthume Anerkennung haben. Sie muß sich also ändern. Ja: Es ist unausgesprochene Hoffnung jedes Künstlers, der auf künftige Anerkennung rechnet, daß die Menschen neue Maßstäbe und Urteile finden werden; und sicher würde er helfen, für sich und den Erfolg seines Werkes diese Änderung herbeizuführen. Ja, viele sind überzeugt, durch ihr Werk, sei es auch auf mystische Weise, dies tatsächlich bereits zu tun. [...]

Die Forderung einer Tendenz erregt in der Kunstwelt heute noch, ja vielleicht mehr als früher, entrüsteten und geringschätzigen Widerspruch. Man gibt zwar zu, daß es zu allen Zeiten bedeutende Werke tendenziösen Charakters gegeben hat, aber man schätzt solche Werke nicht ihrer Tendenz, sondern ihrer formalen, ›rein künstlerischen‹ Qualitäten wegen. Diese Kreise verkennen gänzlich, daß zu allen Zeiten jede Kunst eine Tendenz enthielt, daß nur der Charakter und die Klarheit dieser Tendenz wechselten. Einige grob skizzierte Beispiele: *Die Griechen* propagierten den ›schönen Menschen‹: Sport, Körperkultur, damit zusammenhängend: Eros, Kriegstüchtigkeit, ihre religiösen Anschauungen – mit einem Wort, den hundertprozentigen Griechen. *Die Gotiker* standen ausnahmslos der christlichen Propaganda zur Verfügung. Im Mittelalter schaffen die Künstler, was den Königen, den Patriziern und Handelsherren gefällt; die urzeitlichen Höhlenmenschen, die Urvölker, die Neger, sie haben ihre Jagd-, Sexual- und Götzenkunst. Heute, da wir dicht dabei stehen und die Materie besser kennen, können wir zahllose Tendenzen unterscheiden. Einige Beispiele: *Menzel* ist der Maler des Preußentums und des deutschen Frühindustrialismus, *Defregger* bringt kleinbürgerlich idealisierende, heimattreue und lebenslustige Anekdoten. *Delacroix* ist der Maler des Weltbürgertums, gestützt auf Historie und Tradition, für Heldentum, Fortschritt und ein mächtiges Frankreich. *Toulouse-Lautrec* durchschaut den vielberühmten französischen Vergnügungs- und Fremdenbetrieb, entschleiert die bürgerliche Erotik. *Gauguin* ist zivilisationsmüde, glaubt wie Seume an den ›besseren Wilden‹, propagiert den romantischen Individualismus. *Angelo Jank* malt die Reiterfreuden des aristokratischen Herrenmenschen. *Hodler* ist für Verinnerlichung, metaphysischen Monismus, Achtung vor historischen Großtaten und heroischen Leidenschaften. *Kokoschka* treibt Propaganda für den ›sublimen‹, komplizierten, degenerierten ›letzten Bürger‹ und dessen Problematik. *Hans Thoma* liebt den harmlosen, ländlichen, verträumten Menschen, idealisiert Natur und Heimat, propagiert altertümliche Indifferenz gegen aktuelle Interessen und soziale Fragen.

Diese Beispiele dürften genügend zeigen, daß Tendenz etwas in der Kunst nicht nur Vorkommendes, sondern etwas Typisches ist. Gewiß ist den Künstlern nicht immer die Tendenz ihrer Arbeit bewußt, das ändert jedoch nichts an der Wirkung. Man kann bei jedem Künstler, wenn man nur sein Schaffen in seiner Gesamtheit und in bezug auf die Welt, in der er lebte, betrachtet, bestimmte Tendenzen in seinen Werken erkennen.

Nun gibt es aber noch Künstler, die bewußt und betont jeder Tendenz auszuweichen versuchen, indem sie vollkommen aufs Gegenständliche, sogar aufs Problematische verzichten. Oft glauben sie, triebhaft und ohne Absicht schaffen zu können, vergleichbar der Natur, die ohne sichtbaren Zweck Kristallen, Pflanzen, Steinen, allem was ist, Form und Farben verleiht. Sie geben ihren Bildern unverständliche Namen oder nur Nummern. Offenbar liegt dieser Methode das Bestreben zugrunde, ähnlich der Musik, unter absichtlicher Ausschaltung aller anderen Wirkungsmöglichkeiten, reine Reizwerte zu geben. Der Maler habe nichts als Form- und Farbenschöpfer zu sein. Ob diese Künstler nun glauben, ihr Werk habe keine ›tiefere Bedeutung‹, oder ob sie ihm einen für den Betrachter kaum zu erratenden gefühlsmäßigen oder metaphysischen Sinn zusprechen – Tatsache bleibt, daß sie absichtlich auf die gesamten ideologischen Beeinflussungsmöglichkeiten (auf den Gebieten der Erotik, Religion, Politik, Ästhetik, Moral etc.) des

Künstlers verzichten, dem sozialen Geschehen schweigend, teilnahmslos, also verantwortungslos gegenüberstehen oder – in den Fällen, wo das nicht beabsichtigt ist – aus Unkenntnis und Unvermögen nutzlos arbeiten.

Treten solche Künstler in den Dienst der Industrie und des angewandten Kunstgewerbes, so ist dagegen so wenig einzuwenden, wie wenn ein Politiker sich als Handwerker betätigt. Begabungssache.

Soweit diese Kunstart der literarischen Attraktion aber um ihrer selbst willen getrieben wird, propagiert sie ausgesprochen blasierte Indifferenz, verantwortungslose Individualitätsgefühle.

Man sieht, wie man es auch betrachtet, die Beziehungen des Künstlers zur Welt drücken sich stets in seinen Arbeiten aus und verleihen ihnen unvermeidlich ihre Tendenz. Wenn man also einem Künstler Tendenz vorwirft, so kann es nur berechtigt sein, sofern diese Tendenz der durch den Stil sich unwillkürlich verratenden Anschauung des Künstlers widerspricht oder falls er sein Nichtkönnen durch Hinzufügen eines tendenziösen Motivs oder Titels auszugleichen vermeint. Es kommt vor, daß jemand mit unzulänglichen Mitteln für eine Tendenz eintritt, von der er völlig überzeugt ist, auch dann kann man nicht aus dem mangelhaften Können einen Einwand gegen die Tendenz herleiten.

Aber man hat ja noch nie gehört, daß etwa Grützner seine Propaganda für das deutsche Bier oder für klösterliche Mannesfreuden, einem Grünewald sein christlicher Glaube zum Vorwurf gemacht worden sei. Wo heute Kunstfreunde ein Werk mit dem Hinweis auf seine Tendenz prinzipiell oder als Sensationsmache abzutun versuchen, stehen sie nicht der Arbeit des Künstlers kritisch, sondern der Idee, für die er eintritt, feindlich gegenüber.

Der Künstler, auch wenn er es nicht will und weiß, lebt also in stetiger Wechselbeziehung zur Öffentlichkeit, zur Gesellschaft und kann sich ihren Entwicklungsgesetzen nicht entziehen, auch nicht, wenn sie, wie heute, im Zeichen des Klassenkampfes stehen. Auch vornehmes Sich-darüber- oder -außerhalb-Stellen heißt Partei ergreifen, denn solche Indifferenz und Jenseitigkeit ist automatisch einer Unterstützung der Klasse, die gerade die Macht hat, also in Deutschland des Bürgertums. Im übrigen treten eine große Zahl von Künstlern ganz bewußt für die bürgerliche Weltordnung ein, da nur darin ihre Arbeit sich bezahlt macht.

Im November 1918, als sich das Blatt zu wenden schien – da entdeckte plötzlich der weltabgewandteste Pinsel sein Herz für das arbeitende Volk, einige Monate lang wurden rote und rötliche Allegorien und Pamphlete in Massen hergestellt und behaupteten sich auch auf dem Kunstmarkt. Doch bald zogen Ruhe und Ordnung wieder ins Land – siehe da, unsere Künstler kehrten möglichst geräuschlos wieder in die höheren Regionen zurück: ›Was wollen Sie, *wir* sind revolutionär geblieben – aber die Arbeiter, hören Sie bloß damit auf. Sind alles bloß Spießer. In diesem Lande kann man ja keine Revolutionen machen.‹ Und so brüten sie wieder in ihren Ateliers über ihren ›wirklich‹ revolutionären Form-, Farb- und Stilproblemen.

Formale Revolution hat ihren Schreck natürlich längst verloren. Der moderne Bürger verdaut alles; einzig der – Geldschrank ist angreifbar. Der junge Kaufmann von heute ist ein anderer als der aus Gustav Freytags Zeiten: Eiskalt, distanziert, hängt er in seine Wohnung auch die radikalsten Dinge (die Raffke-Legende ist eine Erfindung der ›Meggendorfer‹). Sich rasch und bedenkenlos umstellen, ›nicht von gestern sein‹ ist die Parole. Auto – letzter, schnittiger Typ. Ohne Phrasen von Berufsmission, verpflichtendem Reichtum; nüchtern, sachlich bis zum Stumpfsinn, ungläubig, illusionslos, habgierig, hat er nur Verständnis für seine Ware, für alles andere einschließlich der Branchen Philosophie, Ethik, Kunst, für die ganze Kultur gibt es ja Spezialisten, die bestimmen die Mode, und das wird dann eben akzeptiert. Die Form-Revolutionäre und ›Wanderer ins Nichts‹ schneiden dabei nicht einmal schlecht ab, denn sie sind den Herren zuinnerst verwandt, haben bei aller äußeren Verschiedenheit die gleiche indifferente, arrogante Lebensauffassung.

Wem die revolutionäre Sache der Arbeiterschaft keine Redensart oder ›schöne, aber leider nicht zu verwirklichende Idee‹ ist, der kann sich nicht damit zufrieden geben, harmlos oder formproblematisch drauflos zu arbeiten. Er wird sich bemühen, der Kampfidee des Arbeiters Ausdruck zu verleihen, wird den Wert seiner Arbeit an ihrer sozialen Brauchbarkeit und Wirksamkeit messen, nicht an unkontrollierbaren individuellen Kunstprinzipien oder am öffentlichen Erfolg.

Fassen wir zusammen: Sinn, Wesen und Geschichte der Kunst stehen in direktem Zusammenhang mit dem Sinn, Wesen und der Geschichte der Gesellschaft. Voraussetzung der Erkenntnis und Beurteilung auch der Kunst unseres Zeitalters ist demnach ein auf Kenntnis von Tatsachen und Zusammenhängen des realen Lebens samt all seinen Erschütterungen und Spannungen gerichteter Geist. Die Menschheit bemächtigt sich seit einem Jahrhundert im größten Maßstabe der Produktionsmittel der Erde. Gleichzeitig nimmt der Kampf der Menschen untereinander um den Besitz dieser Mittel immer umfassendere, die Menschen ausnahmslos in seinen Strudel ziehende Formen an. Es gibt Arbeiter, Angestellte, Beamte, Reisende – Aktionäre, Unternehmer, Händler und Finanzmenschen. Der Rest ist Etappe der beiden Fronten. Dieser Kampf ums Dasein der in eine ausbeutende und in eine ausgebeutete Hälfte getrennten Menschheit heißt in seiner schärfsten und letzten Form: Klassenkampf.

Ja, die Kunst ist in Gefahr.

Der heutige Künstler, wenn er nicht ein Leerläufer, ein antiquierter Blindgänger sein will, kann nur zwischen Technik und Klassenkampfpropaganda wählen. In beiden Fällen muß er ›die reine Kunst‹ aufgeben. Entweder, indem er als Architekt, Ingenieur oder Reklamezeichner sich einreiht in das – leider noch sehr feudalistisch organisierte – Heer, das die industriellen Kräfte entfaltet und die Welt ausbeutet, oder indem er, als

Schilderer und Kritiker das Gesicht unserer Zeit spiegelnd, als Propagandist und Verteidiger der revolutionären Idee und ihrer Anhänger sich einordnet in das Heer der Unterdrückten, die für ihren gerechten Anteil an den Werten der Welt, für eine sinnvolle, soziale Organisierung des Lebens kämpfen.

[Brief an Otto Schmalhausen]

27. 5. 1927

Lieber Atz!

… Ich würde auch, wenn ich nicht weiterkäme, sofort an eine neue Arbeit gehen – man kann. Die, nach seinem Sinne, nicht ›fertigen‹ dann immer wieder vornehmen. Besser drei, vier Bilder gleichzeitig in Arbeit, als eins, das nie fertig wird – ich meine, eigentlich weiß man ja nie so ›ganz‹ genau, wann ein Bild beendet ist – ich will nur nicht jenen Zustand des sogenannten ›Totmalens‹. – Es sind vielleicht banale Dinge, die ich Dir schreibe – aber Du wirst sie selbst erleben. Das Beste ist, stets mit allen Fasern hinein, gleich enorm anspringen – so habe ich's hier gemacht, und damit Zeit und Arbeit gewonnen. Wenn Du mein hiesiges ›erstes‹ Ölbild auf kleiner Pappe nach der Natur siehst und es später dann vergleichst mit den jetzigen letzten, so ist der Fortschritt in Farbe und vereinfachter Form klar zu erkennen. Ich arbeite hier durchschnittlich kleinformatig. Mein Plan (mit Flechtheims Spekulation natürlich) ist der: hier eine Serie ›verkäuflicher‹ Landschaften zu malen – das heißt so, daß das anstößige Sujet ausschaltet. Verkaufe ich, werde ich im Winter dann an große Lieblingsbilder herangehen à la *Sonnenfinsternis* oder *Stützen der Gesellschaft* und derlei. Courbet tat dies auch einmal, er malte den Genfer See für Zahlungsfähige diverse Male. Abgesehen davon bleibt ein ›positives‹ Lernen dabei. Vor der Natur muß man vereinfachen und das Bild richtig ›bauen‹. Ich will ja auch nicht ›nachahmend‹ malen, sondern komponiere mit Anlehnung an das Vorbild der Natur. Mir kommt es nicht an auf ›Stimmung‹, auf ›Luft‹ – sondern auf speziellen Bildraum, auf architektonischen Bau, Plastik etc. Wenn man überhaupt so differenzierte, nur einem selbst vorstellbare Dinge beim Namen nennen soll; das Ganze hängt ja stark mit unbewußten Gefühlen zusammen – was man darüber aussagt, bleibt zuletzt eben doch vage und selbst bei den stärksten theoretischen Begabungen nur dünnes Leitseil für den nicht sich praktisch Versuchenden ... Du glaubst nicht, wie von Bild zu Bild bei steter Arbeit, unter allen Umständen täglich (dadurch werden eingebildete Neurasthenien vermieden), die Resultate steigen ... Ich machte und mache noch all diese Schwankungen, teilweise böse Zweifel und so, durch – das liegt in der subjektiven, sehr persönlichen Verwachsenheit des Produktörs von Bildern mit seiner Arbeit nun mal drin. Manchmal kann man todmüde und voller Mißfrieden sein, wenn man eine bestimmte Idee, Vorstellung nicht *so* realisieren kann, wie man es möchte oder glaubte schon zu können ... Hier ist es ja anders wie bei Geschäften – das Leinwandviereck bleibt stets Dein Dich quälender stummer Partner. Verunglückt ein Geschäft oder sonst im Leben bei Zusammenarbeit mit anderen Menschen irgend etwas, hat man immer eine Ausrede, der oder der hat versagt. Hier im Atelier bleibst nur du mit den Zweifeln und Deinem Können allein. Also frisch auf, Palette her und frisch ans Problem ...

[Brief an Otto Schmalhausen]

1927

Lieber Atz!
... hast recht, ein Spötter, der die Fetische der Brüder nicht in vorgeschriebenem Maße achtet und verehrt, sitzt schließlich ganz allein auf der Bank. Mein Verbre-

chen besteht darin, daß ich auch mal über linke Fetische, Bonzen, KPD-Vorgesetzte, brave Funktionäre, besoldete Revolutionäre ein wenig bösartig gelacht habe. Harmlos wird ja schon im *Knüppel* gelacht. Also das können jene nicht ausstehen – und die prassen, gefüllten, dicken Sabberer sind die Gekränktesten. Ach, wie schnell so eine marxistische Autorität gekränkt ist. Und ich, was bin ich? Also ich finde mich mit der üblichen Rolle ab: ›Desch is ain Verräter is desch – da kannscht sehe, so is desch – da kannscht's genau sehe, desch is äben ä kleinbürgerlicher Anarchist ist deschööha jooh.‹ Gut gestopfte Leberwürste, die das blanke Messer nicht leiden können – und einen Spiegel fürchten, eben wegen jenes Dummkopfes, der sie daraus angrinst. Wie unsicher im Grunde diese Ideenträger, die das bißchen Spott nicht er- und vertragen können. Spott, Hohn – zu dem man doch durch unsere zwar ullsteinhaft (als Masse), aber dem Inhalt nach kotzdämliche Propaganda, angeregt wird. Aber heilig unantastbar stets der ewige Satz, Weltepochen überdauernd: ›Über Funktionäre darf nicht gelacht werden.‹ So, damit wollen wir das Kapitel über Berufsrevolutionäre schließen – genug der Plauderei. Bemerken wollte ich noch, daß Deine *Knüpp*kritik auch die meine ist – solch sehniges, schlecht ausgehangenes Fleisch habe ich lange nicht gegessen – für mich ist desch nichts – Sklavenfraß, gebt's den Hunden unterm Tisch (bürgerlich-intellektuelle Arojanz – eure Witze vasteht der Prolet ähm nich) …

Ich habe zur Zeit ein kleines Bild gemalt mit einer Bar – ganz Ölmalerei – zum Schluß kleine Details mit Tempera aufgesetzt. Ein kleines Stücklein Straße in vielfältigen Graus – die aber als Lilas gemischt werden, sonst wirken sie als Töne auf der Leinwand schmutzig. Grau in vielen (100en und mehr) Abstufungen ist hier typisch als Farbe – beachte überhaupt sehr die Halbtöne und die Kontraste – das ist fast die ›Malerei‹. Du glaubst gar nicht, wie schwer ein richtiges ›Grau‹ zu malen ist. Grau vom roten bis zum blauen Kontrast – Neapelgelb, Steinocker, viele sandige, staubige Ockermischungen, gebrochenes Grün, dazu Lilas in vielen Stufungen und ein giftiges aber gebleichtes französisches Grün – so sind hier die Farben. Man lernt doch eine ganze Menge durch Naturbeobachtungen ...

Pedro ... macht Gehversuche ... Haare hat er mehrere ebenfalls bekommen, na, es ist schon eine einigermaßen anständige Perücke – früher war er doch ein reiner Kahlkopf ... Ich zeichne ihn fast täglich – schwer bei der dauernden Hampel- und Strampelei. Ich bin immer da, wenn er Flasche kriegt, gebadet wird oder in der improvisierten Box spielt ...

Dein alter Böffel

N. B. Bitte den ›Max Hermann‹ nicht aus dem Atelier holen – kann ich nicht – habe Flechtheim versprochen, vorerst *nichts* auszustellen ... *Ich will jetzt (unter uns) nichts zeigen.* Sage Hans, seine Anpflaumereien gefallen mir sehr; sage ihm ferner, ich verstände Spaß, auch ›blutigen‹ – ich wäre kein ›Heiliger‹, mich könnte man angreifen – ich bin kein ›Führer‹, der Angriffe durch Zensur verbietet – sage ihm bitte: Auf meiner neuen Visitenkarte stände: George Grosz, genannt George I (Emp. Rex), Mitbegründer der ›Neuen Sachlichkeit‹, Mitarbeiter der Piscatorbühnen – N. B. über mich darf im Bedarfsfalle gelacht werden ...

[Brief an Otto Schmalhausen]

Pointe Rouge
17. 7. 1927

My old dear Oz!

[...] Ich gründete die losen Blätter des *Drillbohrers*. Das sind beschriftete Ausschnitte, die ohne Redaktion ganz wild erscheinen – ohne Verlag, ohne Apparat. Sie pflegen bereits an den Stammtischen der Berufsrevolutionäre und der ›ganz links eingestellten‹ Schmuser die Runde zu machen – man zeigt diese bürgerlichen

Schreiben unter dem Tisch herum wie obszöne Fotos an Spießerstammtischen. Meistens sind es ebenso Fotografien. Der *Drillbohrer* ist eine lose Gesellschaft, verbunden mit einem Büro (nicht wörtlich zu nehmen) zur Belieferung der verbrämten Dummheit, mit Argumenten zum Anstoßnehmen. Unverletzbarkeit der ›Heiligen‹ wird bezweifelt. Sehr stark sogar. Über Kommandos wie zum Beispiel ›Hände an die Hosennaht‹ oder ›Strammjestand'n – janze Abteilung hört auf mein Kommando‹ und dergleichen – wird gelacht. Herzlichst – wenn's auch nicht erwünscht ist und sich mit der Außenpolitik Rußlands nicht verträgt. Eine ›marxistisch-taktische Linie‹ haben die losen Blätter nicht. Sie haben die Bestimmung, von Tasche zu Tasche zu wandern und bestimmte ›Richtlinien‹ zu verletzen. Hanns erfand den treffenden Wahlspruch: ›für die Freiheit.‹ So ist es.

Mit den herzlichsten Grüßen bin ich stets
Dein alter Böff

[Brief an Otto Schmalhausen]

14. 8. 1927

Lieber Atz!
… ich hatte da mit Wiz eine gewisse Auseinandersetzung – die erforderte einige Korrespondenz. Mit Hanns habe ich ebenfalls einige Briefe getauscht, meist jedoch nur Ausschnitte gesandt – Du kamst keinesfalls zu kurz … ich arbeite eine ganze Menge hier – und abends bin ich etwas ausgepumpt – kann da sehr schwer schreiben. Ich arbeite (als Besessener) von 1/2 10–12 und von 1–1/2 7 nachmittags. Habe hier 3 Stilleben gemalt und 1 Landschaft (Straße, Baum, Fuhrwerk) – beim Arbeiten vergeß ich alles, schwitze aber wie ein Bulle … Ich hab auch gezeichnet und einen Artikel gemacht über provencalische Stierspiele für *Frankfurter Illustrierte* (Broterwerb) … Malen tue ich rein Öl – höchstens kleine Einzelheiten

und gewünschte Details in Tempera – benutze eine sehr trockene Leinewand. Begreife, die Schatten, die Du erwähntest bei Deinem Malversuch – diese Schatten sind das A und O der Malerei – der plastischen Form. Schatten mußt Du gut mischen als Farbe (Kontrast) und dünn malen. Macht mir auch Schwierigkeiten – zum Beispiel Gesicht modellieren – graue Fleischschattentöne – tolles Stück Arbeit. So nun das Ende ... muß weiterarbeiten (bin besessen).

Heil Kuß und Umarmung von Deinem Böffel

[Brief an Otto Schmalhausen]

8.1927

Teurer Otz!

... Ich schreibe Dir mit dem Ensorbuch als Unterlage, als hoffe ich dadurch, genügender mit Phantasie erfüllt zu werden. Die 4–5 Wochen, die wir schon hier sind, sind schnell vergangen, uns erscheint es fast, wir wären schon 1/2 Jahr hier. Ich arbeite verhältnismäßig viel, täglich nach der Natur. Ölfarbe und Tempera ... habe bis jetzt 9–10 Aquarell-, resp. Temperastudien n. d. N. gemacht und 8 kleine Ölstudien, darunter ein paar weiter ausgeführte, aber keine sogenannte ›Neue Sachlichkeit‹. Gezeichnet habe ich auch, einige Blätter – hauptsächlich Baumstudien. Hier gibt es viele Arten davon, schöne und wahrhaft groteske Platanen, die man gestutzt hat, sehen in unsere Fenster. Auch Feigenbäume sind da, mit den schönen blaugrünen großen Blättern, seit Adam her bekannt. Von meinem Turmatelier habe ich vielerlei Rundblick – von rechts das Mittelmeer, blau – links (es sind überall große Fenster) die Berge, hoch blaublaßgrau. Alle diese Ansichten ständig abgewechselt in Beleuchtung und sog. Stimmung – also Motive in Fülle. Das ist vorerst ganz gut, so kann ich direkt vom Atelier aus arbeiten, ohne nach Motiven erst lange herumzusu-

chen – bin, nebenbei bemerkt, auch kein so besonderer
›Motiven‹-Freund – ein Haus, paar Bäume, Stück Himmel, Meer und so – genügt schon. Es hat seine Schwierigkeiten, diese paar Dinge notwendig zu komponieren
und mit Farben zu füllen – auf jeden Fall gar nicht so
leicht, wenn man nicht einen Allerweltsschmierstil malen will. Es gibt hier auch Sonnenuntergänge von hoher
Farbenpracht – aber S.U.'s sind ja seit Hildebrandt nicht
mehr gewünscht in der Kunst. [...]

[Brief an Otto Schmalhausen]

Cassis s. mer, Campagne de Mr.
Agostine 8[?]. 1927

Lieber Atz!

... Warum schlägst Du eine Chance aus, die Dir angeboten? Unbegreiflich ... Mensch, im Leben, so banal es
klingt, gibt es überall nur diese Lücken, momentane Ver-
legenheiten – wo Schlichter gerade mal ausgetreten ist,
da muß man reinspringen, wie Jack London – arbeiten.
Gleich als König im Reiche des Geistes kommt niemand
frisch an ... Sei froh, daß Du Arbeit angeboten be-
kommst – vor Dir, per Spiegel, magst Du ein Ritter
hochgeboren sein – im großen kessen Spiel der Profite
und Chancen bist Du noch nichts ... Geh in Dich, wer
bist Du, Wurm, daß Du sinnlos aufbegehrst gegen das
Joch der Arbeit – diesem ... einzigen Sinn des Lebens.
Laß diesen Sport dahinfahren – diesen nutzlosen, kostbaren, teuren ›Herren‹sport, Angebote aus ›hysteri-
schen‹ Gründen abzulehnen. Was soll dieser ›alte‹ Eh-
renkodex – jede Arbeit nehmen, darauf kommt es an ...
Wüte nicht, magerer Tiger, in Deinem Dschungel! Laß
mich als Missionar eines vernunftgemäßen Weltbildes
ausreden – höre noch ein paar Sermonworte ... Hüte
Dich vor Verkrebsung, verhärte nicht Dein Herz (Gemüt), denke an ›Onkel Georg‹, der auch so ein kauziger

Wahrheitsmann sein wollte – ein anderer Mann, un autre chemin, certainement, mais malgré ça: arbeite, bete – Arbeit ist das beste Mittel, um Leib & Seele elastisch zu erhalten ... Daß Du mich einen ›dummen Hund‹, einen ›Heichler‹, einen ›Scheißpfäffling‹, einen ›FaßdirmanselbstaneigenenNaserich‹, einen ›dicken Vater‹ oder so schimpfen wirst, weiß ich gut; aber trotzdem, ganz ernst: Manchmal fasse ich mir doch an den Kopf und verstehe Dich nicht [...]

Über meine Arbeit: habe hier ein paar Stilleben gemalt: ganz einfache Sachen, sehr simpel, puritanisch – nichts Wildes, Geheimnisvolles. Einen Stuhl mit Strohgeflecht, Steinfußboden, unten Topf mit Kartoffeln, Tomate, comme ça – oben an der Wand als Kompositionsausgleich Kindertrompete und Palette (beides im Sinne der Kompos. vergrößert), ruhig und einfach realistisch gemalt, ohne Mätzchen, ziemlich hart *konturiert* im Sinne der angestrebten architektonischen Bildwirkung (mein Steckenpferd). Dann habe ich eine Landschaft, Straße mit Seemannsbar – Baum – Wagen mit Esel gemacht – sehr farbig – Haus rosa, Vorhang gelb, darauf rote gestickte Blumen, Läden der Fenster blau-grau-violett – Stuhl (rechts Vordergrund) grün, Himmel knallblau – Esel grau. usw. so ungefähr – alles eine Ölmalerei – Farben genau vorher auf Palette gemischt und eine neben andere gesetzt (dasselbe Bild hatte ich in Tempera-Lasurmethode schon einmal verpatzt – damals noch einen Matrosen als Staffage hingesetzt, den ich diesmal ›richtig‹ wegließ). Ferner noch ein ›Stilleben‹, Küchenlampe, ein Wasserkrug (alter Tonkrug in Hennenform), Pfeife, Palette und Uhr (hängend Hintergrund) comme ça, alles ziemlich graue Töne, breit gemalt rein Öl. Dann noch anderes ›Stilleben‹, alter Krug (wie vorher beschrieben), Flytoxspritze – Flitflasche – hinten hängend großer Affe, Spielzeug vom Pierrot, und graue Flanellpyjamajacke – ungefähr comme ça. Malerei klar, und Technik nicht zu kleinlich – alles reine Ölmalerei. Dann noch ein letztes ›Stilleben‹, Lampe, vorne grüne Sonnenbrille, Schüssel mit Feigen (blaurot), Stück Melone gelbrot, rosa – rechts Hintergrund blaue Bauernjacke – so, das ist ungefähr eine kleine Bilanz der hiesigen Arbeit in Öl. Dann habe ich hier viele Zeichnungen gemacht. Federzeichnungen (mit besagter Feder) und Sepiatuschezeichnungen, die ich ankoloriere. Wobei ich oft fast reine Aquarellwirkung erreiche. Typen, Typen – Menschen kommen in Haufen angeströmt – ganze Scharen wimmeln auf dem Papiere – oft hängen sie an unsichtbaren Fäden in der weißen Luft des Ingresbogens – hängen in der Luft wie die wirklichen, die unten in Cassis wandeln. Wie Strickland sitze ich Nachmittage besessen, kleiner Figuren und Menschen voll, voll am pappbenagelten Rahmen und zeichne, zeichne und tusche aus. Ganz behutsam oft. Da entsteht gerade eine alte mummelnde Frau mit einem wunderschönen Strohhut auf, um den ein blau-schwarz kariertes Band gelegt ist – den Strohhut habe ich leicht zitronengelb unterlegt, um die ausgebleichte Strohfarbe zu erzielen. Nun lege ich in die noch halbnasse Untermalung mit Bruegelschem Spitzpinsel kleine zeichnende Ringe, die Andeutung des Strohgeflechts (gemischt aus Preuß. Blau und Umbra) – später werde ich ein schönes Grau hinter den gelben Strohhut setzen – ein Grau aus Englischrot und Kobalt mit etwas Krapp darin – eine kleine Spitze nur – dadurch wird das Gelb des Hutes erst diese lebendige Illusion haben – die des Strohigen. Das ist ja eine Wissenschaft, die der grauen und Schattentöne überhaupt. Immer wieder sind es Menschen, Menschen – Hunderte habe ich schon hier gezeichnet – von links nach rechts marschieren sie höchst komisch über das feste schöne Ingrespapier. Da kommt die alte Kokotte, blauumrändert die Feueraugen, dick weiß impastiert das Gesicht – die Beine in Espadrillen, blau (Cölinblau) die Krampfadern, ohne Strümpfe – schick in Kostüm, Kleid wie eine Sechzehnjährige – Engländer, Mittelscheitel, weißer Pullover, Pumphosen – junge Mädchen mit amerik. Matrosenmützen, Arbeiter mit Frühstückskörben – usw. Von rechts kommen sie an – verschwinden links – oder von links kommen sie und gehen rechts ab – wie im Leben –

hinten Meer, Stadtkulissen, Eselsfuhrwerke, Hunde, Katzen, Himmel, Felsen, Weinstöcke. – So sitze ich meist des Nachmittags und zeichne. Abends ist es schon einsam. Vor Tagen sang und heulte der Mistral um Agostines Haus, ganz jämmerlich [...].

[Zur Darstellung des Proletariats]

Oftmals wenden die Genossen, die sich für besonders klug halten, gegen meine Darstellung von Arbeitern ein: Die Proletarier in meiner Darstellung seien von ihrem Standpunkt aus keine wirklichen Proletarier, sondern gekünstelte Gestalten, wie sie der kleinbürgerlich-anarchistische Künstler Grosz sieht. Damit wollen sie sagen, daß man angesichts einer wachsenden Arbeiterklasse eben das wachsende Proletariat als eine ›positive‹ Idee darstellen müßte. Ich aber halte es nicht für nötig, die Forderungen eines ›Hurra-Bolschewismus‹ zu erfüllen, der sich das Proletariat glattgekämmt und im alten Heldenkostüm vorstellt. Ich zumindest kann mir kein anderes Proletariat vorstellen als so eins wie ich es darstelle. Ich sehe es noch unterdrückt, noch unten an der gesellschaftlichen Leiter, schlecht gekleidet, schlecht bezahlt, in dunklen, stinkenden Behausungen und sehr oft von einem bürgerlichen Streben ›nach oben‹ beherrscht. Abgesehen davon glaube ich absolut nicht daran, daß man nur vermittels einer einseitigen, lobhudelnden und falschen Idealisierung der Propaganda dienen kann. Man kann den Arbeiter nicht nur im Stil von Agitplakaten mit hochgekrempelten Ärmeln und dickem Bizeps darstellen. Und man kann nicht von einer solch sentimentalen Vorstellung vom Arbeiter ausgehen und behaupten, daß ich ihn vom propagandistischen Standpunkt aus falsch darstelle ... Man muß daran denken, daß das deutsche Proletariat in seiner Masse noch nicht ein solches Bewußtsein seiner Kraft errungen hat, wie der Arbeiter der

Sowjetunion. Dem Arbeiter helfen, seine Unterdrük-
kung und sein Leiden zu verstehen, ihn zwingen, sein
Elend und seine Versklavung offen sich einzugestehen,
Selbstbewußtsein in ihm zu wecken und zum Klassenkampf anzufeuern, das ist die Aufgabe der Kunst, und
ich diene dieser Aufgabe.

[Aus dem ›Gotteslästerungsprozeß‹]

Vorsitzender: ... Darf ich Sie auffordern, sich zu diesen
Abbildungen zu äußern. Wollen Sie uns etwas darüber
sagen, in welchen Gedanken diese Zeichnungen hergestellt und veröffentlicht worden sind.

Grosz: Herr Vorsitzender, ich bitte Sie, das nicht als
Mißachtung des Gerichts aufzufassen, aber ich kann
mich über diese Blätter aus bestimmten inneren Gründen heraus nicht äußern; denn meine Sprache ist ja die
Sprache des Zeichners, meine Gedanken setze ich mit
dem Stift in diese graphischen Manifestationen um, wie
sie hier vorliegen. Darin habe ich alles gesagt, was ich
auch gedanklich zu sagen habe. Ich möchte nur noch bemerken, daß ich mich natürlich zu meinen Blättern be-
kenne. Diese Gedanken, die ich hier in diesen Blättern
niedergelegt habe, sind meine Gedanken, und für diese
Gedanken – wie soll ich mich ausdrücken – stehe ich
auch gerade. Aber aus bestimmten – ich muß ein Mode-
wort gebrauchen – Hemmungen heraus ist es mir jetzt
unmöglich, etwas dazu zu sagen, weil meiner Meinung
nach schon alles erschöpfend in den Zeichnungen gestaltet ist. Ich kann mich einfach nicht zu den Blättern
äußern, denn das sind ja tatsächliche Ergebnisse meines
Denkens ...

Vorsitzender: Das Bild Nr. 2 stellt, soweit ich es erkennen kann, einen – anscheinend höheren – Offizier
der österreichisch-ungarischen und einen Offizier der
deutschen Armee dar, und dazwischen eine Figur mit

einer Geißel, die wohl den Tod darstellen soll. Ist das richtig?

Grosz: Nein, diese Figur soll einen Richter darstellen. Nicht einen Richter an sich, sondern den Begriff der menschlichen Strafe. Die Strafe ist ja für den Menschen etwas Peinliches und Unangenehmes, und deswegen ist die Strafe hier so dargestellt. Die Figur stellt eigentlich das Gericht dar. Das sind zwei Offiziere, das ist das Gericht. Und das ist ein Pfarrer.

Vorsitzender: Das Buch davor ist wahrscheinlich die Bibel? (*Grosz:* Ja.) Und der Pfarrer balanciert ein Kreuz auf der Nase? (*Grosz:* Ja.) Was für einen Gedanken soll das Balancieren des Kreuzes auf der Nase ausdrücken? Im allgemeinen befaßt sich doch ein Pfarrer, insbesondere wenn er, wie hier, predigen soll, nicht mit Jongleurkunststücken.

Grosz: Das hat natürlich eine ganz bestimmte innere Richtigkeit, denn es bedeutet weiter nichts, als in einer etwas altmodischen Form ausgedrückt, daß man aus der Bibel alles herauslesen kann. Wenn man ein geschickter Mensch ist, kann man durch Jonglieren mit Worten und Begriffen herauslesen, was man will. Das ist hier angegriffen. Die Phrase ist eigentlich angegriffen, eine Gottesphrase, mit der man alles beweist und alles widerlegt.

Vorsitzender: Wie stehen Sie denn zu den christlichen Kirchen? Sind Sie Mitglied einer Kirchengemeinschaft, oder sind Sie innerlich oder auch formell frei davon?

Grosz: Mitglied einer bestimmten Kirche bin ich innerlich nicht.

Vorsitzender: Formell sind Sie noch Mitglied? (*Grosz:* Ja.) Und welcher Kirche gehören Sie an? (*Grosz:* Der evangelischen.) Wollen Sie nun einmal das Bild Nr. 9 erklären. Zunächst, was sind das für Leute, die da zuhören?

Grosz: Das sind Gefangene.

Vorsitzender: Zivilgefangene?

Grosz: Militärgefangene können es auch sein.

Vorsitzender: Es kommt nicht zum Ausdruck, welcher Konfession der Prediger angehören soll. Anscheinend wohl der evangelischen. Aus seinem Munde kommen Granaten, Bajonette, ein ganzes Geschütz, ein Gewehr, ein Säbel heraus. Die Hände sind zu Fäusten geballt. An der Seite stürzt ein Kruzifix um, nicht wahr? (*Grosz:* Ja.) Von der Kanzel hängt ein Überwurf herunter, und darunter ist vor einem schrägstehenden Kreuz ein Tier abgebildet, das einerseits eine gewisse Ähnlichkeit mit einem Schaf, andererseits aber, besonders am Kopf, auch eine Ähnlichkeit mit einem Esel hat.

Grosz: Das ist das Sinnbild der Unschuld ...

Vorsitzender: Nun steht darunter: ›Die Ausschüttung des Heiligen Geistes.‹ In Verbindung nun mit dem, was dem Geistlichen aus dem Munde kommt, was den Inhalt seiner Rede darstellen soll, heißt das doch: So stellt der Geistliche den Heiligen Geist dar; er verbreitet ihn, indem er dieses predigt.

Grosz: Nein, es handelt sich hier hauptsächlich um einen Prediger, der für den Krieg predigt, und das, was aus seinem Munde kommt, sind diese geladenen Worte, die ich einfach umgesetzt habe: Was er spricht, sind Granaten, Gewehre, Kanonen usw.

Vorsitzender: Es ist sehr wohl denkbar und wahrscheinlich auch oft vorgekommen, daß ein Pfarrer im Kriege den Mut anfeuernde Reden auch von der Kanzel gehalten hat. Es mag auch sein, daß es Leute gegeben hat, die das für nicht vereinbar mit dem Amt eines Pfarrers angesehen haben. Aber das nun als Ausschüttung des Heiligen Geistes zu bezeichnen, haben Sie das mit dem vereinbar gehalten, was durch den § 166 des Strafgesetzbuches geschützt ist, was also der großen Zahl des deutschen Volkes doch heilig ist?

Grosz: Ich habe als Künstler doch eine gewisse Aufgabe. Ich gehöre ja sozusagen auch dem deutschen Volke an, und ich habe da eine bestimmte Mission, die ich ganz deutlich in mir empfinde. Ich bin vielleicht als Zuchtrute eingesetzt, wenn auch nur als graphische, die ja verhältnismäßig harmlos ist. Aber in mir steht dann etwas auf, und wenn ich auch nur Vertreter einer Minderheit bin, so ist es doch etwas ganz Logisches, was sich in der Form dieser Zeichnungen absetzt. Es ist etwas, was für mich nicht wegzuleugnen ist. Es klingt vielleicht etwas merkwürdig, aber es ist so: Bei der Konzipierung dieser Dinge kümmere ich mich nicht darum, ob es Gesetze gibt, sondern ich arbeite aus der Zeit und aus meiner eigenen Persönlichkeit, aus meinem eigenen Künstlertum heraus – wobei ich den Ton gar nicht auf ›Künstler‹ legen will, aber aus meinen Empfindungen heraus, die mich vielleicht mehr als andere Menschen bedrängen. Da frage ich dann nicht, ob ich etwas beleidige, sondern ich empfinde das als meine Mission.

Vorsitzender: Es ist Ihnen ganz einerlei, ob jemand anderes beleidigt wird oder ob eventuell Einrichtungen der Kirche herabgewürdigt werden?

Grosz: Ja, da muß ich dann einfach nach diesen bestimmten zwangsmäßigen Einsichten handeln, und ob ich etwas schädige oder nicht, das ist dann für mich nicht maßgebend. Natürlich beleidige ich dadurch sicher eine Mehrheit, wie ja der Prozeß beweist. Aber ich kann darauf als Künstler keine Rücksicht nehmen. Ich kann nur immer wieder sagen: Für diese Arbeit stehe ich gerade, ich habe es getan, und ich bin als Künstler natürlich in einer Minderheit. Sie haben die Macht und auch die Mehrheit für sich.

Vorsitzender: Haben Sie nun außer diesen künstlerischen Gründen, die Sie, wie Sie uns eben gesagt haben, dazu getrieben haben, auch andere Gründe, die man allgemein als politisch bezeichnet oder die damit verwandt sind?

Grosz: Ich finde, daß die politischen Dinge sicher ganz eng damit zusammenhängen, wenn man einmal nicht von der Parteipolitik spricht. Ich bin hier von niemand beauftragt worden, höchstens von mir selbst, von meinem inneren Feingefühl, und ich weiß, daß etwas ganz wesentlich Richtiges darin ist, wenn ich so etwas zeichne. Sicher will die Zeichnung irgend etwas ausdrücken, und sicher habe ich dort Ähnlichkeit mit alten gotischen Pamphletzeichnern. Es ist eine tiefe deutsche Tradition, die ich dadurch fortsetze. Wenn die Zeit sehr bewegt ist, wenn die Untergründe erschüttert sind, dann kann der Künstler nicht abseits stehen, gerade der begabte Künstler, der das feinere Empfinden hat. Deshalb wird er, ohne daß er es will, politisch sein. Das geht Hand in Hand.

Vorsitzender: Also Sie sind nicht in einer bestimmten Richtung politisch eingestellt. Aber in Ihren Zeichnungen tut sich kund, daß Sie den allgemeinen politischen Hintergrund auch zum Ausdruck bringen wollen?

Grosz: Doch, sicher, das muß ich mit Ja beantworten. Das geht natürlich Hand in Hand. Auch wenn man sich menschlich oder politisch entscheidet, neigt man natürlich zu bestimmten Dingen. Das ist ganz klar.

Vorsitzender: Wir wollen hier natürlich nicht politische Fragen aufrollen. Ich wollte bloß ergründen, wodurch Sie dazu veranlaßt sind.

Grosz: Diese Dinge so darzustellen?

Vorsitzender: Ja, was Sie im Tieferen dazu geführt hat. Sie müssen sich ja doch viel eingehender darüber klargeworden sein, was die Zeichnungen darstellen sollen, als derjenige, der sie nachher betrachtet.

Grosz: Vielleicht ist das Wesen des künstlerischen Schaffens nicht bis zutiefst zu erklären. Kunst läßt sich überhaupt nicht genau erklären. Aber ich habe oft das Gefühl – es mag ein sentimentales Gefühl sein –: Es geschieht viel Unrecht, und durch ein ganz bestimmtes inneres Muß bin ich eben an die Seite derjenigen getrieben, die dieses Unrecht bekämpfen. Ich finde, es geschehen zu viel Brutalitäten, es ist zu wenig Liebe da. Wo man hinsieht, sieht man Phrasen, Unrecht, Brutalität. Gewiß ist eine Minderheit da, die das auch empfindet. Diese Empfindungen leben doch eigentlich, sie beleben einen Menschen, der satirisch veranlagt ist, und aus ihnen heraus muß er handeln.

Vorsitzender: Nun komme ich zu dem letzten der beschlagnahmten Bilder, zu dem Bild Nr. 10. Das stellt also dar …

Grosz: Das ist Christus am Kreuz mit der Gasmaske, und dann hat er Militärschuhe an.

Vorsitzender: Die linke Hand ist nicht, wie sonst, mit einem Nagel ans Kreuz geschlagen, sondern mit einem Strick festgebunden; die rechte auch, aber da ist auch ein Nagel. Dann ist da die Überschrift INRI mit dem Heiligenschein, eine Gasmaske in Verbindung mit einer Brille, wie sie auch im Gaskampf zeitweise getragen wurde; nicht wahr? (*Grosz:* Ja.) Das Kreuz steht etwas schräg, wie wenn es hinstürzt, und darunter stehen die Worte: ›Maul halten und weiter dienen!‹ Was sollte das zum Ausdruck bringen? Hier kann es doch keinem Menschen entgehen, daß gläubige Christen durch eine solche Darstellung schwer verletzt werden.

Grosz: Dieses Blatt ist als eine kleine Randnotiz zu dem Buch von Schwejk entstanden. Da ist in einem Kapitel etwa folgendes geschildert – ich erzähle es ganz grob, weil ich mich im einzelnen auch nicht mehr so genau darauf entsinnen kann –. Da liegen zwei Soldaten auf einer Pritsche in einer Zelle, glaube ich, und erzählen sich beide Kriegserlebnisse. Sie schimpfen auf den Krieg. Da sagt dann der eine ungefähr: Ja, Maul halten und weiter dienen. Als ich diese Schilderung las, entstand das Blatt so ungefähr in meiner Vorstellung. Ich stellte mir vor, daß Christus jetzt kommen würde. Ich darf hier bemerken, daß ich gar nicht so eine besondere Sympathie für Christus habe. Ich sehe ihn hauptsächlich als einen Menschen, der die Liebe predigte. Ich dachte also: Wenn Christus plötzlich so ankommen würde! Natürlich wird das nicht vorkommen, er wird nicht zurückkehren, und wenn, dann würde er nicht in den Schützengraben kommen. Aber ich bin eben ein altertümlicher Mensch und habe mir so vorgestellt, daß Christus zwischen den Schützengräben herumgeht und verkündet: Liebet euch untereinander. Ich dachte mir: In demselben Moment würde man ihn packen, ihm eine Gasmaske geben und Militärstiefel anziehen, also kurz, man würde ihn überhaupt nicht verstehen. Also hier kommt Christus sogar sehr gut weg. Er wird von einer anderen Macht vergewaltigt.

Vorsitzender: Soll ›Maul halten und weiter dienen‹ ein

Wort sein, das an ihn gerichtet wird, oder eins, das er spricht?

Grosz: Das wird an ihn gerichtet. Die tiefere Vision dieses Blattes ist nämlich die: Die einfache gekreuzigte Kreatur, die doch im Grunde genommen lebenserhaltend ist. – Ich bin persönlich kein Pazifist, aber man hat als Mensch immer ein tiefes Mitleid mit dem kaputtgehenden Menschen, der unschuldig immer wieder hekatombenweise geopfert wird. Sicher ist das im historischen Geschehen der Dinge notwendig, aber trotzdem wird es immer einige Menschen geben, die dieses tiefe Mitleid mit der gemarterten Kreatur haben. Ich finde das sogar schön. Das ist hier dargestellt. Vielleicht ist es nicht klar genug dargestellt, nicht süß genug, denn dieser Christus ist natürlich ein verhungerter Mensch. Sein Gesicht sieht man nicht. Unten an diese zarten Füße hat man ihm Militärstiefel angenagelt. Man könnte sich vielleicht darüber wundern, daß er noch ein Kreuz hält. Das ist ein Kreuz der Liebe vielleicht oder der Nächstenliebe, der Verbrüderung.

Vorsitzender: Dann ist Ihre Vernehmung wohl beendet.

Das feine Milljöh

[…] … ich glaube nämlich, was ich schon früher ausgesprochen habe, den Film als einen wirklichen Bild- und Kunstausdruck unserer Zeit anzusehen. So scheint er mir heute […] der realisierte Wunschtraum der kleinen Leute, der Millionen Arbeitnehmer jeden Gehaltsgrades. Nur im Film, oder fast nur im Film (mal vom Kriege abgesehen) findet heute der in den Arbeitsprozeß unerbittlich eingeschaltete Mensch, von den unerbittlichen wirtschaftlichen Gesetzen begrenzt, seinen Wunschtraum von leichtem Aufstieg, gesellschaftlicher persönlicher Freiheit und Glück. Der Film schafft ihm nach tagtäglicher mehr oder weniger vernünftiger Arbeit und

Sorge die notwendige romantische Entspannung ... Moderne Arbeit an laufenden Bändern, beteiligt an einem strengen Arbeitsprozeß: Der einzelne nunmehr höchstens ein winziges Rädchen einer ihm unbegreiflichen Wirtschaftsmaschine, die ihm noch nicht einmal gehört. Das tägliche dunkle Gesetz, diktiert von anonymen Göttern, deren höchste Spitze sich oben im Nebel der Kartelle und Aktiengesellschaften verliert, nur als Gesetz des täglichen Zwanges erkennbar. Ja, diese Millionen emsiger Bienen wollen den Film als angenehme Unterhaltung, als sichtbare Wunschträume ihrer freien Lohnsklaverei. Da auf dem Zelluloidband ist ja Gott sei Dank alles ein bißchen besser, geradezu ideal, von gewissen bolschewistischen und amerikanischen Filmen abgesehen, geht es da so zu, wie es im Leben eben sehr selten zugeht. Da findet sich immer für die kleine Stenotypistin im richtigen Augenblick der hochherzige Chef mit wahrer Demokratie und heiratet sie, da wird wirklich noch das Gute belohnt und das Böse bestraft. Da hat der romantische Harry Piel und andere noch freies Spiel über Tod und Leben ... Und mit einem guten Gedanken an Hochherzigkeit, kollerndes lächelndes Glück in Gestalt einer in jeder Szene neu und hochmodern bekleideten – resp. unbekleideten Diva geht man nach Hause ... Ja, sollen die da ruhig in ihrer neuen schönen Villa glücklich sein, ›Donnerwetter, hast du den Wagen gesehen? wie die da vor der Tankstelle hielt? Mensch, scharfe Nummer, war doch fein, was ...?‹ So legt man sich zufrieden ins Bett ... ein Blick, wenn ich so sagen darf ins Paradies ..., in die zweifelhafte Kehrseite einer durch und durch materialistischen Welt. Noch im Bild Propaganda für Luxusbedürfnisse, die dem kleinen Mann niemals zugänglich. Frauenbein, Bembergseide, Frack, sportliches Wagnis, hinter jedem Stuhl Kellner mit umwickelter Flasche, Geld in Haufen, Tanzgirls und klotzige Autos. Mit einem Wort, die Ideale der Massen unserer Zivilisation.

Es ist ganz dumm, immer nur die Filmverfertiger anzuklagen und zu sagen, ja ihr, ihr verschlechtert den Geschmack. So ist das nicht, es sind ebenso die Massen der Kinobesucher, die diese Filme haben wollen ... es ist ein Stück Ausdruck dieser ganzen Zeit, auf deren Hintergrund diese platten Phantasien abrollen, eine Zeit, deren höchstes Ziel sinnlose ungeordnete technische Entwicklung ist. Ich bin leider kein Optimist, ich glaube, diese Entwicklung wird zunehmen, je mehr die früheren Ideale abnehmen, und je mehr der Anteil des Menschen am Geschaffenen nur noch in der Lohntüte besteht. Auch bei uns gibt es auf allen Gebieten den ›tired business man‹ ... und der braucht leichte Kost. Was sollen ihm Probleme da oben, hat er ja am Tage übergenug ... stört nur unangenehm. Nun, und unten, der Arbeiter will eigentlich auch dasselbe ... der will, außerhalb der Partei – eben auch seine Ruhe haben, mal was Lustiges, Angenehmes sehen ... kann man's ihm verdenken? Hier, ich weiß, berühre ich ein heikles Kapitel, viele meiner Freunde werden schimpfen, weil ich den Arbeiter so sehe, wie er in den allerhäufigsten Fällen ist ... Aber ich denke an Rußland, und es ist sehr typisch, daß gerade dort gewisse amerikanische platte Filme sich großer Beliebtheit erfreuen ... Wie sollte dies auch anders sein, solange die Maschine den Menschen beherrscht. Ich sehe gelegentlich Filme hier in einem kleinen Kino ... und es ist so bezeichnend, daß gerade jene von der zünftigen Literatur als besonders albern bezeichneten Filme den meisten Zulauf haben. Da stehen die Leute buchstäblich vor der Kasse Schlange; kleine Leute der Gegend und Dienstmädchen. Man soll sich doch da nichts vormachen, so ist es eben.

Zum Schluß noch ein paar Notizen: *was ich mir noch vom Film wünsche* ... Nach Vorausgegangenem wird man verstehen, das, was ich fordere oder, bescheidener, mir wünsche, ist nun einmal ohne weiteres nicht möglich. Die Filmindustrie muß mit Massen arbeiten und mit Absatz größten Stils rechnen. Geld ist eben auch noch, scheint's, eine unbezwingliche Macht. Ich meine, mir stehen persönlich die Filme, die die Wahrheit verfilmen, am nächsten, unter uns gesagt, tun das die heutigen Kurbelmänner viel zu wenig. Ich könnte mir einen wirklichen deutschen Film denken, der ähnlich, wie ich es mit meinen mittelalterlichen Mitteln tue, ein *wahrhaftiges Bild der heutigen Zeit* gibt. Einfach, ich möchte gern einmal im Film den Mann sehen, der neben mir wohnt. Aber ihn selbst, nicht als Charge dargestellt, die sich im Bewußtsein ihrer guten Type aufdringlich in den Vordergrund spielt. Auch die Stube von nebenan möcht ich gern sehen, das ›Milljöh‹ sozusagen, nicht erst hervorragend einfallsreich von illustren Architekten aufgebaut ... nein, so nebenbei wie im Leben ... Und dann diese ewig und mit der Zeit wirklich albernen Filmvorstellungen vom Leben der oberen Zehntausend, hat da überhaupt einmal von den Statisten einer einen Bauch? ... Wenn, dann doch auch nur wieder entweder als Kontrast, um einen dicken Liebling des Volkes dünner erscheinen zu lassen ... oder als dämonische Raffkecharge ... aber dieser sanfte mittlere Bauch des Mannes gegen vierzig, wie er bei uns so häufig, den habe ich nie gesehen. Alles ausgeborgte schlechte Statisterie ... jeder von sich träumend übermorgen ein Menjou oder so ... was eben gerade in Amerika modern. Ich denke mir immer, was könnte man hier für schöne Filme drehen ... könnte man nicht im Film etwas von dem rätselhaften unterirdisch bewegten Deutschland zeigen? Immer wenn ich im Ausland einen deutschen Film sah, sah ich eine Schauspielerwelt ... Wo sieht man den untersetzten tüchtigen Mann mit dem Eckenkragen, mit der Mappe und Hornbrille, der nebenbei in einem literarischen Verein ist, Musik liebt, und auch sonst seinen Mann steht ... sieht denn wirklich, das Filmmilljöh ausgenommen, so unsere Gesellschaft aus? Ich kenne ziemlich alle Kreise, ich muß sagen, kaum.

Warum diese Veridealisierung des im Film immer so trauten Kleinbürgerdaseins mit Balkon und Gießkanne und Kanarienvogel ... vom Arbeiter im Film gar nicht zu reden; den gibt's ja nur als neckisch zurechtgemachten Ziehmann oder sächsisch sprechenden Schofför. Warum denn überhaupt alles den Amerikanern abgucken?

Deutschland hat so wundervoll filmreife Menschentypen. Denn man vergesse doch eins nicht, der Amerikaner sieht meistens in der Wirklichkeit, jedenfalls was die jüngeren anbelangt, so aus, wie er im Film gezeigt wird, diesen smarten, gutrasierten, oberflächlichen, ewig lächelnden Typ trifft man zu Millionen in USA. ... Bei uns sind solche Typen, falls man ihnen begegnet, entweder Homos oder Filmschauspieler. Wir haben doch auch einen Typ des jungen Mannes, der wohl angenähert, doch ganz anders ist ... und keineswegs schlechter dasteht. Die Russen haben doch in ihren besten Filmen ebenfalls ihre typischen Russenphysiognomien. Toll, bei uns ahmt man nach und imitiert und hätte es eigentlich gar nicht nötig. So kommt es, daß tatsächlich das einzige Stück wirklichen deutschen Lebens ausschließlich den Wochenschaubildern vorbehalten bleibt. Das andere ist meistens Pappe, Dekoration und im besten Falle Märchen für erwachsene Kinder.

Ich bin wieder da angekommen, wo ich begann ... und solange die Menschen im Banne dieser materialistischen Zivilisation unmündig verharren, wird sich auch im großen und ganzen der Film kaum ändern.

Unter anderem ein Wort für deutsche Tradition

... sicher leben wir in einer Übergangszeit. Alle Begriffe sind allmählich zweifelhaft geworden und ins Wanken geraten, und Abendröte fällt auf einen überalterten Liberalismus. Man weiß mit der seit 1793 datierten ›Freiheit‹ zur Zeit nichts mehr anzufangen. Überall Umorientierung und entschiedene Reaktion auf das, was vorgestern noch allgemein gültig.

Rechts und Links scheiden sich immer klarer zum Endkampf um die Macht. Beiden gemeinsam der Wille, in Massen Befehle von oben zu empfangen und, ›Hände an die Hosennaht‹, zu gehorchen.

Wie schnell das geht! Nach dem Kriege – glaubte ich – kein Mensch würde mehr an Uniform, Strammstehen und so denken.

Wie dem auch sei, ich halte Deutschland jetzt für das interessanteste und auch rätselhafteste Land in Europa. Ich habe die Empfindung, als sei unser Land vom Schicksal zu einer großen Rolle berufen. Mir ist oft, als lebten wir in einer Epoche ähnlich jener des zu Ende gehenden Mittelalters. Da lag auch ein starker Druck auf allen, und trotzdem befruchtete diese schreckensvolle Zeit ihre Künstler, und Bosch und Bruegel malten ihre einzig in der Geschichte der Malerei dastehenden Kosmogonien.

Vielleicht haben wir ein solches neues Mittelalter vor uns. Wer weiß? Jedenfalls scheinen mir die humanistischen Ideen im Absterben, ebenso legt man auf die vor einem Jahrhundert so ekstatisch verkündeten Menschenrechte keinen allzu großen Wert mehr. Eher geht mit der fortschreitenden Zivilisation an allen Fronten eine gesunde Verachtung des Menschenlebens vor sich. Scheinbar reimt sich das mit dem bei uns im weitesten Maße angewandten und auch praktisch ausgeübten Sozialismus kaum zusammen. Und doch ist es so.

Die Masse und der kleine Mann ist Trumpf. Oben sitzen ja sehr häufig seinesgleichen, ehemalige Arbeiter, dem Mann unten das Wunder des Aufstiegs bezeugend. Reinster Materialismus herrscht. Arbeit, Arbeit, Arbeit ... das A und O des Betriebes. Traum, romantisch dargereicht und tausendmal propagiert: Leben mit Komfort, Badewanne, Sport, ein Serienwagen, wenn's hoch kommt, Weekend mit Cocktail und Schönheitskönigin.

Amerika hat's vorgemacht, wir kommen – durch Krieg etwas zurück – bei natürlicher Anlage langsam, aber sicher nach. Auch im marxistischen Rußland ist Amerika Vorbild und heißersehntes Ziel. Ziel heißt: Rationalistische Ausnützung aller Rohstoffquellen, um damit Komfort für den kleinen Mann zu schaffen auf Basis der maschinellen Massenproduktion.

Vorbedingung der Kultur, Hebung des Standards, Essen, Sport, Kleidung, kein Unbeschäftigter mehr ... die Kultur kommt dann von alleine ... aus der arbeitenden Klasse heraus. So sagen die offiziellen Theoretiker. Amerika zeigt zwar ein anderes Bild, aber immerhin.

Ich glaube nicht so recht an die offiziellen Gelehrten, die mit Wirtschaftsstatistiken und Tabellen ja alles be- und gegenbeweisen können. Eins ist richtig, heute mangelt es an Ordnung und Plan.

Hunderttausende, die arbeiten möchten, finden keine Beschäftigung. Mit jeder neuen Maschine werden wieder soundso viele von der Arbeit pensioniert. Auch den selbstgefälligsten Kapitalisten wird's schon zu dumm, und sie zerbrechen sich ihre dickhalsigen Köpfe, wie man dem Übel beikommt. Diktaturgerede geht um. Werden sie aber damit der Maschine, die ja bis ins Endlose gefräßig ist, Herr werden? Ich zweifle bescheiden. Munter werden nach wie vor Bedürfnisse gezüchtet, nur damit das Biest nicht stillsteht. Denn das wäre der Tod der Produktion und der Prosperity. Unmöglich, das auszudenken ... daß morgen keine Wälder mehr in Holzpapier verwandelt werden, unmöglich, sich eine Zivilisation ohne kunstseidene Strümpfe und Schlüpfer vorzustellen. Nein. Man muß Bedürfnisse züchten. Immer 'ran an die Massen. Komfort im Namen des Fortschritts. Hebung des Standards über alles. Durch tausend Pressekanäle wird's uns täglich eingetrichtert. Zu leben ohne Staubsauger und Auto ... ist nicht wert zu leben. Man sehe sich mal daraufhin die amerikanischen Zeitschriften an. Wahre Dokumente der hemmungslosen Zivilisation. Dreiviertel Inserate, immer neue Bedürfnisse. Mittendrin ein bißchen Romantext, in dem dann wiederum leicht verschleiert auch noch zum Überdruß Propaganda für dieses zweifelhafte Komfortleben gemacht wird. Rastlos schluckt die Maschine und spuckt ... Fertigfabrikate noch und noch. Das ruht nicht eher aus, bis man den Nordpol künstlich aufgetaut und auch dort den Eskimo ans laufende Band gesperrt.

Die Großstadt, ein wahrer Wasserkopf, Kontorstadt, Umsatz- und Messeplatz. Nach Feierabend zweifelhafte

Vergnügungen ... hastig, geräuschvoll ... falsch beglitzert, den tired businessman aufzupulvern für ein paar Stunden. Nur nicht denken ... Geld, Weiber, Sekt. Billiges Theater. Außerhalb ihrer nervenaufreibenden Geschäfte für nichts Ernstes mehr zu haben. Revue und die endlosen, niedlich vorgekauten Kinobilder. Die Frauen, geschminkte, manikürte, hohle Attrappen, vernachlässigt, mit Gigolos in den Hotels und beim Tanztee. Welch Leben?

Krone des Lebens: die große Villa am sicheren Platz, vollgestopft mit uralten Kunstwerten als Geldanlage ... die teure Limousine und ein Stapel von Frackhemden. Schaurigster Materialismus und Langeweile.

Die Paläste der Zeit, Bürohäuser mit sieben Stocks, Warenhauskathedralen, Rundfunkpaläste, Kinotempel ... den unbekannten Götzen einer sinnlosen Maschinenproduktion geweiht.

Die Mächtigen der Erde am Gelde klebend, Umsatz, Kaufkraft des kleinen Mannes ihr Schicksal.

Die Arbeit bis ins kleinste wissenschaftlich organisiert. Was heißt da noch Handwerk. Verbilligen ... verbilligen. Ran an den Hebel. Nach ein paar Stunden begreift's auch der Ungeübteste ... und ist beteiligt am Herstellungsprozeß. Macht von früh bis spät nun seine Schraube fest. Schneller, schneller, denn so grotesk es klingt, es gibt von all dem Pofel, den die Maschinen serienmäßig herstellen, ja noch viel zu wenig.

Wütend konkurriert und produziert man gegeneinander. Toller Wettlauf um die Märkte. Verbilligen ... Hebung der inneren Kaufkraft ... die Schlagworte. Daß all dieser Dreck von gestanztem Blech, Emaille ... Preßglas und Textilpappe zum Leben gar nicht nötig ist, fällt keinem bei.

Endlose Lohnkämpfe. Scheinbar unabwendbarer, ewiger Kreislauf. Die Arbeitnehmer zusammengehalten in gewaltigen Organisationen. Gewerkschaftspäpste von unten emporgestiegen mit mehr Macht fast wie ein König früher. Pompöse Gewerkschaftspaläste in modernstem Stil, im Vestibül aufgestellt machtsymbolisch Sta-

tuen ... künden von Glanz und Fortschritt. Erholungs-
häuser kilometerlang und Ferienkolonien an der See.
Wer hätte wohl 1830, als Dummköpfe in seherischer An-
wandlung die ersten englischen Maschinen zerstörten,
dies erahnt? ... nicht wahr, doch ein wirklicher Fortschritt?

So ist das um 1931 im Zeitalter des Sozialismus.

Die Künstler – abgebröckelte und liegengebliebene
Krümel einer vergangenen Zeit.

Isoliert vom Volk. Die besten von ihnen in einem intellektuellen Nebelland. Nur formale Probleme, wü-
tende Abstrakte. Gegenstand Sache der Fotografie. Formale Probleme, die der gewöhnliche Sterbliche ohne
Spezialeinfühlung oder Snobismus kaum begreift. Über-
handnehmen einer ebenso langweiligen Alles-und-Je-
des-Fotografiererei. Die Elfenbeinturmbewohner abge-
drängt und verängstigt hinter verschlossenen Türen ihr
mathematisches Ich erlauschend. Reißschiene und Zirkel bereit zur Abstraktion. Absonderliche Spekulanten
und Abergläubische an allen Ecken. Schwafelnde Kunsthistoriker. Neues Raumbild, neues Material nebst Ma-
gie, maschinelle Schlagworte. Manchmal mit Banner des
Proletariats und so. Doch heute weniger als gestern.
Konjunktur in Absonderlichkeiten. Psychoanalyse und
andere Patentmedizinen müssen herhalten. Großer Abstand zwischen Kunst dieser Art (Avantgarde) und Volk.
Nur ein paar unbefriedigte Reiche mit Launen und
schlechten Angewohnheiten haben heute eigentlich noch
Interesse an den Experimenten der Künstler. Meist ent-
puppt sich auch diese große Liebe hinterher als platte Spekulation verkappter Kunsthändler. Welch Juste Milieu,
welch Verfall der Kunst im Gegensatz zum wirklichen
dunklen Mittelalter. Augen rückwärts, nicht vorwärts.

Nun, kein mittelalterlicher Künstler predigte das Lob
des Fertigfabrikats, das keep smiling, Standardbegriffe
und Komfort kannte er nicht. Das Geldverdienen wurde
nicht verherrlicht noch besungen oder bemalt. Zirkel
und Lineal führten in einer richtigen Hierarchie der
Werte ein untergeordnetes Dasein.

Heute sind die besten Maler volksabgewandt. Gelegentlich kommt dann ein einfacher Mann aus dem Volke, ein Dilettant, und hat plötzlich alles, was der erlesenen intellektuellen Avantgarde fehlt: Einfachheit, Gemüt und Gefühl. Eigenschaften, die übrigens seit Henri Rousseau die eleganten Kunstsnobs und Volksfeinde für sich entdeckten und reklamierten.

Die Kunst der Zeit ist blaß. Ein Kind mit einem zu großen Kopf und einer Hornbrille. Blutarm und sehr nachdenklich ... ein richtiges Stubenkind der großen Städte. Man sieht ihm an, daß es viel spintisiert. Natur- und wirklichkeitsabgewandt, schafft es aus sich heraus exakte Kreise und mathematisch scheinende Figuren. Und nimmt all dies ungeheuer ernst. Man wird wahrhaftig staunen und schmunzeln, wenn man in späterer Zeit einmal das betrachtet, was heute den Leuten durch geschickte Propaganda und Tumbgläubige als ›letzte‹ Kunst aufgeredet worden ist.

Gab es da ja sogar einen gewissen Malewitsch, der (todernst meinte er's) einmal ein Bild, das leere weiße Viereck, ausstellte. Von einem Herrn Kritiker als die ›Tat der Epoche‹, ebenso todernst, belobt.

Als alter ›Holländer‹ kann man heute gewiß nicht mehr leben. Aber man sollte auf Blättern und Tafeln in dieser glaubenslosen und materialistischen Zeit den Menschen ihre verborgene Teufelsfratze zeigen. Reißen wir doch die Stapel der Fertigfabrikate und den ganzen Fabrikpofel herunter und zeigen wir das gespenstige Nichts dahinter. Politische Erschütterungen werden uns wirksam beeinflussen. Betrachte rückwärts ruhig deine Vorfahren. Sieh sie dir an, die Multscher, Bosch, Bruegel und Mäleßkircher und den Huber und Altdorfer. Warum denn nach wie vor ins spießbürgerliche französische Mekka pilgern. Warum nicht, an unsere Vorfahren anknüpfend, eine ›deutsche‹ Tradition fortsetzen?

Unter uns gesagt, lieber doch als zweitklassig einrangiert werden, aber wenigstens ein wenig von unserer Volksgemeinschaft ausgesagt zu haben. Abgesehen hiervon interessiert gerade den Franzosen die Nachtreterei seiner drei Schulen gar nicht.

Natürlich gedeiht in Hinterpommern oder Berlin kein Matisse. Aber was macht das! Die Luft und alles ist hart, ein wenig ungemütlich und zeichnerisch. Man kriegt leicht Schnupfen und kalte Füße ... hier ist nicht der ausgeglühte beruhigte Boden des Südens.

Nun, um nicht mißverstanden zu werden, ich meine hier keineswegs ein Kunstprogramm à la Schultze-Naumburg.

Auch trete ich für einen sicherlich bald wieder fälligen Werdandibund oder ›Protest deutscher Künstler‹ nicht ein ... Wenn ich ›deutsch‹ sage, so meine ich nicht jene niedlichen, mehr oder weniger kitsch- und gefallsüchtigen Maler, die stets ihre weiche, gemütvolle oder pathetisch-dehnbare Art, die Dinge zu frisieren, als ›deutsch‹ ausgeben. Nebenbei gibt es ja diesen Salonmalertyp überall, wo gemalt wird.

Ich sage nur ganz bescheiden: Wir sollten uns mehr auf unsere gute und nicht geringe malerische und zeichnerische Tradition besinnen. Anzuknüpfen an die Gestaltungskraft der großen mittelalterlichen Meister halte ich für genauso richtig ... wie es die Franzosen tun und sich ihre Leute und Tradition heranbilden, indem sie sich von alten Neapeler Wandfresken, von Orientteppichen, von Ingres oder Negerplastik oder Bushmenpaintings ihre Anregungen holen.

Hugh! ich habe gesprochen.

[Brief an Otto Schmalhausen]

Prerow 23. 8. 1931

Lieber Otzerich

... mir schwant, wir werden anno 32 sicherlich hierher nimmer gehen, überhaupt diese verdammte Ostsee, besonders hier auf dem Darss (reimt bestimmt auf arss);

nicht nur, daß dauernd windiges, was noch anginge, Wetter ist, nein, es regnet egal weg – und dementsprechend dann auch noch die Leute!! ... Ich habe einiges gezeichnet, viel Typen – notiere sie flüchtig im Taschenbuch und führe zu Hause einigermaßen aus. Gute Methode, direkt an die (entschuldige das Wort) ›Atmosphäre‹ heranzukommen. Da notiert man einen sonderbaren Kauz mit hoher Baskenmütze, dort eine Bäuerin mit Tragebalken und Flunderkörbchen, da Häusergiebel und Zierwerk geschnitzt – alles im Vorbeigehen, nicht stundenlang hingehockt und erst, wie als wenn man scheißen müßte, erst im Gebüsch einen Platz gesucht; lebendige Methode, in der Art der Japaner. Oder wie ein Naturkundiger aus auf interessante Spezies, anstatt Herbarium und Botanisiertrommel den kurzen Bleistift und das kleine taschenpassende Büchlein. Macht viel Spaß, nachher damit etwas zu machen. Man lernt beobachten und merkt an Hand solcher Notizen, wie lückenhaft eigentlich unser Sehgedächtnis. Schätze, Bröchel muß so ähnlich gearbeitet haben. Unterhielt mich auch mit Dix darüber, der meiner Meinung war und davon viel hält. Ja, immer ist es wieder diese umgebende Natur, die uns lehrt lesen und schreiben. Wie anders wären denn sonst die feinen Hintergrundlandschaften auf den Gemälden des Bröchel denkbar. Fein in blauen Linien punktiert, um luftiger zu wirken, zeigen sie auch noch enormes kleines Leben. Ich sah beim blutigroten John einmal ein Stück Vergrößerung davon. Da fuhr noch ein Leiterwagen über eine Zugbrücke, toll das, und damals gab's keine Apparate mit Platten oder Films. Nebenbei übt sich bei dieser Methode unbewußt die Hand, das heißt das Gehirn, in schon künstlerischer Form wird abstrahiert und persönlich übersetzt ... Ja, Dix kam eines Morgens hier an mit Mutz, seiner Gattin. Waren aber allein gekommen, ohne Nelli, nicht zu Schiff, wie ursprünglich beabsichtigt, denn die See ging ziemlich hoch den Tag, und Ottos Magen hüpft auf dem Meere wie ein Ball. So kamen sie ziemlich kompliziert über Zingst. Von dort nach hier per Fuß, beide sind passionierte Geher. Wir hatten einen wirklich netten Tag (ohne Hadischsche – wirklich). Wir erneuerten eigentlich alte kameradschaftliche Beziehungen ... Dix selbst war viel zugänglicher, schien mir. Wir sprachen sehr nett über vieles, auch Persönliches, was Arbeit und so betrifft, er schien mir fast, kann ich sagen, gewissermaßen, ›gebildeter‹ und belesener geworden zu sein ... Er sagte mir, er lese jetzt viel Nietzsche. Auch erstaunte es mich angenehm, daß er über seine eigene Produktionskrise sehr wohl Bescheid wußte. Jedenfalls meinte er, als wir einen jener Prerower Urwaldseen betrachteten, er hätte so etwas früher ganz frisch drauflos malen können, während heute etwas ›Hemmendes‹ dazwischen stände, er einfach dazu nicht mehr fähig sei, so frisch und ursprünglich, ohne an Hinz oder Kunz zu denken, draufloszupinseln. Er erwarte viel von einem neuen Kindwerden, so drückte er sich aus. Er meinte, er erwarte eine neue Welle ursprünglichen Erlebens von den älteren Mannesjahren. Wörtlich sagte er dann noch, um seine Meditationen drastischer zu ergänzen: ›Ja, und heute steht einem ja der Schwanz auch nicht mehr so häufig wie früher.‹ Es war jedenfalls ein reizender Tag für uns. Regnete sonderbarerweise kaum, so daß wir mit Dixens ein wenig hin und her gehen konnten. Auch Mutz war sehr nett, keineswegs dunkel oder verschlossen, im Gegenteil: Sie erzählte nett von ihrem Leben und charakterisierte vieles gut und deutlich. Wir lachten oft und haben so eine Freundschaft neu besiegelt ... [...]

Ankunft in New York

[...] Mir gefiel New York. Ich fand die Stadt genau so, wie ich sie mir vorgestellt hatte. Mein Wunsch war in Erfüllung gegangen, und ich war nicht enttäuscht, was selten genug vorkommt. Meine Lehrtätigkeit begann sogleich [...]

In der ›Art Students League‹ hatte ich eine volle Klasse. Ich hatte schon vor meiner Ankunft das Glück gehabt, als Stein des Anstoßes im Brennpunkt einer Auseinandersetzung zu stehen. Über meine Berufung war nämlich ein Streit ausgebrochen, bei dem sich die Studentenschaft gespalten und der alte Kämpe John Sloan, der für mein Kommen war, als Protest den Vorsitz der League niedergelegt hatte. Der Fall erregte ziemliches Aufsehen und ging durch alle Zeitungen. Ich erfuhr noch in Berlin davon, konnte mir aber dort kein richtiges Bild machen. Jedenfalls gab mir diese Reklame, die mir ohne mein Zutun in den Schoß gefallen war, von vornherein einen guten Start in jenem ersten New Yorker Sommer [...]

Ich hatte nämlich bis dato überhaupt noch nicht öffentlich gelehrt, hatte weder ein ›System‹ noch eine ›Methode‹ und stand noch sehr auf dem Kriegsfuß mit der englischen Sprache. Ich kannte wohl die berühmten 300 Worte, mit denen sich, dem Buch und der Sage nach, alles Notwendige ausdrücken läßt, aber hin und wieder hatte ich doch etwas mehr zu sagen, und dann haperte es. Wenn jedoch die Worte nicht ausreichten, pflegte ich mich kleiner Zeichnungen zu bedienen, mit deren Hilfe ich meine Randbemerkungen und Kritiken klarmachen konnte, und so war ich trotz allem mit Feuereifer bei der Sache. Die Schüler fühlten das wohl auch, denn sie waren alle sehr nett zu mir. Ich war so erfolgreich als angehender amerikanischer Lehrer, daß ich für den Fall meines Bleibens schon daran dachte, selbst eine Privatzeichen- und Malschule zu eröffnen.

[...] Bei meiner Ankunft an jenem denkwürdigen Junitag hatte ich das dunkle Gefühl – eine Art Ahnung, möchte ich hier einmal sagen –, als sei dieser Tag eine Wende in meinem Leben. Und das war er auch. An ihm entschied sich, mir unbewußt, mein Schicksal, das mich zu einem Amerikaner machte. Vielleicht, dachte ich mir damals, kann ich ein paar Jahre in New York oder sonst irgendwo in Amerika leben und fahre bloß ab und zu in die alte Heimat zurück, denn hier in Amerika kann man natürlich mehr Geld machen ... Ich war ja immerhin nicht unbekannt. Man kannte mich als den Mann, der ›Ecce Homo‹ und ›Das Gesicht der herrschenden Klasse‹ gezeichnet hatte, als den unbarmherzigen Verspotter des deutschen Bürgertums und deutscher Einrichtungen. Bei meiner Ankunft brachte das Magazin ›Time‹ einen Artikel mit der Überschrift ›Mild Monster Arrives‹, sanftes Ungeheuer trifft ein, und im ›New Yorker‹ stand von einem Feldstecher zu lesen, den ich stets bei mir trüge, damit mir, wenn ich etwas abzeichnete, auch nicht die kleinste Einzelheit entgehe. Also warum sollte nicht die eine oder andere Zeitschrift etwas von mir bestellen oder mich vielleicht als regelmäßigen Mitarbeiter aufnehmen?

Warum nicht? Die mich hier kannten, bewunderten mich als Satiriker. Sie schätzten in mir den Zeichner, der jahrelang haßvolle, bittere Grimassen über seine Mitmenschen geschnitten hatte. Fast alle hielten die Zeit, in der ich ein beißender Kritiker der deutschen Nachkriegswelt gewesen war, für meine beste. Für viele war ich schon fast wie eine Legende, ein Überbleibsel aus den ›roaring twenties‹, den tollen zwanziger Jahren. Natürlich meinten die, ich könne überhaupt nichts als Karikaturen zeichnen. Mit unseren Vorurteilen, unserem beschränkten Begriffsvermögen und bösen Willen haben wir Menschen immer die Tendenz, den einzelnen unter uns, der sich durch irgendeine Besonderheit hervorgehoben, gleichsam damit abzustempeln – und so hatte man mich zum Karikaturisten gestempelt.

Ich merkte aber bald, daß mein Ruhm in Amerika ein sogenannter ›kleiner Ruhm‹ war und zudem ein schwer verkäuflicher. Bei einer Ausstellung, die I. B. Neumann für mich im Hotel Barbizon Plaza veranstaltete, drückte ich ungefähr tausend Leuten die Hand. Es war wunderbar; jeder freute sich, mich, von dem man (›Oh, sure!‹) schon soviel gehört hatte, persönlich kennenzulernen, aber leider war es, wie oft bei I. B., nur ein moralischer, kein finanzieller Erfolg. An ein Unterbringen meiner Bücher war nicht zu denken. Versuche in dieser Rich-

tung, bei denen der mir von seinen Deutschlandreisen
her bekannte Journalist J. P. McEvoy freundschaftlich
half, scheiterten ausnahmslos. Ich machte hie und da ein
paar Gelegenheitszeichnungen, doch wurde mir immer
wieder bedeutet: ›Nicht zu deutsch, Herr Grosz! Not
too bitter – you know what we mean, don't you?‹

Es handelte sich dabei meist um ›feine‹ Zeitschriften
für die oberen Zehntausend, wo es wenigstens noch etwas Geld gab. Die ›linken‹ Blätter kamen für mich nicht
in Frage, denn wie überall auf der Welt wollten die –
das war bei Idealisten geradezu Tradition – alles umsonst haben. Und das hatte ich weiß Gott die Hälfte meines Lebens getan; jetzt hatte ich es satt. Ich war wieder
zu dem einfachen Grundsatz von Ware und Geld zu-
rückgekehrt. [...]

[Brief an Eva Grosz]

4. 8. 1932

Lieber Daum!
[...] Dann muß ich zur League. Gleich um die Ecke zurück. Heißer Tag. Werde beim Eintritt freundlich von
der weißhaarigen Sekretärin unten in der offenen office
begutenmorgent: »Good morning, Mister Grosz« –
»Good morning.« – »Nice day, isn't it???«« – »O yeah,
nice day, not so sticky as the day before.« (Dabei ist's
saustickig – mir läuft schon der Schweiß, ich fühle es
förmlich den Rücken heruntertropfen. Aber so sind die
Amerikaner: immer nett und immer ist ein ›nice day‹.)

Da kommen schon Art-Studenten – ist gerade Pause.
Henry aus Missouri: ein Boy von Farmereltern, salopp
mit offenem Kragen, wirrem Haar, vorstehendem engli-
schem Gebiß: »Hallo, Mr. Grosz, how are you?« – »Fine.«
Wir sprechen über einen trip nächstens nach Hoboken,
er weiß dort deutsche Lokale, wo man ein ›gutes‹ Bier
bekommt, und will mir Bars alten Stils zeigen. Er ist

schon als tramp ziemlich rumgekommen, nur mit Rucksack, einem frischen Hemd und Aquarellkasten und Skizzenbuch. In der Klasse alles versammelt, sehe wieder neue Gesichter. Mehrere Damen, fleißig und brav – immer mit dieser hier zum Standard gehörenden Glasur. (Komisch, daß die Frauen nie schwitzen – vielen Schülern steht der helle Schweiß auf der Stirn in Perlen, die Frauen nie – dabei wischen die doch nicht dauernd mit der Puderquaste.) Eine Dame zeigt mir Kompositionen, erzählt mir, daß sie besonders gern Seeleute zeichnet – zeigt mir eine Zeichnung, nicht ungeschickt, aus irgendeinem Tanzlokal. Während ich nicht ohne ›Witz und Ironie‹ eine Kompositionsanalyse gebe, in Englisch, es reicht schon ganz gut – versammelt sich die ganze Klasse um mich und hört zu und fragt. Scheint den Schülern zu gefallen, meine Methode. Ich nehme es sehr ernst, widme mich jedem Schüler und Schülerin, ohne jemand zu bevorzugen. Habe unter anderem auch als Schüler einen Negerkarikaturisten, der hier schon erfolgreich für papers arbeitet. Alle möglichen Leute. Auch Josef und Frau: bin ich Ruusse – d. h. vor 20 Jahren eingewandert. Frauen ungefähr ein Viertel, viele arbeiten noch nebenbei in anderen Sommerklassen. Manche sind gutsituiert, andere arbeiten an anderen Tagen, um Geld zu verdienen, das ist ja hier in USA üblich. Ein Schüler ist Schneider. Ein anderer commercial artist – will aber nebenbei zur ›hohen‹ Kunst und paints in seinen Mußestunden wie Braque oder Pipincasso. Ich kritisiere sehr ausführlich ablehnend seine mir gezeigten Arbeiten.

Ich spreche überhaupt viel mit den Schülern, auch sozusagen weltanschaulich, bringe ihnen Zeichnungen von mir mit und zeichne ihnen oft selbst nach Modell vor, das imponiert ihnen, weil sie da sehen, was ich wirklich praktisch kann, und daß das alles nicht bloßes kluges Gerede ist, was ich sage. Ich habe auch die Taschenskizzenbuch-Methode, Zeichnen auf Straße und so, angeregt – und viele tun dies nun und bringen mir dann immer ihre mehr oder minder gelungenen Skizzen. Dann zeige ich ihnen auch gute Zeichnungen alter Meister und kläre sie über Tradition usw. auf. Die Unbildung an sich ist natürlich groß, aber letzten Endes nicht größer wie bei jedem Beginner im Durchschnitt in solchen Klassen woanders auch.

Von zehn bis eins teache ich. Dann gehe ich ins Hotel zurück. Nicht immer esse ich zu Mittag. Meistens ist es zu heiß – höchstens kehre ich in einen Drugstore ein und nehme eine frosted chocolad. Genügt durchaus; durch das dauernde Schwitzen hat man mehr Durst als bei uns. Im Hotel arbeite ich bis um sieben. Habe verschiedene Aquarelle gemalt. Burlesk-show-Motive. Und eine Anzahl Zeichnungen. Manchmal bummele ich auch in den Straßen herum und mache fleißig Notizen; habe schon eine Menge kleiner Taschenbücher davon angefüllt. Alles Material für spätere Aquarelle und Zeichnungen. Da setze ich mich in irgend einen Bus, fahre downtown, oder nehme die elevated (Hochbahn), strolche so umher und bin ganz glücklich, das alles anzusehen – so bin ich ganz gut schon mit den Typen und mit der Umgebung, Hintergrund, in Berührung ...

Nach dem Essen gehe ich ins Kino oder in eine Burleskshow oder in ein Varieté. Dann noch zur Erfrischung in einen Drugstore hinterher – dann nach Haus, wo ich oft noch arbeite oder schreibe ... So, das wäre so ein Muster von: ›Wie verbringst Du Deine New Yorker Tage.‹ Ich hoffe, daß Du hiermit mehr zufrieden bist ... In Anfechtung bin ich noch nicht gefallen ... betrunken war ich bisher noch nicht ein EINZIGES MAL ... [...]

[Vorbereitung zur endgültigen Übersiedelung nach Amerika]

Es war Oktober 1932, als ich aus Amerika zurückkam. Obwohl die Sommermonate sehr anstrengend gewesen waren, unmenschlich heiß und besonders ungemütlich für mich in dem backofenhaften, überfüllten Atelier – trotz dieser und anderer Nachteile hatte mir Amerika gut gefallen, vor allem dies verzauberte, großartige New York. Über manches sah ich wohl einfach hinweg, oder ich sah es überhaupt nicht. Meine romantischen Neigungen kamen einem mehr praktischen ›Anpassungssinn‹ durchaus entgegen. Ja, ich würde nach Amerika zurückkehren und für einige Jahre dort leben. Mein Vertrag mit der ›Art Students League‹ war erneuert worden; das Gehalt war nicht hoch, aber vielleicht deckte es doch die Miete. Und das andere, was man zum Leben braucht – na, man würde ja sehen. Erst einmal wieder drüben sein. Da blieb immer noch meine Fähigkeit, Bücher zu illustrieren, und nötigenfalls die geplante Schule. [...]

Ich war wie ein Junge von vierzehn Jahren. Meine Backen glühten vom Wein und von Begeisterung. Ich erzählte und erzählte von den Wundern der neuen Welt, und daß wir dort unser Glück machen, ja, und selbstredend auch reich werden würden. Mit einem Wort: ich log in meiner Romantik, was das Zeug hielt – sagen wir, so fifty-fifty, denn zur Hälfte glaubte ich das, was ich sagte, wohl selbst. Muß man nicht immer ein wenig übertreiben, wenn man Eindruck machen will?

In Berlin begannen wir gleich mit den Vorbereitungen zur Auswanderung. [...]

Ich war natürlich kein unschuldiges Kindlein und wußte, wie es um Deutschland bestellt war. Ich sah deutlich, wie der Fußboden Risse bekam, wie diese und jene Wand zu wackeln begann. Ich sah, wie mein Zigarrenhändler über Nacht ein Hakenkreuz im selben Knopfloch stecken hatte, das früher stets ein rotemailliertes Hammer-und-Sichel-Abzeichen aufwies. (Vielleicht hatte er auch nur die Sichel und den Hammer in ein Hakenkreuz verbogen ...)

Es war wie vor der Premiere eines großen Dramas oder wie vor dem Beginn einer Schlacht. Man räusperte sich überall und sah immer wieder nervös nach der Uhr, denn in den Zeitungen stand täglich, es sei nun ganz kurz vor zwölf. Was dann kommen würde, nach zwölf, war immer nur angedeutet, aber es war nichts Erhebendes, nichts Freundliches für mich und meine engeren Freunde. Ich war damals noch ein politisch interessierter Mensch, aber mein Glaube an die Massen war schon ins Wanken geraten – und das heißt eigentlich, um ehrlich zu sein, der Glaube an die ›Mission‹ meiner Kunst. Ich hatte allmählich eingesehen, daß diese Art von Propaganda weidlich überschätzt wurde. [...] Meine Ernüchterung vollzog sich langsam, aber sicher. Sie trug viel dazu bei, daß ich gern von Deutschland fortging. Und schließlich und endlich war und blieb ich ja zu einem guten Teil auch noch ein reiner, individueller und alleinstehenwollender Künstler.

Ich war nicht mehr recht froh während dieser letzten Monate in Deutschland. Ich wollte fort, in anderer Umgebung ein neues Leben beginnen. [...]

Am 12. Januar bestiegen wir in Bremerhaven den Norddeutschen-Lloyd-Dampfer ›Stuttgart‹; am 23. kamen wir in New York an. Die Überfahrt war ziemlich stürmisch gewesen, aber wir waren beide seefest und sahen von der Deckkajüte aus dem Toben des Meeres zu.

Am 30. Januar wurde Hitler Reichskanzler in Deutschland. [...] Dann kam die Nachricht vom Reichstagsbrand, der alles schauerlich erleuchtete. Da sah ich, daß eine Vorsehung mich hatte aufsparen wollen – und im kleinen Hotel Cambridge in einer der Seitenstraßen von New York dankte ich heimlich meinem Gott, daß er mich so vorsorglich beschützt und geführt hatte. Bald kamen Briefe, aus denen ich erfuhr, daß man in meiner nun leeren Berliner Wohnung nach mir gesucht hatte, desgleichen in meinem Atelier. Daß ich da lebend davongekommen wäre, darf ich wohl bezweifeln.

Ich beantragte sofort meine ›ersten Papiere‹ als Einwanderer in die Vereinigten Staaten und nahm meine Lehrtätigkeit an der ›Art Students League‹ wieder auf, die mich viel Zeit kostete. Abends saß ich dann noch und zeichnete und aquarellierte; mit dem Ölmalen begann ich erst viel später. New York und meine neue Umgebung liebte ich nach wie vor. [...]

Deutschland – das war jetzt nur noch eine Erinnerung. Aber manchmal stieg das Grauen wieder in mir auf, und die Schrecklichkeiten kamen hervor aus dem blutigen dreizehnten Zimmer, in das ich sie verbannt hatte. Dann strömte die Erinnerung in meine Bilder: Menschen wateten durch Sümpfe und blutige Nebel, die Knochen klapperten, das Fleisch fiel ab, der Abgrund war flach und lang und ewig und niemals zu Ende, und im knisternden, lodernden, schwelenden Schein der verbrannten Hütten und der vergifteten Erde trotteten sie wie Gespenster, ohne Hoffnung und ohne Ziel.

Wie ich ein amerikanischer Illustrator werden wollte

Als ich mich in Amerika für immer niedergelassen und beschlossen hatte, nie wieder in meine einstige Heimat zurückzukehren, da war es mein Wunsch, mit der Staatsbürgerschaft auch den alten ›deutschen‹ Menschen abzulegen, wie man einen abgetragenen Anzug ablegt. Meine Bitterkeit ging so weit, daß ich beschloß, alles hinter mir zu lassen und zu vergessen, wer und was ich gewesen war – mit einem Wort, ein neues ›amerikanisches‹ Leben zu beginnen.

Ich war gerade an vierzig, als ich Deutschland den Rücken kehrte, noch nicht zu alt, um mich anzupassen, mich richtig und geschickt in die amerikanischen Verhältnisse zu fügen. Ich wollte nicht so sein wie manche, die ich von drüben getroffen und die auf ihre Unfähigkeit, sich einzuordnen, womöglich noch stolz waren. Amerika schien mir nach den verrückten und aufgeregten deutschen Jahren sehr normal, und genau so normal wollte ich werden.

Ich war streng gegen mich selbst. Da ich mich ganz und gar assimilieren wollte, drängte ich alles, was mir an mir selbst zu Groszisch, zu originell, zu teutonisch schien, geziemend zurück. Das heißt, ich legte nicht nur meine europäische Einbildung ab, sondern mit der Zeit auch meinen Künstlerstolz. Oft hatte ich das Gefühl, ich sei eigentlich überhaupt kein Künstler, sondern eher ein Handwerker, was hier nicht im kleinbürgerlichen Sinne gemeint war, sondern einfach Normalität ausdrücken sollte, bewußte Abkehr von Anarchie, Nihilismus und jenem ›Anders-sein-als-die-andern‹, das in den Kreisen der Kenner und Snobs so geschätzt wird.

Ebenso ablehnend stand ich der Haltung gegenüber, die damals von vielen der sogenannten ›voluntary exiles‹ kultiviert wurde, von den im Gegensatz zu den späteren ›refugees‹ freiwillig nach Amerika Emigrierten. Deren ewig vages und scheinbar geistreiches Gerede von der europäischen Kultur und amerikanischen Unkultur schien mir übertrieben, ein Beweis dafür, daß diese Leute sich einfach nicht anpassen wollten und es auch nicht konnten. Hätten sie in Amerika mehr Erfolg gehabt, so würden sie wohl auch etwas anders gesprochen haben. Sie begingen den Fehler, sich als Maßstab zu setzen und aus der Tatsache, daß in einem Land ihre Poesien nicht gedruckt, ihre Stücke nicht aufgeführt, ihre Bilder nur mäßig bewundert wurden, den Schluß zu ziehen, diesem Land fehle es an Kultur.

Ich trat ganz anders auf. ›Zuerst‹, sagte ich zu mir, ›mußt Du Dich erniedrigen. Mache Dich klein – nein, noch kleiner, immer noch kleiner – vernichte Dich sozusagen. Sei wie ein gutes Löschblatt, sauge alles Nützliche auf und bewundere. Laß Dich ruhig von der Härte der basarhaften Konkurrenz schrecken. Laß Dich von der Überfülle der Begabungen blenden. Du bist auf einem Riesenjahrmarkt; gestalte Deine Schaubude so anziehend wie möglich ...‹

Niemand zu Leide, allen zur Freude – das wurde nun mein Wahlspruch. Die Assimilation ist keine Kunst, wenn man nur erst einmal den stark überschätzten Aberglauben vom ›Charakter‹ überwindet. Mit dem Wort ›charaktervoll‹ bezeichnen wir meist eine sture Unbeugsamkeit, die nicht immer vom Alter herrührt; ein Mensch, der vorwärtskommen will und auf Geld aus ist, sollte am besten gar keinen Charakter haben.

Die zweite Regel, wenn man sich anpassen will: alles schön finden! Alles – auch das, was in Wirklichkeit nicht schön ist. Je gründlicher einer diese alte chinesische Weisheit beherzigt, desto besser für seine Anpassung. Eines Tages merkt er, daß tatsächlich alles schön ist – und siehe da, nach ein paar Jährchen andauernden Lügens ist die Lüge zur Wahrheit geworden ... (Denn das Leben – ich kann das aus eigener Erfahrung bezeugen – ist wirklich schöner, wenn man ja sagt, anstatt nein zu sagen!)

Einem europäisch erzogenen Menschen und besonders einem Künstler fällt natürlich diese gleichsam totale Anpassung nicht immer leicht. Es bedarf ständiger Übung, jeden Tag zu allem ja und amen zu sagen. Hin und wieder erleidet der sich Anpassende Rückfälle in seinen alten Pessimismus und in seine Spengler-Ideologien. Anstatt ›Yes, indeed‹ und ›Everything is fine‹ entströmen Schimpfreden und Flüche seinem Munde. Sofern dies jedoch nicht zu häufig und nicht allzu öffentlich geschieht, wird es dem Anpasser nicht schaden. Am nächsten Tage wird er wieder alles so schön finden, wie es ist, und wird mit seiner Belohnung oder Strafe – je nachdem, was das Schicksal oder der höhere ›Mechaniker‹ ihm zugeteilt hat – ganz einverstanden sein.

Ich selbst hatte bald das angenehme Gefühl, daß meine Anpassung Fortschritte mache. Meine Weltanschauung wurde die eines Spielers an einem großen Roulettetisch; ich verlor meine europäische Arroganz oder, besser gesagt, ich tauschte sie in eine mir amerikanisch vorkommende Überlegenheit um. Ich bekam Anwandlungen von Kunstfeindlichkeit. Mein Streben ging dahin, meine Begabung zu unterstützen und zu einer Art Wünschelrute umzubiegen, mit der Geld aufzuspüren war. Ich kam zu dem Schluß, daß Macht und Erfolg tatsächlich den Sinn des Lebens ausmachen und alles andere mehr oder weniger nette Verzierungen sind. Daraus folgte zwangsläufig meine Bewunderung der großen pragmatischen Normalität, meine Achtung vor den hohen Wochenschecks und schließlich auf meinem Gebiet der Respekt vor den großverdienenden amerikanischen Illustratoren.

Ich verliebte mich in ihre Genauigkeit, ihre photographische Treue, und verfiel in tiefes Mißtrauen gegenüber allen ›künstlerischen Auslegungen‹. Die Imitation schien mir von Anbeginn aller Kunst an deren einziger, ewiger Zweck gewesen zu sein, als hätte man eigentlich immer nur auf die Erfindung der Photographie gewartet, als hätte schon der erste Steinzeitmaler sich, wäre das möglich gewesen, lieber eines Kodaks bedient als seines steinernen Griffels. Die Kunst unserer Zeit, einschließlich meiner eigenen Versuche mit Feder, Pinsel und Farben, erschien mir dubios. Die hohen erklärenden Phrasen konnten mich kaum berühren, geschweige denn beruhigen. Es war eine Spaltung in mir; immer wieder wurde ich zwischen Phantasie und Wirklichkeit hin und her gezogen – zwischen meinen phantastischen geheimen Einbildungen und dem einfachen, großartigen Formenreichtum eines Zweiges voller Blätter.

Wenn ich den Erfindungsreichtum der uns umgebenden Wirklichkeit sah – die Agonie eines sterbend abfallenden Blattes, die seltsamen Falten einer hingeworfenen Serviette, die kühlen und warmen Töne einer Muschel, den Eindruck des Windes auf Dünengräser, all diesen Rhythmus und Gegenrhythmus – ach, da kamen mir die eigenen ›erfundenen‹ Formen klein und begrenzt vor! Wieviele künstliche Blumen konnte man schon erfinden? Aus dem puren Nichts überhaupt keine, und aus unbewußtem Erinnern höchstens drei oder vier. Dagegen gab es in der Natur immer neue Entdeckungen und Überraschungen. Sie war endlos und nie langweilig; ihre Formen wiederholten sich millionenfach, glichen einander oft genug, und doch war jede kleine Form etwas anders; wie es die Bilder Altdorfers wohl am besten zeigen.

Es geschah damals etwas Merkwürdiges: Je ›amerikanischer‹ ich dachte, desto besser malte ich. Ich kann dieses Phänomen auch heute noch nicht erklären, aber meine Ölbilder wurden reicher, meine Farben und Texturen besser, meine Modellierungen plastischer. Nach außen hin wurde ich immer zynischer und bekam manchmal direkte Wutanfälle gegen Kunst und Künstler. Beide, mich selbst eingeschlossen, erschienen mir völlig unnütz, und ich wäre am liebsten umgesattelt. Solche Anfälle traten natürlich immer dann ein, wenn ich nichts verkaufte – und das geschah oft monatelang. Ich lebte, wie der Amerikaner sagt, von meinem Witz; das heißt, genau gesprochen, ich steckte diesen Witz in meine Lehrtätigkeit. Mein Zeichentalent wurde hie und da höflich bewundert, aber diese Fähigkeit, deren Vergangenheit man Anerkennung zollte, war kein Mittel zum Geldmachen. Ich fand allen Ernstes, ich sei eine gescheiterte Existenz – ›a failure‹. Ich fragte nicht mehr nach ›innerem Reichtum‹, ich fragte ganz realistisch: ›Was verdienst Du pro Woche?‹ Und das genügte, um mich als gescheitert zu kennzeichnen.

Wie gesagt, ich wartete auf meine Glückschance wie ein Karten- oder Lotteriespieler. Vom fahrenden Sänger und Künstler blieb mir nichts als eine vage, schöne, romantische Hoffnung: ›Warte, mein Jungchen – sei geduldig, demütige Dich, riskiere noch einen Einsatz – paß auf, eines Tages hast Du einen ‚comeback‘ und bist wieder obenauf!‹ Dazwischen aber sah ich mich manchmal als alten, zittrigen Mann irgendwo im unteren New York auf einer Nachtasylstufe sitzen, an einem Zigarrenstummel lutschend, und hörte noch einen im Vorbeigehen sagen: ›Siehste den? Der hat mal ‚Ecce Homo‘ gezeichnet …‹

Für mein Leben gern wäre ich ein amerikanischer Illustrator geworden, einer jener Erwählten, die für die populären Magazine die Bilder zu den Kurzgeschichten machen. Als junger Anfänger schon und auch später, als ich auf verrückten dadaistischen Irr- und Abwegen wandelte oder expressionistisch ›eckig‹ zeichnete und malte, besah ich mir gern heimlich derlei naturgetreue Illustrationen. Hier war wirklich etwas für die Masse. Das verstand jeder, ohne hochtrabende Kunsthistoriker und wichtigtuende Erklärer. Es war eine Art Düsseldorfer Genrekunst, nur in modernerem Gewande und freilich auch weiter verbreitet. Und das Schönste an diesen bunten oder schwarzweißen Textbegleitungen war ihre Normalität.

Gewiß, es war viel Banales daran und auch eine beschönigende Tendenz, aber eben dieses halbe Verzukkern und Verniedlichen mochte ich. Ich mochte es lieber als die umgekehrte Säuerlichkeit und sich künstlerisch gebärdende Unechtheit in Form und Farbe. Insgeheim lag mir das amerikanische Mittelstandsideal näher als die teils wirklich, teils schein-verrückte Sonderwelt, in der die froschartigen Größen der sogenannten Avantgarde der Kunst lebten und leben wollten. Leider war ich selbst, anstatt ein normaler Illustrator zu sein, auch nur einer von diesen aufgeblasenen Fröschen, und meine Zeichnungen waren Zerrbilder einer schiefen, krummen, von den pseudo-wissenschaftlichen Gesichtspunkten des Marxismus und Freudianismus aus gesehenen und gedeuteten Welt. Dieses Zeug, fand ich, gehörte mit Recht der Vergangenheit an, und hätten die Deutschen es nicht verbrannt, so hätte ich wohl selbst einen Haufen aufgeschichtet und ein Streichhölzchen darangelegt.

Die saubere amerikanische Normalität hingegen zog mich enorm an. In der Verschönerung und oft süßlichen Verschleierung unseres Erdenlebens sah ich – eine Erklärung mußte ja sein! – so etwas wie ein maskiertes Griechentum. Was hier idealisiert wurde, war ja zumeist die Welt, die der durchschnittliche ›kleine Mann‹ sich erträumte. Die Götter waren vom Olymp herabgestiegen und gingen tagsüber in Tweed-Anzügen und abends im Frack spazieren. Die Höhepunkte spielten in nicht zu billigen Nachtlokalen, von Swing-Kapellen begleitet. Selbst die Annoncen waren mit diesem griechischen Zucker bestreut. Im Grunde waren diese großen, reichbebilderten Zeitschriften einfach Märchen- und Bilderbücher; es waren Wunschträume kleiner, eigentlich häßlicher Erdenbewohner mit schlechter Verdauung, Herzfehlern, Leberkrebs, unheilbarer Trunksucht, zerrütteten Ehen und heimlichen Aborten. Gar keine schlechten Wunschträume übrigens nahmen hier Gestalt an, wie aus einer sauberen, oftmals chemisch gereinigten Spielzeugschachtel!

[...] Gewiß, die amerikanischen Zeitschriften waren eigentlich große Kataloge mit eingestreuten Geschichten. Es ließ sich manches gegen sie einwenden. Aber wirkten sie, wenn man sie im Ausland in die Hand nahm, nicht doch alle als höchst anziehende Propaganda für ihr sauberes, leckeres, hochmodernes Land? Da lag kein Stäubchen, alles blitzte und lächelte freundlich, wie belebend nach dem sauertöpfischen Europa. Ich wußte natürlich, daß es diese saubere Mittelstandswelt nur in der Phantasie der Herren und Damen gab, die in jenen Zeitschriften eine Unmenge meist maschinell erzeugter Waren ab- und umsetzen halfen, aber trotzdem war mir die Lüge sympathischer als die Wahrheit, und im geheimen sehnte ich mich nach der Märchenwelt dieser Bilder wie nach einem frischen, glattrasiert lächelnden Traum.

Ja, ein Illustrator im typisch oberflächlich amerikanischen Sinn wäre ich gern geworden: einfachen Geistes, gehorsam, treu der zu bebildernden Geschichte folgend und von vornherein schon wegen der zu erwartenden Leserbriefe besorgt, ob auch alles stimme, ob kein Knopf zu wenig da sei und kein Haar zu viel. Es gab, besonders bei den eleganteren Modemagazinen, auch noch eine andere Art von Illustratoren, die eigentlich vom Skizzierenden herkamen: halbkranke Nervenbündel, deren Stil von Malerruinen wie Lautrec und dem verzweifelten Pascin beeinflußt war und deren Zeichnungen sich neben Dürer, Menzel und Doré ausnahmen wie Spuren von dünnen, halbtoten Fliegenbeinen, müde übers Papier geschleift. Sie waren reizvoll, doch ihr Reiz war ganz und gar morbid. Von diesen Leuten spreche ich hier nicht; sie standen außerhalb der Masse und wirkten nur auf alles Schwächliche und Ungekonnte. Was ich werden wollte, war ein Illustrator für das große Publikum. Hatte ich nicht als Junge schon neidvoll die täuschende Echtheit Grütznerscher Mönche bestaunt oder den Schwung der Husarenritte an den Wänden des Stolper Offizierskasinos? Liebte ich nicht von jeher unseren großen Menzel, der durchaus populär illustrierte, der nichts verzeichnete, dem die moderne, oft aus purem Nichtskönnen stammende Willkür vollkommen fernlag, der ganz normal war und doch ein großer Künstler? [...]

[Brief an Wieland Herzfelde]

57 Christopher Str. c/o
Brévannes, New York City
6. 6. 1933

Lieber alter Wiz!

[...] Alles, so jedenfalls erscheint es mir, ist hier – im Vergleich zu Deutschland – frischer ... Ich werde hier zur Arbeit angeregt. Malte eine ganze Reihe schöner Blätter. Ebenso ›kritisch‹ wie in Deutschland – meiner Meinung aber (im sehr guten Sinne) menschlicher, lebendiger. Bruegel, dessen schönes Werk Du mir gabst, sehe ich oft durch. Ja, ich eifere ihm nach; sein umfassendes und (verzeih) doch auch grundgütiges Weltbild – dies ist schon kein schlechtes Vorbild. Die Menschen um mich herum: hier, boy, ist Babylon – ein melting pot aller Rassen. So stelle ich sie dar. Feine Leute wandeln durch den Central Park – fast vertrocknete liebliche Seidenmumien, bunt, geschminkt – aber auch daneben die zerrissenen arbeitslosen bums – have a shine Sir – mit ihren niedlichen, aufgeräumten Schuhscheinkisten wartend auf den Vorübergehenden, der einen nickel spenden soll. Viele bunte Neger, reiche und arme, aber alles lustig und meistens sehr kindlich – große Sänger und Tänzer vor dem Herrn. Manchmal hat einer seinen Lackschuh einfach aufgeschnitten, weil ihn die Hühneraugen drücken. Menschen, 14. Straße, Iren, Italienermamis, dick, mit bambinos, volle – gesteckt volle – Bazare und ein Gewühl von Käufern – alles kleine Leute; billig, unwahrscheinlich billige Preise an Waren, bunt – kein Ende. Manchmal wird man fast *schwindlig.* Ja, das reizt mich, dieses volle Leben darzustellen. Ich könnte Seiten davon tippen. Diese Blätter sind wahr – nicht pointenhaft satyrisch. Ich bin auf dem Weg, dies Amerika für mich zu entdecken – viele kleine Skizzenbücher zeugen schon von meiner vorbereitenden Arbeit. Ja, ich arbeite mit neuer Freude hier. Ich will keine ›billigen‹ Parolen illustrieren – ich möchte wahrhaftig sein in einem (bitte hau mich nicht) ›höheren‹ Sinne, im Sinne, wenn ich so sagen darf – des alten Meisters Bruegel … […]

[Brief an Felix Weil]

21. 7. 1933

Lieber, alter Lix!

[…] Sie haben da in Berlin auch eben gerade so eine ihrer neuen Propagandaausstellungen gemacht, wo sie nur Erwachsene reinlassen – für Besucher unter 18 verboten (Tatsache – bekam die Ausschnitte). Da stehen meine ›bolschewistischen‹ Haß- Zeichnungen wieder mal im Vordergrund als abschreckendes Beispiel jener jetzt erledigten Novemberkunst. Im ganz Geheimen bin ich darauf sogar ein bißchen stolz – ja, da hatte eben ›Kunst‹ einen Zweck. Und diese meine Blätter werden spätere Generationen betrachten, wie wir heute Goyas unsterbliche Greuelszenen ansehen: ›Ich habe es gesehen und erlebt, es war dies mein Deutschland, es war die Wahrheit‹ – und wird es bleiben, selbst wenn noch mehr Hitlers kommen – that's all!

lieber alter Lix, schreibe ein kurzes Wort Deinem alten

[Brief an Wieland Herzfelde]

4. 8. 1933

Lieber alter Wiz,

[...] Nein, ein ›positiver‹ Mensch kann ich nicht sein. Pessimismus und oft schrecklichste Depressionen suchten mich von früh an heim. Diese Depressionen haben wohl ein wenig nachgelassen, aber ganz verschwunden sind sie nicht. Es war da irgend ein unbekannter Zwang in mir, eine Art Dämonie, die Welt und die Menschen so zu sehen. Irgendein starker Rest ›religiöses‹ Erbteil – weiß der Kuckuck, erklären kann man's nur zum geringen Teil, vieles bleibt dunkel und ewig im Dämmerlicht des unbewußten Instinkts verborgen. Und ob es heute Freud ist oder morgen Pawlow, den Du gerne anwendest (Reflexionen); ob es Klages ist mit seiner Temperamentlehre – alles doch irgendwie zeitgebundener Aberglaube, mehr oder weniger ›wissenschaftlich‹ serviert. So erscheint es mir; vielleicht brauche ich auch all diese Gegensätzlichkeit, um arbeiten zu können. [...]

[Brief an Herbert und Amrei Fiedler]

8. 3. 1934

Herbertus und Reieam!

... Es ist da eigenartig mit mir ... ich fühle wohl ziemlich stark diese allgemeinen Erschütterungen, die heute durch die Welt gehen – habe so einen ›dramatischen‹ Instinkt, und jetzt, in meinen letzten Arbeiten versuche ich immer wieder, diesen auszudrücken ... ja, da gibt es brennende Häuser, kämpfende, verklumpte Menschen und auch platzende Granaten – die Farben sind einfach tiefes Preußischblau, gelegentlich vertieft durch eine düstere Erdfarbe Caput mortuum – auch verwende ich direktes tiefes Schwarz, ein helles Gelb (Chrom) und ein

Zinnober. Einen gewissen zeichnerisch-subtilen Kolorierstil habe ich gänzlich aufgegeben. Eigentlich komme ich nun erst zu einer Klarheit, die längst in mir war, aber durch fast zu langes Zeichnen behindert war. Du rietest mir ja stets, gleich mit großen Bürsten loszufegen. Aber jetzt erst bin ich zu neuen und guten Resultaten gelangt – und absolut von der Farbe her. Die Form baue ich nun mit den farbigen Werten auf, wobei ich immer mehr ganz reine Tonwerte suche – Lokalfarben möchte [ich] mit der Zeit überhaupt ausschalten. Nacheifern tue ich's dem gewaltigen Zeitmaler Delacroix (Hut ab auch vor Rubens), aber auch Bruegel hängt in Reproduktionen an meiner Wand – und oft aufgeschlagen, direkt neben meinem Arbeitstisch: die farbigen Reproduktionen von Bosch: *Das jüngste Gericht*. Mir fehlt jener Schuß Deutsch-Römertum, der Dich ja doch irgendwie an die Seite von Marées bringt; die mittelalterliche Konzeption der Welt ist mir sehr nahe und verwandt (obwohl meine Intelligenz mir oft sagt, daß diese Weltvorstellung ja eigentlich nicht ins ›wissenschaftlich-aufgeklärte‹ moderne Weltbild paßt). Ich fühle einfach, wie es überall bröckelt, wie es explodiert, sich zusammenballt, und von solcherart Visionen getragen, mache ich jetzt meine Blätter. Ich arbeite mit großer Freude … Ich machte über 250 guter und oft ausgeführter Aquarelle … Bald werde ich zur ›richtigen‹ Ölmalerei zurückkehren. Gezeichnet habe ich ziemlich wenig – all meine zeichnerische Erfahrung ist in meinen Aquarellblättern enthalten. Natürlich führe ich stets ein Notizbuch mit mir – ein ständiges Training muß sein. Gerade bei den chinesischen Tuschmeistern kann man sehen, was Technik und Training meint … da können die wuschligen Liebermänner mit ihrem eigentlich ausdruckslosen optischen Netzhautgekritzel einpacken. […]

[Brief an Wieland Herzfelde]

30. 6. 1934

Lieber alter Wizie!

[...] Früher sah ich noch einen Sinn in meiner Kunst, heute nicht mehr – oder doch nur den, daß ich sie hin und wieder (sehr oft sogar) ausübe (für mich ist's gemacht) man wird Visionen los – das ist alles. Ich zeige auch niemandem meine Arbeiten – bin glücklich, daß ich endlich einen Beruf habe, so daß ich meine Kunst ganz nur für mich machen kann ... habe zirka 350 Aquarelle, große, gemalt. Teilweise düstere Bilder – zerschossene Städte, Leichen, hinterrücks umgebracht von Uniformierten – eine Serie letzthin: Straßenkämpfe – auf die Wiener Ereignisse hin. Ich erwarte aber von diesen Blättern überhaupt nichts – meine Zufriedenheit: eine gewisse Qualität der Arbeit, und daß ich sie losgeworden (innerlich). Auch Hitlermann habe ich als Alptraum gemalt, unten brennende Dörfer, in der Luft Bombenflugzeuge – goyasch, als Vision – nichts für Proleten jeden Bekenntnisses. Gott sei Dank, endlich bin ich hier drüben ein freier Mensch. Für Proleten ist optimistisches Kino und Foto das Beste. [...]

[Brief an Herbert und Amrei Fiedler]

12. 10. 1934

Lieber Herbert und Amrei!

... Ich habe hier schon Wurzel geschlagen und möchte nirgends woanders mehr leben. Zudem gibt das Lehrerdasein mir eine bessere Genugtuung, als von irgend einem Kunsthändler abhängig zu sein. Ich bin, verstehst Du, ein ›freier Mensch‹. Kann arbeiten wie's mir beliebt – ohne mich über dammliche Kunsthändler zu ärgern ... Man lernt mit seinen Schülern, man ist nicht unnütz, ja, im übertragenen Sinne ein Pionier, der mithilft am kulturellen Werk. Denn hier ist noch keine absolute festgefahrene Tradition. Neue Aufgaben hast Du zu lösen – wie überraschend, eine ganz neue Sprache zu sprechen – und Deinen Schülern kannst Du auch nicht bloß sagen wie Hans Baldung Dix: ›des eenziche ist: Zeechnen se, zeechnen se‹. – Nein, Du mußt ihnen erklären, was soweit ›Kunst‹ ist – Du bist gezwungen, selbst Dein ganzes Wissen und Erfahrung nachzuprüfen, mußt Theorien erklären, Geheimnisse von kalten und warmen Farben – Linie als erster ursprünglichster Beginn aller Kunst – plastische Werte, Lichterscheinungen – die Oberflächen-Vorurteile zerstören usw. Alles ergibt sich aus dem Zusammenlernen von Schüler und Lehrer. Es ist belebend in jeder Hinsicht, doch auch anstrengend. Man klärt sich selbst dabei. Und viele Sachen kann ich erst jetzt machen, manches ist mir aufgegangen im fruchtbaren Austausch mit Schülern. Las eine ganze Menge Bücher über obige Themen … (NB. ich züchte natürlich keine der üblichen Grosznachahmer, das hieße ich fürwahr einen kurzstirnigen Lehrer).

Gehe von den einfachsten Dingen aus: zum Beispiel vom ornamentierten Steindolch, nur ein paar schmückende Striche – über griechische Vasenzeichnung, ägyptische Pyramidenzeichnungen – Kinderzeichnungen usw., zurück zu den alten ewigen großen Quellen aller Kunst, bevor das lebendige Modell studiert wird. Alle sind ja heute durch die unemotionale fotografische Vision verbildet. Und das Gesetz deines meist rechteckigen Bogens hat eine andere Wahrheit und Realität als die der Naturimitation …

Ich arbeite viel. Nicht immer so bewußt wie früher. Halte es oft mit Corot (siehe Delacroixes Tagebuch) – starte oft von der reinen Intuition aus, zwei-drei starke fast abstrakte Kontraste mit breiten Bürsten über das Papier – lasse es Chaos sein zuerst, dann little by little formen sich die Formen – Häuser, Menschen – und wie Corot gut sagte: Im Malen selbst formt sich vieles. Zumal ich immer wieder einem angeborenen starken zeichnerischen Gelüst nachzugeben scheine – also Kontur, Linie … aber nun bin ich dadrauf aus, alles zu verbinden, bescheidener auf dem langen Wege ein paar Schritte vorwärts.

1. Generalvision, 2. Linie (siehe Raffael oder so), 3. Farbe: Schwarz zu Rot, Blau zu Gelb – Zwischenton farbiges Grau – 4. Werte: Licht – imaginär-visionär, unrealistisch (Bosch, Bröchel) oder realistisch, manchmal gemischte Disziplinen durcheinander, d. h. kontradiktorisch, wie das Leben an sich. Immer wieder sind Kindheitseindrücke in mir, und erst jetzt kann ich davon vieles verwirklichen, umsetzen in Form und Farbe. Da bin ich der alte geblieben – und da mein ›Gesetz, nach dem ich angetreten‹ vorwiegend ein dramatisches ist, so male ich unter anderem: aktuelle Themen, Untergang der Morrow Castle, brennendes Schiff in der Nacht – Dunkelbraun, Blau, Zinnoberrot, und kaltes und warmes reines Schwarz. In der Art der Panoramenbilder, die ich als Junge durch Kucklöcher auf dem Jahrmarkt in Stolp bewunderte. Natürlich ist es doch anders, aber um Dir die einfache Linie anzudeuten, die ich eingeschlagen. Die letzten Jahre in Berlin waren zuviel ausgefüllt mit kolorierten Zeichnungen – nun habe ich eine stärkere malerische Behandlung eingeführt. Natürlich möchte ich ›allgemeinverständliche‹ Bilder geben. Leider stecke ich oft so stark im Experimentellen, daß ich die nötige Formung nicht erreiche – aber in manchen Bildern bin ich schon einfach und klar, ohne daß Konstruktion und ›künstlerische‹ Disziplin störend sichtbar ist. Große Kunst muß jedermann zugänglich sein – und trotzdem eben ›Kunst‹. Der nur Elfenbeinmensch kann ja als ›in sich selbst versenkter Spezialist‹ allerlei erreichen, aber er ist nicht mein Fall (alle die Brüder von Pipenkasso abwärts, gewißlich interessant, aber eben elfenbeinerne Gesellen – komplette Einzelgänger) … damit genug des Kunstgesprächs … auf alle Fälle habe ich das Gefühl, daß ich eine ganz gute Weiterentwicklung habe. […]

[Brief an Wieland Herzfelde]

8. 3. 1935

Lieber Wiz!

[...] Arbeite viel, habe auch mehrere ›politische‹ Blätter gemacht mit Hitlermanns Konzentrationslagerszenerien und so – marschierende SA ... Greuelszenen – sie erheben einen Anspruch auf eine gewisse innere Wahrhaftigkeit – Notizen zur Zeit – das ist alles – kann das aber hier nicht ausstellen – will das auch gar nicht ... mir genügt es, wenn ich gewisse alpdruckhafte scheußliche Vorstellungen loswerde. Zeichnete ein paar Szenen auf den Tod Mühsams – schlechthin auf die immer und ewig mißhandelte menschliche Kreatur (denn Satz I steht eisern bei mir fest: Ein besseres Übermorgen in dieser Beziehung ist außerhalb meiner Konzeption). Die Blätter behalten auch so ihren Wert – Goyas Zeichnungen sind ja heute genauso aktuell wie damals: prügeln, schießen, erstechen, hauen, Kopf abschlagen – das bleibt sich ewig gleich – mal mit der Devise, mal mit jener. [...]

[Brief an Herbert und Amrei Fiedler]

20. II. 1935

Lieber Herbertus und Amrei!

... Mußte gewissermaßen wieder von vorne anfangen – jedenfalls was meine eigene Schule anlangt, Ihr wißt, daß mein business partner, der berühmte USA-Maler Sterne, ausschied aus unserer Schule; so muß ich nun alles allein managen. Man wartet zuerst gewissermaßen wie ein Dentist, der neu anfängt, auf Schüler. Den ersten Monat setzte ich 30 Dollare von meinem Geld zu. War recht deprimiert. Aber hier in New York ist's ein dauerndes up and down, jetzt habe ich wieder 24 Schüler – und die Sache geht einigermaßen. Es kostet viel Geld. Man muß abonnieren auf Inserate, und Annoncen kosten ja eben Geld. Miete muß bezahlt werden, Sekretärin kriegt Gehalt, und Modelle verschlingen die Woche schon 33 Dollare. Es ist schon eine arge Plage ... Die Schüler, meistens ›feine hochgebildete‹ junge New Yorkerinnen, sind auch ganz anspruchsvoll – kostet Nerven, aber ich bin, wenn auch ab und zu down und depressionistisch (mit einem Schlückchen Whisky), schließlich doch halbwegs aus Eisen – so leicht verroste ich nicht, ganz nett widerstandsfähig ... Auf alle Fälle finde ich Zeit zum Arbeiten, an und für mich selbst – und nach Kreuzer ist das auch wirklich das Beste, um über manches Unzulängliche in dieser gar schnöden Welt hinwegzukommen. Die Stunden sind für mich die besten, wenn ich von Freitag früh bis zum Montag abend in meiner kleinen Schilderkammer zubringen kann und bei einigen Pfeifen Tobacco (wie gern sendete ich Dir welchen) die Bürsten übers Papier tanzen oder die Rohrfedern ganze Bogen vollkratzen. Nicht so schlecht, ein Malersknecht oder ein Zeichenknecht zu sein. Hin und wieder kommen auch einige kleine Erfolge in Form von Schecks aus den Ausstellungen, nicht viel – o no –, aber das kommt dann immer gerade zur rechten Zeit. Ich gehe wieder hinaus zeichnen ... die Natur ist wirklich verjüngend – Quellwasser – immerhin bin ich ja endlich doch wohl ein ›Realist‹ – Menzelsche altpreußische Tradition – aber doch nicht gänzlich veroberflächlicht ... es gibt hier herrliche wilde Vegetationen, sogar richtige Ruinen, seltsame Baumstrünke und schönes bewegtes Schilf – komische Telegrafenmasten ganz wild-westlich, wie Bäume – fantastische bewucherte und mit Steinen besternte Sandhalden – so recht nach dem Herzen des Zeichners erschaffen. Schöne, ganz Bröchelsche ... Ausblicke auf Sund – der Himmel so dunkel, anders wie im Vaterland oder drüben ich je sah ... Tiere sind auch da – kleine Ringelschlangen und squirrels, eine Art grauer Eichhörner, die ganz dicht und neugierig zukucken, wenn man irgendwo sitzt und zeichnet. Käfer, Bienen und vereinzelte Vögel. Zeichne wie ein mittelalterlicher Huber das gleich mit ins Blatt. Auch die einfachen Beschäftigungen ewig und immer ... sind schön: Da wird Schlamm ausgehoben – hinter dem Mann in grotesken Gummistiefeln die Stummeln von abgemähtem Schilf, spitzig in die Luft stechend – vor ihm das Bächlein, Abfluß vom See, amerikanische Tannen, und eine alte verlassene Fabrik mit geisterhaften Überbleibseln, verrosteten (Rostrot-Indischrot, herrliche Variationen von Graus) Kesseln, draußen liegend – Sägen und Schilfmähen, Erdkarren usw. Und ich denke, all das wächst irgendwie doch ins Symbolische (nicht Erdachtes meine ich), allgemein Menschliche. Schlamm, und die noch quirlenden, wasserziehenden Fußtritte. Der weiße frische Stumpf des eben abgesägten Baumes – drüben nun der Mann, der den Modder aushebt – jener mit der zakkigen großen Säge und der Axt mit dem schön geschwungenen Hickoryholzstiel – wie lacht da das Zeichnerherz – vieles geht mir jetzt erst auf. Ich wünschte, ich könnte 150 Jahre leben. Früher packte mich die höllische Fantastik der großen Stadt und die Fratzen, die vermaledeiten, gierigen Gesichter der Menschlein – eine Blume war mir nahe, wenn sie im Knopfloch steckte oder vom Markte im Blumentopf nach Hause kam. Heute entdecke ich oft die Welt wieder, wenn ich als Knabe über die ›Bleiche‹ streifte und wir uns auf einer Weide einen Indianersitz bauten. Trotzdem beschäftigt mich nach wie vor auch immer noch das Stadtthema. Broadway, diese fantastische Straße, die sich bisher der Darstellung entzog. Es ist Hölle. Habe darüber viele Blätter schon gemacht und komme langsam den Dingen näher. So etwas muß mit der Inbrunst und Kraft eines Orcagna oder Bröchel gemacht werden. Übersetzt in eine bestimmte Kunstform erhoben – sonst bleibt es ungenügende Zustandsschilderung, eventuell hohe Journalistik – die ich nicht will. Ich bin vielleicht der einzige heute, der das versucht. Alle meinen, so etwas entzieht sich der künstlerischen Darstellung. Man muß zum Beispiel das künstliche Licht eingehend beobachten – ganz abgesehen von den Formbeobachtungen. Hier kommen nur ganz reine Farben in Frage – es ist eine fantastische Anhäufung von Details – eine hochinteressante Mischung von reinen Farben, gebrochenen Flächenwirkungen und straffen zeichnerischen Linien – eine tolle, verwirrende Aufgabe. Habe manches schon machen können – aber muß dauernd dazulernen. Bröchel hätte es gekonnt – es ist genau wie auf seinen Bildern ... Damals muß ja auch die Welt und besonders Antwerpen und Amsterdam ähnliche internationale Weltstädte gewesen sein wie N. Y. heutzutage. Ich bin wie Freund Ingres ein großer Grauliebhaber – aber doch steckt eine Portion Kreuzer (dem Feinde aller Graus) in mir – nichts aufregender als die reinen Blaus neben den reinen Gelbs und Grüns – und die roten Farben – vom grauen Indischrot zum anilinigen Blaurot. Na, nun genug des Werkstattgeredes ...

[Brief an Otto und Lotte Schmalhausen]

16. 2. 1936

Lieber Azz & Ettol,

[...] Man kann ja mit wenig Farben auskommen, eigentlich, wie ich jetzt feststellte, mit Gelb-Rot-Blau. Aber von den Rots ein paar haltbare, brillante Töne zu besitzen, ist schon gut. Ich male neuerdings auch mit reinem Schwarz, eine prächtige, geheimnisvolle Farbe – eigentlich ein tiefes Blau oder Braun, aber für Düsterheiten und moderne Großstadt notwendig – nur muß man es weise anwenden – und kluge Farben neben es anbringen, sonst verliert es den Charakter und wird muddy (= schmutzig). Wirkt es aber als tiefes Schwarzblau resp. Grün, Braun oder schwelendes Rotschwarz (wie auf Höllenbildern), dann ist es ganz herrlich. Male jetzt oft mit ganz reinen Farben – direkt aus dem Napf. Es gibt nichts Schöneres als schon allein die jubilierenden reinen farbigen Flecke auf dem Papiere. Graphit ist ein klares, neutrales Grau, man kann dieses Grau erstaunlich beeinflussen, wenn man es neben leuchtende Töne setzt als Übergangston – zum Beispiel neben Indischrot – oder Orange. Ich bewundere nach wie vor den Bosch. Brachte zwei feine Reproduktionen aus Holland. Eine *Verspottung Christi*, die ich in Amsterdam sah – alle Köpfe fast Karikaturen und abscheuliche Charakterisierungen, nur der Christus scheu und fein mit niedergeschlagenen Augen. Auf dem anderen Bilde eine *Versuchung des heiligen Antonius* – er am Tisch mit dem heiligen Buch, in der Luft groteske beflügelte Wesen, halb Heuschrecken oder so – hinten ein ganz und gar komisches menschenhaftes Haus oder mehr fantastisches Gehäuse – ähnlich wie es Bröchel in der ersten Zeit manchmal darstellte. Diese mittelalterliche Welt steht mir nahe. Unter ihrem Einfluß malte ich ein großes Blatt *Weltuntergang* – mit Explosionen und Wasserströmen und abstürzenden Flugzeugen und zusammenfallenden Wolkenkratzern. Eine prächtige Farbe ist Preußischblau, es gibt Tiefe und Raum. Meine Lieblingsfarben sind jetzt: Caput mortuum (ein tiefes Indischrot), Elfenbeinschwarz (oder Schinkelschwarz – erspart die Grünmischung), Neapelgelb und Burnt Siena (das brennt und schafft Vordergrund) kühles Ultramarin – und Zinnober und Alizarinkrapp dunkel – ich male jetzt meistens gleich mit großen Bürsten auf Gedeih und Verderben los, um eine gewisse allzu gewissenhafte ›zeichnerische‹ Scheu zu überkommen. In der Manier der chinesischen Tuschmeister. Überhaupt soll man besser beginnen mit einer Art Chaos, als mit allzuvielen zeichnerischen Vorbereitungen. Farbe, und beim Aquarell nicht zuviel Wasser nehmen – die Farbe trocknet zu licht auf, und wenn man zu oft lasiert, wird sie unangenehm grau. Kühnheit, meine ich, auch in den Fehlern, ist besser wie umgekehrt. Man soll natürlich das ›Bild‹ ungefähr im Kopfe haben. Aber oft ist es auch ganz schön, es just ›gehen‹ zu lassen – wie Klee einmal sehr nett sagte: ›einen Spaziergang mit einer Linie zu machen.‹ Und ein ›Gehenlassen‹ in dieser Richtung ist nebenbei eine ausgezeichnete Übung, um von manchen Gezwungenheiten und ›Hemmungen‹ in einem selber loszukommen. Ein Kind zeichnet oder malt ähnlich – nun sind wir zwar keine Kinder mehr – aber trotzdem, oft macht es Spaß, so ganz einfach zu ›schmieren‹ – ich habe mit solchen Übungen oft gute Resultate bei den üblichen ›Hemmungen‹ bei meinen Schülern und mir selbst erzielt ... Ich denke sicherlich 1937 wieder nach Europa zu fahren, dann müssen wir uns bestimmt sehen. Was gibt es dort Neues? Wir lesen viele gute Berichte von den olympischen Spielen und den prächtigen Bauten allüberall ...

stets Euer alter

[Brief an Otto Schmalhausen]

8.3.1936

Lieber Ozz,
... habe letzthin 12 neue schöne Arbeiten gemacht – sind jetzt beim Rahmer. Meistenteils New Yorker Stadtbilder ... Gerne male ich jetzt ›bloße‹ Naturformen ... oftmals spricht heute ein Stein oder das Filigran von Horizontbäumen und nahe Borken und Gräser usw. dasselbe, was früher ein Gesicht sagte ... Amerika ist reich an Eindrücken und die Landschaft, wo sie von Menschen aufgegeben, manchmal von ›apokalyptischer‹ Wildheit. Es wuchert und wächst – ganz anders wie drüben – man merkt auf einmal: Ja, dies hier ist Amerika – gewaltige Hitze und Kälte – es zersprengt die Steine, und einmal das Beet vernachlässigt, wuchert mannshohes Unkraut. Und Schlangen winden sich unter den Büschen, und Ameisen und Moskitos sind in der Luft und im Sommer handtellergroße Feuerfliegen – und dann wieder ein gelber oder zinnoberroter Mond zum Greifen nahe, hinter dem dunkelblauen, geheimnisvollen, verharzten Astwerk. Wo gäbe es sonstwo noch diese wilde, so sehr un-

glaubliche Mischung zwischen höchstem Komfort und absoluter Wildheit und Vernachlässigung? Für einen Anbeter des geregelten und geordneten Stadtbildes muß dieses hier ein Greuel sein – eine Frau Professor Gürtler kann hier natürlich nicht schwärmen – da muß alles sorgfältig aufgeräumt sein, und der Mond hübsch blank geputzt – und in die Schlangenlöcher wird kerosene reingegossen, das wäre ja noch schöner. Ich betrachte immer wieder mit Entzücken das großartige Städtebild von meinem New Yorker Studio aus – Du hattest Recht mit Deinem Vergleich damals: Es erinnert fremdartig von oben gesehen an die alten Inkabauten. Dieselben Terrassen und quadratischen Formungen – ja, diese Stadt hat eine ganz eigentümliche Schönheit – ganz amerikanisch. Und diese englischroten Himmel – das ist schon Süden ...

Heute waren Sensationsmeldungen über Krieg in den Blättern – aber ich halte das für übertrieben. Hoffentlich hab ich recht.

stets Euer alter

[Brief an Otto und Lotte Schmalhausen]

1. 5. 1936

Leaven Ozz & Ettol,

... steckte aber gar tief mitten drin in romantischen Märchenillustrationen, just mitten zwischen romantischen Baumwurzeln, Gnomen, Feen und sehr schlimmen Hexen, zeichnete (kann ich sagen: beinahe Tag und Nacht) ... und habe so bis jetzt Stücker zwanzig gute Zeichnungen zuwege gebracht – alle sehr volkstümlich. Als Kritiker fungierten Pete und Martin, Eva und Omassa. Ich lege Wert darauf, daß meine Zeichnungen nicht sophisticated sind, nein ganz volkstümlich und vor allem von Kindern verstanden werden. Doch davon könnte ich länger schreiben ... sende mir ein altes Botanikbuch, so mit Holzschnittillustrationen, wie wir sie als Kinder in der Schule benutzten ... möchte gern deutsche Waldbäume und Pflanzen darin studieren (für meine Märchenfolge) ... [...]

Ich habe eine schöne Zeit vor mir – endlich kann ich einmal für ein Jahr ganz für mich arbeiten, ohne zu unterrichten ... Mit Erstaunen sehe ich, wie doch vieles in mir lebendig ist, und wie Landschaften in mir leben, die ich früher nicht beachtete oder ausdrückte. Ich machte eine Zeichnung, ›Deutscher Wald‹, ein großes romantisches Blatt mit alten Felsen und einem riesigen Eichenbaum mit Farren, Quelle und Heinzelmännern und einem einsamen Raben (ich) auf einem abgestorbenen Zweig – und ich kann, ohne mich zu rühmen, sagen, daß hier fast ein ganz neuer Grosz hervortritt – und ich stelle dieses Blatt getrost neben Doré ... Es ist genau ausgeführt (dabei nicht dürre Neue Sachlichkeit). Arbeitete zwei ganze Tage daran. Wie nahe mir doch wieder meine Kindheit war – wenn wir Grimm blätterten. Neben mir liegt aufgeschlagen ein Buch mit herrlichen Blättern von Wolf Huber, und die Blätter vom Altdorfer erfreuen so recht des Zeichners Herz. Ich zeichnete mich selbst, in einem romantischen Blatte, wie ich als alter Krieger (sehr ähnlich) auf einem riesigen, rissigen Baumstamme vor einem Feuer hocke, rechts vorne ragt der klumpige Wurzelstrunk mit seinen Wurzeln und Würzelchen in den Vordergrund – ein Mantel liegt um meine Schultern (es ist ja kalt, die Nacht beginnt schon), hinter kritzlichem Gestrüpp hängt schon der wolkenverhängte Mond. Meine Felsenstudien, Gestrüppstudien, Farren usw. in Bornholm und hier draußen haben mir enorm genützt – ich kann das alles jetzt meistens aus dem Kopfe spielend wiedergeben. Meine Vorbilder sind nach wie vor Dürer, Altdorfer (o Bornholmer Gespensterwald bei der Ruine Hammeren), Huber – auch Urs Graf ist wundervoll ... Nebstbei sah ich mir auch wieder Japaner an – sie sind wundervoll – und im Illustrieren einfacher Vorgänge aus dem täglichen Leben unerreicht ... Nebenbei kann Picasso auch eine ganz gehörige Menge (vergleiche sogenannte ›klassische‹ Periode) … Aber es bleibt bei all diesem doch etwas zu ›hornbrillig-intellektualistisches‹ Unvolkstümliches. Man sollte sich aber in der Kunst eines gesunden Urteils befleißigen und nicht Ablehnungen treffen, die auf falsche, ›sentimentale‹ Schlüsse aufgebaut sind … ich bin bei allen öffentlichen großen Angelegenheiten doch immer so recht mit dabei – und muß immer wieder einem aktiven Drang, teilzunehmen, nachgeben – ein elfenbeinener Turm ist eben doch nichts für mich …

1000 Grüße, Euer alter

[Brief an Eva Grosz]

[etwa 10./15. 5. 1937]

Lieber Daum,

… lebe sehr einsiedlerisch und arbeite gar fleißigst … Ich malte ein neues Selbstporträt mit Pfeife, natürliche Lebensgröße … bin nicht unzufrieden damit. Dann arbeitete ich an einer Komposition; hier bin ich ebenfalls vorhanden, doch sitze ich brütend auf Trümmern; hinter dem Sitzenden eine Gruppe: ein Mann mit verwundetem Jungen, dahinter eine brennende Stadt … machte ich eine Reihe kleinerer Aktbilder aus dem Erinnern und unter Benutzen einiger Studien – gelangen mir nicht schlecht; ich studierte mit Genuß einen dicken Band Rubens und dessen herrlich gemalte dicke Frauen, die (vielleicht finde ich das nur) doch oft eine Ähnlichkeit mit Dir haben … malte auch eine kleine Eva mit Apfel in Landschaft – lange dunkle Haare altmeisterlich geringelt, Feigenblatt, an Stamm gelehnt, sonst nackend. Wie ich schon schrieb, plane ich ein größeres Bild Adam und Eva – derselbe Vorwurf – sozusagen you and me … die Sinnlichkeit befeuert mich in gar richtigem Maße – sie befeuert Linie und, jawohl, auch Farbe; das einzige ist, daß ich bedaure, daß Du nicht hin und wieder als

Modell posieren kannst ... oft sitze ich im Studio und betrachte meine Arbeiten voller Kritik; hin und wieder trinke ich einige Gläser Rotwein ...
        stets Dein alter unsauerbrotischer

[Brief an Otto Schmalhausen]

Lieber Ozz,
... Du bist schrecklich sicher in Deinen Be- und meistens Verurteilungen. Vielleicht bin ich im Untergehen – jedenfalls treibe ich in einem ›Nebel‹ einher und wäre gewißlich froh, diese Sicherheit des Urteils zu haben. Ich mag den Picasso, schätze Matisse, denn wenn ich zeitgemäße Kunst betrachte, erkenne ich, wieviel sie noch mitgebracht und gerettet von jener großen Tradition der lateinischen Malerei (Kunst der Malerei kommt nun mal vom Mittelmeer) ... Die Rede, so feurig und nicht neu, daß wir heute alle ... degeneriert oder Sexualpathologen sind, ist mir bekannt. Für mich ist sexus verständlich, und ich teile auch nicht die Antipathie des neuen oder wieder neu einkehrenden Puritaners dort. Ich bin da kein Ästhet. Gehöre natürlich keineswegs nach Deutschland, wenn es so ist, wie Du es sagst. Ich bin ›verfahren‹ – ja, bin selbst ›degeneriert‹ im Sinne Eures erhabenen Führers. Natürlich bin ich's. Aber schämen tue ich mich deswegen nicht. Ich kann eben nicht ›gehorchen‹ ... und darin bin ich stets ›Dadaist‹ geblieben – nämlich weil ich hier darinnen eben nicht aus Kuchen gemacht bin – weil ich mein Leben als ungezogener und ungehorsamer Schüler begann – und es nun eben so fortsetzen muß! und dadaistisch gesprochen: ›weil's mir eben Spaß macht.‹ Eurem erhabenen Führer macht es ja auch Spaß – oder etwa nicht? ... Mein Skeptizismus hat mich niemals verlassen – wenn er mich auch nicht mehr so fröhlich stimmt wie in früheren Jah-

ren. Aber man hat geradezustehen – und wenn man sich Stärke einbildet, muß man's ja auch aushalten – und Stärke ist meine eitelste Einbildung – nämlich: daß ich ganz ›allein‹ sein könnte – weder Religion, Menschen usw. in jenem Sinne brauche wie das sogenannte ›Volk‹ ... Freud verachte ich nicht. Moderne Anstrengungen meiner Periode (leise verwehende) verachte ich nicht. Warum sollte ich's. Damit nun Spitzenpinsler und Lasierfritzen (Leibl war sehr mißtrauisch den Lasierern gegenüber; authentisch: ›I gloab, dös Schwein lasiert‹) – damit nun was anderes modern wird ... es ist zu leicht ... diese Rotte seltsamer Malgesellen zu verurteilen – ich tu's nicht. Natürlich hat old man Spengler recht – aber den Scholz oder den Willrich hätte der nicht zitiert. Welch große Meister Delacroix, Degas! Ingres ... Menzel der letzte große Könner. Sentimentalität, Gefühle sind doch Nebenbeiprodukte – Kunst ist reines Können – siehe Degas oder studiere Ingres. Da sind Konstruktion und Form. Ich bin kein Gegner gegen Abstrakte. Gegen Abstrakte zu sein, ist jetzt sehr geschätzt – ein ganz Großer hat es dem dummen Pöbel vorgesagt – nun tönt's wieder an allen Ecken und Enden. Im Zeitalter der herrlichen Fotografie braucht der Maler nicht bloß zu imitieren – er kann frei schweifen, er darf erfinden usw. (at least, wenn's ihm Hitlergott nicht erlaubt: Ich, Schorsch, erlaube es ihm). Ich selbst male und zeichne nicht abstrakt, aber ich würde, wenn ich reich wäre, mir häufig aus Ausstellungen abstrakte Bilder kaufen. Klee mag überschätzt gewesen (Markthallenbetrieb mit Ausrufer gab's immer ...), aber er hat kleine, echt romantische, rätselhafte, feinmelodische, farbenreiche, klingende Spielereien hinterlassen – 1000mal besser seine unprätentiösen (er selbst war ein echter Künstler, bescheiden und nett) Spielereien wie der jetzige sich heroisch gebärdende Kitsch mit ›Jenauigkeit‹ (Eichhorst und Spitzpinselei und Vertreiber ... – No.) Meiner Natur nach bin und bleibe ich ein ›fortschrittlicher‹ Mensch. Habe mir selbst einen mutigen Ruck geben müssen, um dies mir selbst einzugestehen –

aber was nutzt es: Ich bin's nun mal. Daderwegen, weil
ich mir einbilde, fortschrittlich zu sein, passe ich nicht
in Länder hinein, die ›rückschrittlich‹ sind ...

[Brief an Herbert Fiedler]

17. II. 1937

Lieber Herbert,
... Du verstehst sofort, daß unser großer Meister Dalí sowie neuerdings Freund und Pupe Tschelitscheff Pavel
mit seinen überdeutlichen und ganz durchgezeichneten
versymbolisierten Porträts hier besser den Vogel ab-
schießen wie jemand in Deiner Richtung, dem unverän-
dert Natur Vorbild. Es ist sicher, daß wir zur Zeit eine
ganz unberechtigte Geringschätzung dem sogenannten
Naturmaler entgegenbringen. Diese modernen, nervö-
sen Menschen, scheint mir, suchen eben gerade jetzt ...
so eine Art Ausdruck ... wohl einen Spiegel ihrer selbst.
Keine Frage, daß da Picasso ihnen näher, nebst Dalí
usw., als der sogenannte Naturmaler, der, sich der Tradition bedienend, nicht vorwärtsstürmend wie Picasso,
Dinge zerstört und neu umformt. Man kann sagen gegen
Pipencasso was man will, ein Neuheitenbringer und ge-
waltiger Formerfinder ist er – und dieses Formerfinden
hat etwas enorm Anziehendes ... mein Zweck war, Dir
die Schwierigkeiten zu zeigen, auf die [man] hier in
einem Babylon mit 56 Ausstellungen jetzt in der Sai-
son ... stößt ... Zwei Pipencasso-Ausstellungen allein
hier jetzt in Manhattan (vielleicht würde eine genügen,
denkt man neidvoll – no, zweie). Es ist schon doll – und
Dir kann man nicht einmal eine beim Buchhändler
Weyhe managen ... Manche Galerien wollen ›ibber-
haupt keene deutsche Meesta‹ – sie sagen dort: ›Wirr
zeigen nurr franzeesche Mallerr‹ – gut und schön – so
denken ja leider fast alle Mann heute 1937 bis – ja, wann
dieser Wahn einmal aufhört? Man wird ja selbst allmäh-

lich skeptisch. War neulich mit Kikeriki Giorgio de Chirico zusammen – er schätzt deutsche Meister sehr – überredete old man Barnes (enorm reich), sich einmal in Deutschland umzusehen – gefielen ihm auch gut: Thoma, Feuerbach, H. von Marées, Böcklin (einige Landschaften) – aber der mit ihm reisende guide und adviser Paul Guillaume (jetzt tot) redete es ihm wieder aus. Kikeriki ist ein geradezu toller Bewunderer von Böcklin – der Hausherr mußte extra eine deutsche Kunstgeschichte herbeibringen. Kikeriki sprach dann an Hand von Reproduktionen sehr nett und klug. Schätzt auch Nietzschen (Kikeriki war ja eine Zeitlang Mitglied der Faschisten in Roma). Spricht tadellos Deutsch, studierte in München, ist enorm interessiert an Technik – wies wiederholt auf die Venezianer hin, Untermalung, rapide Technik auf farbigen Gründen – ein großer alter russischer Kopist in Roma hätte ihn vieles gelehrt, was man niemals auf Schulen lerne – sagte er. Er will hier einwandern und gilt hier allgemein, wohlgelitten, hochgeehrt, sehr angesehen ... als the Father of Surrealism – was er ja auch wirklich war. Ein milder, kluger Mensch – er sagte wörtlich: Von den Malern, die verrückt malen, kann Picasso am meisten. Wir sahen gerade ein aufregendes Heft von den *Cahiers d'Art* durch, wo das ganze Heft dem letzten großen Wandbild P's gewidmet ...

[Brief an Otto Schmalhausen]

5. 12. 1937

Leeven Ozerich,

... Karikaturen mache ich so gut wie keine mehr ... Es geht so weit, daß ich kaum noch ›Menschen‹ zeichnen kann – gerne zeichne ich Tiere, Vögel, Natur in allen Formen, Felsen, Steine, Pflanzen, Schlinggewächse und Horizonte mit Bergen und Hügeln – auch Wolken in Bewegung. Malte auch ein paar Mondstücke – und einen alten, urwaldhaften Baum mit Farren und Felsen im Mondenlichte. Da bin ich sehr mit dem Herzen und Gemüte dabei ... Es ist übrigens ganz merkwürdig, daß auch ich eine zertrümmerte Stadt malte – auch zeichnete und malte ich viele Entwürfe von Flüchtlingen. So ein wenig symbolisch mein eigenes Thema ... meine Bornholmer Erinnerungsbilder sind auch mehr oder weniger in dunklen und kühlen Farben, und der große schwarze Vogel, der da oben einsam schwebt, ist vielleicht eine Art Selbstporträt, wo ich inmitten von Trümmern (Haustrümmern) nachdenkend kauere – im Hintergrund brennende Wände und Kampf ... hin und wieder beschleichen mich Anwandlungen gräßlicher Zweifelsucht (von denen ich besser schweige) ...

wie stets bleibe ich der alte

[Brief an I. B. Neumann]

17. 3. 1938

Lieber Eibi:

... Danke Dir auch für Wertschätzung meiner neueren Ölarbeiten, maßen ich Dich als Kenner immer schätze, nicht nur als ›sensationellen Beriecher‹, wie man ja hierzulande oft genug ihn findet. Ich bin, scheint mir, auf einem Vorwärtswege und hoffe bald Besseres zu machen – nachdem ich durch eine wahre Hölle von Depressionen, Trunk und Zweifel gegangen ... Oft schon legte ich alles Material weg, um es nie wieder anzurühren – und manchmal spürt man das dumpf Lastende, Bevorstehende in großer Pein und voller Entmutung, es zu bestehen ... Ja, ich lebe einsam, sehe hin und wieder einige Freunde und ziehe bewußt das Leben eines ›einsamen Wolfes‹ dem Nachfolgen aller dieser Sinnlosigkeiten in Politik und anderswo vor. Arbeit errettet mich immer wieder ... Dein Vergleich mit Rembrandt war wirklich zu gut für mich – ich danke Dir, ich bewundere diesen Giganten sehr, und oft gehe ich zu Frick oder ins Metropolitan Museum und betrachte diese unvergleichlichen Menschlichkeiten, doch so klar einfach – und gleichzeitig so geheimnisreich. Wenn ich's könnte (materiell), ach, ich würde für die nächsten zehn Jahre gar nichts ausstellen. Ich bin müde eines mir so sinnlos erscheinenden Marktgetriebes ... alle Schwierigkeiten, die mich materiell betreffen, weiß ich wohl von der großen wilden und neuen Atmosphäre dieses freien, gesunden Landes zu trennen. Ein Mensch und schließlich Künstler wie ich ist wohl allüberall ›gehaunted‹. Sagte nicht der gewaltige Dichter Strindberg in *Mitsommer*:

Still! Sieh die Schwäne auf dem Teich an;
einige sind weiß und einige schwarz.
Was können sie dafür? So sind die Geschicke der Menschen ...

Dein Dir stets gewogen bleibender

[Brief an Erwin Piscator]

29. 6. 1938

Lieber Erwinus:

[...] Ach, lieber Freund, so viele Emigranten passen gar nicht hierher – wie kann man denn vom Hasse und von der dann eintretenden Geistesstarre leben???? Es ist so: Man muß alles hinter sich abbrechen können und ein neues Leben neu beginnen – wir können in unserem Mittelalter dies (ich weiß) ja doch nur halb; jedoch muß man diese bessere Hälfte in uns sehr, sehr bestärken, sonst bleibt man sein Leben lang ein ewig maulender Emigrant ... das ist Rachsucht und Neid, Mißgunst und Furcht, und die ungeheure Verbitterung versalzt Dir alles ... [...] Karikatur rangiere ich heute richtig ein, nämlich als eine Art Afterkunst. In einer flachen Zeit wahrlich überschätzt genug. Dieses Urteil hat deswegen Wert, weil es von jemandem stammt, der fähig war, sie (die Karikatur) ein klein wenig herauszuheben, über das bis dahin übliche Nivo – mehr nicht, aber auch nicht weniger ... Heute kann ich kaum noch Karikaturen machen – wenn ich's tue, dann mit beträchtlicher Anstrengung des Verstandes. [...]

Ich gehöre der amerikanischen Malerei an [...]

[Brief an Elisabeth Lindner]

7.7.1938

Liebe Tante Bess,

... um Himmels willen: SENDE KEINE ALTEN BÜCHER VON MIR, LASS BITTE ALL MEINEN ALTEN KREMPEL DORT!!!! ... Wir haben keinen PLATZ – verstehst Du!!!! Ich verbitte mir solche Sendung ... lasse alle meine Sachen wo sie sind! Sie gehen keinen etwas an! ... Meine alten books gehen Dich einen Dreck an! (pardon me, bin wütend!) All dieser alte junk ist, als ob damit gelebtes Leben, nun alt und abgestanden, wieder hervorkommt! Was in Deutschland war, soll dort bleiben!! Verstanden?!!!!! [...]

[Brief an Herbert Fiedler]

23. 10. 1939

Lieber Herbert:

... Es war schön da unten am Cape Cod – wir hatten ein nettes Häuschen ganz für uns allein inmitten von Dünen ... Ich hatte die Aquarellbürsten ja, sage und schreibe, seit drei Jahren nicht angerührt – nur Öl gemalt – ich hatte eine große Freude, dort in den Dünen zu sitzen und die Landschaft einzusaugen; ich kann mit Recht sagen, die Aquarelle, die ich dort machte, sind mir gelungen. Um Gräser – speziell diese wunderbaren spitzigen Dünengräser (die der Zeichner so liebt), in Büscheln stehen sie, und da ist auch oft ein Kreis um sie herum, vom Winde im Sande – ja, um Gräser besser darzustellen, hatte ich mir in Mußestunden selbst einen Pinsel angefertigt – fast chinesisch – mit langen Stielen, die man überlegen handhaben muß ... Es ist etwas Wunderbares, so allein in der Natur zu arbeiten; dort war diese Natur genau noch so, wie sie war, als die Pilgerväter dort landeten – leer von Menschen; die Dünen die schönsten, die ich jemals sah [...] Die Kriegsnachrichten platzten natürlich trotz dem jahrelangen Gerede, daß es nun endlich losgehen mußte, ja sie platzten doch herein ... Ich habe jetzt eine kleine Aquarell- und Zeichnungen-Ausstellung bei Walker, zirka 30 Sachen alles zusammen – bin sehr zufrieden – die Sachen wirken licht und lebendig – alles nach der Natur gemacht – und mit beschränkter Palette – kleinere Formate auch. Verkaufte auch schon drei oder vier Papiere. [...]

[Brief an Herrn Schueck]

11. [?] 1940

Lieber Herr Schueck:
... Ich danke Ihnen sehr für Ihren schönen Brief und für Ihre Gedanken. Ich hatte von Anfang an das Gefühl, daß Sie meine Arbeiten ›verstehen‹, daß Sie etwas davon wußten, von diesem merkwürdigen – sagen wir ›Apokalyptischen‹, diesem ›hinter den Dingen Liegenden‹, nicht jedem ohne weiteres Zugänglichen ... Ich arbeite recht viel – es ist, als hätte ich so gute Zeit versäumt mit Nichtsnutzigem, denn ich habe so wenig Beziehung mit meinem alten Selbst ... Ich malte ein kleines *Wanderer im Regen*-Bild – war ich natürlich selbst; doch einen *Wanderer in der Sonne* malte ich nicht. Der Widerhall der Explosionen und das Zerstörende ergreift mich oft fast körper-

lich. Vielleicht formt sich all dies einmal zu ›größeren‹ Dingen – denn überleben NUR als ein Callot mit seinem *Baum der Gehängten* will ich nicht. Viel ist Entwicklung – und wenn man die Kraft hat und die notwendige Einsicht (fast hätte ich gesagt, Menschenverachtung), den ›ersten‹ Ruhm zu ›überleben‹, dann ist es schon OKAY ... Sie und ich, ja wir Deutschen alle, sind besonders gehandicapt, weil wir da so etwas mitbringen, eine seltsame Hinneigung zu den Schrecknissen und zum Tod, was so gar nicht in das optimistische Weltbild des amerikanischen Typs paßt [...]

[Brief an Erich Cohn]

19. 2. 1942

Lieber Erich,

... nun zu meinen Bildern: Sieh mal, Erich, dieser Reiter, so grausig er auch ist, und so viel vom ›Zeitigen‹ dadrin enthalten, ist eigentlich nur für mich gemalt – die Befreiung von einer (wenn man so sagen kann) nightmare. Es ist manchmal doch so wie auf dem Bild vom H. Füssli: Da sitzt dieses schreckliche Tier auf Deiner Brust, und der Atem geht schwer – und wenn man erwacht, sagt man: Ach, ist ja alles Quatsch, hast zu spät und zu viel gegessen (so tröstet man sich wenig, aber man tröstet sich). Derlei Bilder sind natürlich nicht für die größere ›Öffentlichkeit‹ bestimmt, schon gar nicht für den ›Sauhaufen‹ – womöglich mit der Unterschrift ›Bolschewismus reitet über die Welt‹ oder ›Tod und Faschismus ist eins‹ oder ›Der Jude bringt Tod und Verderben‹. Begreife doch: Alle diese ›kleine‹ Aktualität hat mit meinem Bilde nichts zu tun ... meine Unterschrift ist nämlich diese: ›Was Du auch tust, Menschenfrosch, MICH wird es immer geben.‹ Also, wenn Du willst, das ist meine ›Propaganda‹ ... die Worte eines ehemaligen, wie sie auf den Gassen und gossip-Märkten sagen: ›desillusionierten ehemaligen Kämpfers‹ – ja solcherlei Propaganda ist streng persönlich und erst nach vielen, vielen Jahren verständlich. Übrigens machte man ja zu Daumiers Blättern auch allerhand falsche Unterschriften … man ›sozialisierte‹ ihn aufs damals gerade Aktuelle und Gangbare; dies muß, will und kann ich vorläufig vermeiden – solange ich lebe gewiß. Ich mache und habe auch Blätter gemacht, die direkten aktuellen Sinn haben. Du besitzt den dämonischen Hitler – der ist so anti-Hitler gemeint wie er gemalt wurde – auch das Blatt *Hüte Dich, usw.* oder *Mein Bruder*, wo mein Bruder neben seinem erschlagenen Freund schweißtropfend die mit den kleinen Wurzeln ausgerissene Blume betrachtet, auf einer Propagandatrommel sitzend, im Hintergrund Ruhe und Ordnung umzäunt von elektrisch geladenem Stacheldraht (by the way: eins meiner großen nächsten Bilder in Öl) – ja, die sind so gemeint, wie sie eben sind: eindeutig – habe sie auch ausgestellt (außer dem Hitlerblatt). Also wer sehen und fühlen wollte, wen Vorurteil und Haß und Neid auf meinen, weiß Gott, schweren bißchen Erfolg noch nicht blind gemacht, der könnte hier von meiner ›Bitterkeit‹ und Haß kosten. Aber diese jetzigen oils, wo echt deutsch (vielleicht, na gut: romantisch meinetwegen) der Tod, ganz ›mittelalterlicher Tod‹, auftritt – die sind eben nicht einseitig deutbar – sie sind allgemeine Symbole. Sie sind gewißlich Symbole einer Zeit, in der Angst und Schrecklichkeit und Tod allüberall war – jedenfalls sind sie ›apokalyptischer‹ Natur, eher wie kleine Aktualität – so ist mein Bild *Als ich mitten in der Nacht aufwachte, sah ich das Haus in Trümmern*. Sieh mal, das stellt keinerlei wirkliches Haus dar, no – es ist vielleicht unser aller Haus – ein vollkommen ruinierter Steinhaufen, aber die paar letzten Überlebenden verteidigen sich noch – so ›optimistisch‹, Erich, sind wir Menschen ja – während unten die Ratten ewig leben und am Kadaver futtern und sich gütlich tun. Ja, das ist meine bittere Weltanschauung. Ich vollendete dieses kleine Meisterstück eben, komm doch raus und betrachte es noch einmal, es ist gut gelungen – oben auf dem zerfallenden Dach kämpft zum letzten Male Bruder gegen Bruder, bevor das Ganze in Schutt, Schleim, blutigen Brand, Explosion und Mord zusammensinkt. So ein Bild, vorausgesetzt, es gibt dann noch Galerien im heutigen Sinne, sollte einmal neben den Fegefeuerfantasien eines Bosch hängen. Der Grund, sowas zu malen, lag nahe, aber er ist von höherer Eingebung als nur Grimassen schneiden und aktuell zu karikieren – es wurzelt in einer, sagen wir es ruhig ohne Scham: ja, in einer Religiosität (obwohl ich kein Gebetbüchelhengst bin, nie einer war und kaum seit 30 Jahren ein Gotteshaus betrat, wohl auch niemals ›gläubig‹ sein kann im Sinne eines ... Dogmas). Es ist für mich alles vom selben Menschengeist erfunden und gemacht – sei es nun Kommunismus oder Nazismus. Das mag überheblich anmaßend klingen, bin ich doch nur eine kleine Malerameise – aber wir Ameisen, blind wie wir ja sind, haben auch ein bißchen ätzende Säure – und das Hohe, das Erhabene können wir nur ahnen, nur von ferne sehen wir die gesuchte heilige blaue Blume. Mein Ehrgeiz ist es nicht, ein Reformer zu sein. Auch ich zog aus einstens, den Gral zu suchen, aber wo gelangte ich hin? Dort jener ruinöse Steinhaufen – so sah jener Diamantenberg aus. Als ich hinkam, da waren nämlich schon welche dagewesen, vor mir, mit Feuer, Schwert, Gift und Bomben – doch genug davon (wes das Herz voll ist, dem geht das Maul über). Aber wie beim Goya lebt ja nicht nur diese ›Nachtseite‹ – nay – o nein – ich möchte Bilder malen, die ›positiv‹ sind: Frauen am Strand, Landschaften, Wind, Düne, Gras, wer war denn Corot – o Du glücklicher Corot, wer war denn der – da waren doch auch Kriege, Hungersnöte und all das und Unterdrückung – ja so leben eben zwei Seiten getrennt in einem – und all die Rederei einmal beiseite (obwohl ich Dir, meinem ältesten oder einem meiner ältesten Freunde hier dies doch schreiben muß) ... ich wäre glücklich, wenn ich eben so recht ungestört meine Bilder malen könnte – nicht behindert durch Dilettantenlehrerei, Grimassen-Schneiderei für irgend einen sogenannten ›politischen‹ Zweck;

und bessere Bilder und feinere malen – das liegt mir am Herzen ... meine neuen Bilder sind sehr sorgfältig altmeisterlich im Technischen. Ich male in vier, oft sechs Schichten, und die müssen immer erst mal gut durchtrocknen, sonst platzen die anderen Schichten, die darübergelegt werden – dann liebe ich es, so ein ›Kindchen‹ eine Weile um mich zu haben – muß erneut prüfen, wie es sich ›benimmt‹ und gut durchtrocknen auch, und dann, hie und da manche Farben sinken oft ein wenig ein und werden ›tot‹, muß hie und da noch einmal diesen und jenen Punkt erhöhen, Licht geben oder vertiefen – und das kostet Zeit – es ist keine Laune, es gehört zu meinem Arbeitsvorgang ...

as always yours olde friend

[Brief an Margit Varga]

27. 2. 1942
Liebe Miß Varga:
Ich danke Ihnen für Ihren Brief – hier ein paar kurze Informationen über mein Ölbild *Heraufkommender Sturm*: Mein Gemälde hat einen ›symbolischen‹ Hintergrund – es könnte in der Figur der Frau den schwankenden menschlichen Geist inmitten der wilden Elemente verkörpern. Natürlich habe ich das Bild nicht stilisiert – also rein äußerlich könnte es eine Figur sein, die sich zum Sonnenbad in den Dünen entkleidet.

Da ich mehr oder weniger vom schwedischen Philosophen Swedenborg und vom schwedischen Dichter Strindberg beeinflußt bin, sehe ich oft einen ›höheren‹ Plan eines seltsam verzerrten Himmels – oder einer Hölle – zum Beispiel gleich hier neben mir sind die Ratten; in meinem größeren Ölbild *Ein Stück meiner Welt* nichts als plagende Furcht-, Zerstörungs- und Qualgedanken, die mich heimsuchen – unersättlich. Damals, als ich meine Tage außer Hauses zubrachte, 1939, 1940, lag etwas Schweres in der Luft. Ich erinnere mich an den Himmel: hoch und ewig, mit drohend segelnden Wolken – ja, irgendwie ›apokalyptisch‹. Dann gefiel mir auch immer, wie die Elemente Spuren auf Sand, Gras, See usw. hinterließen – Fußeindrücke im Sand interessierten mich – ebenso wie die seltsamen Kreise, die der Wind um hohes Dünengras formte – und alles aufeinander bezogen: die Dünen wie große flache Schalen. Ferner: Ich male, als ob ich wieder ein Junge von 15 Jahren bin – aufgewachsen in einer kleinen Küstenstadt am Baltischen Meer. Ich habe Dünen immer geliebt und war immer gern nahe dem Meer – aber seltsamerweise habe ich solche Szenen erst gemalt, als ich nach Amerika kam. Ich male also sozusagen Impressionen, die ich liebte, als ich noch ganz jung war (aber ich glaube trotzdem nicht zu ernsthaft an Freud). Ich hoffe, daß Ihnen diese paar Hinweise meine jüngste Arbeit genügend charakterisieren ...

[Brief an Pegeen Sullivan]

17. 2. 1943

Liebe Pegeen:

[...] Vielleicht versteht man die zwei Seiten des Künstlers nicht – die eine negativ, die andere positiv – wie bei Goya, der die *Schrecknisse des Krieges* und die *Maja* malte. Ja [das ist] tatsächlich das Problem des heutigen Künstlers: gleichzeitig in einer Zeit der Destruktion und der Rekonstruktion zu leben – da ist Feuer, Schutt und Qual in meinen Werken, aber da ist auch die andere Seite – ich meine als Symbol: die ewige Frau. Ich sage: Es genügt nicht, nur die Technik der Textur zu sehen. [...]

[Brief an Mrs. Raphael Navas]

5. 4. 1943

Liebe Frau Navas,
ich muß mich wirklich entschuldigen, daß ich Ihnen die
versprochenen Anmerkungen zum Bild, das Sie letztes
Jahr gekauft haben, so verspätet zuschicke. Ich weiß, ich
bin unverbesserlich. Wenn's ans Schreiben geht, muß
ich mich erst über vieles hinwegsetzen – es ist mir natürlich nicht so vertraut wie das Zeichnen oder Malen. [...]

Der Mann im bräunlichen befleckten Hemd brütet vor
sich hin und wischt sich verwirrt über die Stirn, als ob er
plötzlich aus etwas ganz Entsetzlichem erwache, etwas,
worin er eine Rolle spielte, etwas, woran er teilnahm.
Vielleicht hat er das alles geträumt. Aber um ihn ist
gräßliche Wirklichkeit. Im Hintergrund eine Kaserne,
Stacheldrahtzäune, patrouillierende Bewacher – da sind
gewiß Gefangene.

Was sind das für verwelkte Blumen in seiner brutalen
Hand? Entwurzelte Träume – Träume, die einmal schön
waren, jetzt aber dahingedorrt, erwürgt von seinen Fingern. Er sitzt auf einer Trommel, tief im Schlamm. Einst
marschierte er zu seinen Trommelschlägen. Jemand
liegt, Gesicht zuunterst, hinter ihm. Könnte das sein
schlechtes Gewissen sein? Oder ist es sein Mitmensch,
sein Bruder, Kamerad? Oder sein besseres Selbst, das
nun tot mit dem Gesicht nach unten im Schlamm liegt?

Einige Gedanken zu meinem Wasserfarben-Gemälde:
Ein Maler kann nie oder nur sehr selten das ganze Bild
erklären, höchstens einen Teil. Manche ›versteckte‹ Bedeutung entgeht sogar ihm. Der Maler folgt oft nur der
reinen Freude an Linie und Farbe. Das Thema verschwindet, sobald die Gestaltung (›Organisation‹) beginnt. Deshalb ist dieses Bild nicht ›journalistisch‹. Es
stammt aus unserer Zeit; aber ich habe versucht, es in
ein höheres ›Symbol‹ zusammenzufügen, damit spätere
Generationen etwas von meinen Gefühlen in dieser un-

serer umwölkten Zeit verstehen, wo die Tage voller apokalyptischer Omen sind. – Es steht jenen alten, ja mittelalterlichen Meistern wie Hieronymus Bosch oder
Altdorfer nahe.

Über meine Zeichnungen

In der Natur gibt es keine Linie. Der Mensch hat die Linie erfunden, wie er auch das Zeichnen erfunden hat.
Linie, Zeichnung und Schrift sind alle miteinander verwandt. Signaturen und Randbemerkungen, wie wir sie
so oft auf den Zeichnungen der alten Meister finden, haben keinerlei Bedeutung außerhalb der Zeichnung
selbst: Sie sind ein Teil der Gesamtidee des Kunstwerks,
wie es uns manche Zeichnungen Dürers, Altdorfers und
Mantegnas treffend bestätigen. Noch auffallender ist
dies in orientalischen Zeichnungen, in denen Schrift
und Linie zu einer unlösbaren Einheit zusammenflie-
ßen.

Die Erfindung der Linie muß einen Grund gehabt haben. Sie ist ein Wegweiser für jene, die sich in die Form-
losigkeit vorwagen, die uns auf allen Seiten umgibt; sie
führt uns dazu, Form, Dimension und innere Bedeutung
zu erkennen. Sie ist dem Faden vergleichbar, den Ari-
adne Theseus gab, ehe er sich in die rätselhaften Gänge
des Labyrinths wagte. Die Linie dient uns als Führer,
wenn wir das Labyrinth der uns umgebenden zahllosen
Millionen von Gegenständen betreten wollen. Ohne die
Linie wären wir bald verloren: Wir würden niemals wieder den Weg aus dem Irrgarten herausfinden.

Laßt uns also der Linie folgen, wo immer sie hin will.
Sie mag zu etwas ganz Bestimmtem führen – einer
Landschaft etwa, oder einem Gesicht oder einer Gestalt.
Oder sie mag zum Unterbewußten führen – dem Reich
des Phantastischen, wo die Einbildungskraft freien Lauf
hat.

Das Phantastische kann sich als ungehemmte Vorstellungskraft äußern – ohne jeglichen Kontakt mit der Wirklichkeit. Aber es kann auch in dem einfachsten Gegenstand der Natur verborgen liegen, in einem Baum, einem Felsen oder einer Düne. Man findet es fast überall, wenn man weit genug hinter das Äußere der Dinge vordringt. Denn schließlich ist die Natur weit mehr als die Gesamtsumme aller belebten und unbelebten Dinge. An einem Baum, einem Felsen oder einer Düne ist mehr daran als bloß das äußere Kleid der Wirklichkeit. Nach manch einem Gebet mag sich der Engel offenbaren und vielleicht auch die ewige mystische Wahrheit, die sich hinter unserer katalogisierenden Vorstellung von der Natur versteckt. Der große Dürer sagte einmal: ›Die Kunst ist in der Natur verborgen; wer sie herauspflükken kann, der besitzt sie.‹

Das vorige Jahrhundert legte großes Gewicht auf die äußere Welt der Erscheinungen, aber vernachlässigte die innere Welt. Daher fühlen wir uns heutzutage, da die menschliche Seele wieder nach der inneren Wahrheit forscht, seelisch viel mehr mit den Malern des Mittelalters verwandt als mit den realistisch-genauen Zeichenmeistern der Tage unserer Großväter. Eine Zeichnung von Pisanello oder Grünewald ist nicht nur ein technisch-präziser Riß; sie mag hingeworfen oder völlig ausgeführt sein, aber sie wird immer ein beseelter Organismus bleiben.

Die Linie, wie ich schon ausgeführt habe, ist eine Erfindung – eine Schöpfung des Gehirns und der Seele des Menschen. Daher ist es völlig natürlich und logisch, daß wir zu den Linien, die wir in der Natur finden, noch andere Linien hinzufügen, die unserer inneren Schau entspringen. Solche Zeichnungen können sowohl die äußere Hülle wie das innere Wesen darstellen. Das letztere ist jener Photo-Apparat genannten Maschine unendlich überlegen. Wir können keine Kamera in unsere Traumwelt mitnehmen. Solch ein Photo-Apparat ist nie erfunden worden – und wird nie erfunden werden –, der eine makellose mechanische Aufzeichnung unserer Tagesträumereien oder unserer inneren Gesichte liefern könnte.

Von früher Kindheit an habe ich gern gezeichnet. Wo habe ich gezeichnet? Was für Techniken habe ich benutzt? Es spielt kaum eine Rolle, daß ich zuerst mit weißer Kreide auf einer schwarzen Tafel zeichnete und später Kohlezeichnungen von Gipsabgüssen in der Kunstakademie machte. Das gesamte künstlerische Leben eines Malers ist die Geschichte stetigen Wachstums – ständiger Wißbegierde, Beobachtung und Forschung. In der Geschichte dieses Wachstums hat alles seine Bedeutung, selbst die ersten unsicheren Schritte der künstlerischen Frühzeit. Das reife Werk eines Künstlers zeigt oft die gewisse Naivität eines Erwachsenen.

Der deutsche Maler Hans von Marées sagte einmal: ›Zeichnungen sind nur für den Künstler selbst bestimmt und schließlich für diejenigen, denen er die Enthüllung des Geheimnisses‹ seiner inneren Entwicklung erlaubt.‹ Das Publikum interessiert keine Zeichnung, die nicht etwas erzählt. Diese Einstellung läßt die Wirklichkeit außer acht, die der wahren Zeichnung zugrunde liegt – ihre Funktion als Gradmesser des künstlerischen Wachstums. [...]

Sie werden sehen, daß, obwohl ich im allgemeinen meiner Phantasie freien Lauf lasse, ich das Äußere der Dinge nicht vernachlässigt habe. Die Wirklichkeit in Bausch und Bogen zu verwerfen, ist eine gefährliche Sache. Die völlig abstrakte Phantasie neigt dazu, stilisiert und konventionell zu werden. Ein gutes Beispiel sind die Zeichnungen Aubrey Beardsleys, der um die Jahrhundertwende so sehr in Mode war. Abstrakte Phantasie, die zur reinen Konvention wird, muß vom Künstler genauso gemieden werden wie die sklavische Nachahmung der Natur.

Wer das Phantastische sucht, soll die Wirklichkeit nicht vermeiden; Er muß wissen, wie man die äußere Erscheinung der Dinge und ihr inneres Wesen darstellt. Die frühen italienischen Meister besaßen diese Gabe in außerordentlichem Grad. Sie schufen eine innere Welt und ließen doch die äußere Hülle der Wirklichkeit intakt.

Als Vorbilder habe ich mir immer die verschiedenen, von der Natur angenommenen Formen ausgesucht; und niemals habe ich diese Aufgabe mit soviel Vergnügen und Selbstvertrauen angepackt wie in Amerika. Besonders erinnere ich mich der wunderbaren Tage, die ich 1939 am Cape Cod verbrachte.

Große Städte haben mich immer fasziniert. Ich empfand den Zauber der gigantischen Wolkenkratzer mit ihren Myriaden von menschlichen Ameisen und Termiten, alle in ihre eigene kleine Welt vertieft. Ich hatte die heimlichen Freuden und Schrecken und Ängste des Großstadtlebens erlebt. Das große menschliche Drama, das Kaleidoskop dieser Freuden und Sorgen, hatte mich mächtig ergriffen. Aber Cape Cod gab mir all dies und noch mehr. Auch hier gab es drohende Gefahr und Lieblichkeit und Drama – die mit Gefahr geladenen und drohenden Sturmwolken und die donnernde Brandung, die Lieblichkeit des Grases, des Sandes und der Bäume, das Drama der Ameisen, wirklicher Ameisen, die den Faden ihres Schicksals inmitten der phantastisch geformten Dünen und dem hohen Gras verfolgten.

Wie der heilige Franziskus plauderte ich vertraulich mit den Bäumen und Gräsern und Blumen. In diesem wunderbaren Jahr machte ich die Natur zu meiner Vertrauten und Freundin. Stundenlang saß ich auf Dünen und schaute und zeichnete. Eine innere Ruhe und Freude erfüllte mich. Meine Zeichnungen spiegelten meine Stimmung wider; alles, was ich in diesem Jahr schuf, war gut. Ich war wieder glücklich. [...]

Als ich mich früher an politischer und sozialer Satire versuchte, habe ich immer ihre Grenzen empfunden. In der satirischen Wiedergabe der Tagesereignisse, der gerade aktuellen Komödien und Tragödien ist der Künstler wie ein Fiedler, der auf einer zu kleinen Geige herumkratzt. Die große Kunst hat nur wenig Platz für den Spott und die Sticheleien und Anspielungen des Satirikers. [...]

[Brief an Reewes Lewenthal]

19. 1. 1945

Lieber Reewes:

Ich hoffe, daß jetzt alle meine neuen Ölgemälde in Ihrer Galerie angekommen sind. Nur ein paar Worte zu den beiden größeren Bildern. Sie wissen, daß ich mich gewissermaßen als eine Art ›historischen‹ Maler betrachte, ähnlich jener Schule von Malern, die sich ihrer eigenen Zeit so eng verbunden fühlten. Das gilt auch für die beiden größeren Bilder – seien Sie nicht zu schockiert: In ihnen ist die Zeit symbolisch abgebildet, ja, eingekerkert. Das größere nenne ich einfach *Kain* – da sitzt ein Gigant – ein widerlicher Anblick – er ist am Ende – ob er Hitler ähnelt oder nicht, ist nicht so wichtig. Da sitzt er ›brütend‹, während sein kleinerer Bruder (die Menschheit) schon halb im Gehölz, wo er ermordet wurde, begraben liegt. Hunderte von lausartigen kleinen Skeletten kriechen aus dem Schlamm – wie Abbilder, die er einst unter seinen schweren Stiefeln zertrampelte. Im fernen Hintergrund sieht man, was übrigblieb: Brand, von Menschen erzeugtes Erdbeben und Leiden, Behausungen, wo jene lausartigen Skelette einmal wohnten, vielleicht friedlich und einigermaßen glücklich, bevor dieses bedrohlich-gigantische Gespenst ›Faschismus‹ auftauchte. Das Bild ist ein Symbol – für spätere Generationen – in dieser Hinsicht gewissermaßen ein historisches Gemälde nach Hieronymus Bosch – oder, wenn man so sagen darf, ein umgekehrter Delacroix.

Das andere Ölbild, *Der Überlebende*, ist ebenso ein Symbol des zerfallenen, auf Irrwege geführten kämpferischen Geistes – es ist, als ob der Schlamm selbst lebendig würde – es symbolisiert das völlig sinnlose ›Aushalten‹, das ›Nie-Aufgeben‹, dieser Kreatur fehlt jederlei Vernunft – das Wesen der Naziphilosophie – die Götterdämmerung im Schlamm. Wenn man näher hinsieht, erkennt man in der Komposition das Hakenkreuz. Er kämpft noch, der Schlamm kämpft – und weiß doch nicht, was der Sinn des Ganzen ist. Das Bild gehört zu meiner Serie *Ein Stück meiner Welt*. Was die Malqualität des Bildes betrifft: Es ist reich an Textur und zeigt eine grauenhafte Realität – nicht abstrakt, sondern ganz bewußt real, zum Beispiel wie die Beine des Mannes in Schmutz und Wasser kriechen. Picassos *Guernica* ist zu abstrakt – wenn man etwas zu sagen hat, muß man verständlich sein; vielleicht kommt dabei etwas Häßliches heraus, aber der Gegenstand ist ja auch nicht schön … Vielleicht könnten Sie die Bilder etwas hervorheben, zumal diese Themen jetzt sehr aktuell sind, meine Bilder sich aber gänzlich von den sogenannten aktuellen Tatsachen-Kriegsbildern unterscheiden, die ja viel besser von der Kamera wiedergegeben werden können. Meine Bilder können nicht mit einer Kamera gemacht werden, es sind symbolische Bilder aus der Innenwelt – und da ich selbst eine Art Überlebender bin, hatte ich ein Recht, es so auszudrücken …

Beste Wünsche und Grüße, stets Ihr

[Brief an Estelle Mandel]

15. 3. 1945

Liebe Estelle:

[…] Neuere Anmerkungen zu meinem Ölbild *Cain*, 1945 (beendet im Januar)

In einer kürzlich in der *New York Times* erschienenen Rezension spricht der amerikanische Korrespondent Otto Tolischus in seiner Besprechung eines politischen Werkes› von einem ›Ungeheuer in Europa‹, von einer ›apokalyptischen Bestie‹. Damit meint er den Faschismus.

Ein apokalyptisches Ungeheuer habe auch ich gemalt: Diese riesige Erscheinung, sitzend auf einer halb in Blut und Schlamm begrabenen Trommel. Man kann das mit Goyas Riesen vergleichen, der seine eigenen Kinder frißt (eins seiner späteren Gemälde in seinem Landhaus). In meinem Gemälde sieht es jedoch ganz anders aus (nicht nur in Komposition, Farben usw.); es ist vielleicht aus demselben alptraumhaften Angstgefühl entstanden, doch bedeutet es genau das Gegenteil: Hier sind es die Kinder – nun schon längst in lausartige Skelette verwandelt, junge wie alte – die Kinder und Opfer des Faschismus, die langsam doch rasend hochkriechen, um ihren Schöpfer, das gigantische, Hitler-ähnliche Ungeheuer zu verzehren – diese ›apokalyptische Bestie‹ in menschlicher Gestalt, die da in der von ihr selbst entworfenen höllischen Landschaft sitzt. Haß hat er gesät, und Haß hat er geerntet (alles mehr oder weniger symbolisch): Es ist so, als ob all jene kleinen toten Menschenfiguren wie haßerfüllte Gedanken rundherum aus dem Schlamm aufstiegen, der einmal eine schöne Landschaft voll Blumen, Gärten, Wiesen und Kornfelder war, aber nun auf der Bahn dieses Ungetüms in höllischen Tumult verwandelt wurde. ›Ich bringe Pest, Todesgestank, ich komme vom Rand der Erde, und wo ich ausspucke, wächst Feuer, Tod und Sklaverei‹ (so seine Gedanken). Und wie er dasitzt und seitwärts auf den Zuschauer sieht, ist Gehässigkeit, Furcht und Mißtrauen in seinem Blick. Die größere, halb-begrabene Figur stellt symbolisch seinen Bruder dar (das Ganze trägt den Titel *Cain*). Diese absichtlich in kleinerem Maßstab ausgeführte Figur bedeutet: die hinterrücks durch das Ungetüm ›Faschismus‹ ermordete ›Menschlichkeit‹.

Im Hintergrund die Spuren des Ungeheuers: zerbombte, brennende Städte, die seine ausgefallenen, nietzschehaften Weltvorstellungen dekorieren und seinen ehrgeizigen, überheblichen Rassenwahn unter ihrem Schutt begraben.

Dies ist kein ›realistisches‹ Bild, und doch ist es historisch. Es ist eine Dokumentation unserer Zeit für künftige Generationen – vielleicht ein Alptraum, und trotzdem: wie wahr. Und später einmal, vielleicht viel später als wir jetzt annehmen, wird dieses Bild sich als Dokument unserer Innenwelt abheben – als Abbild dieser

qualvollen ›apokalyptischen‹ Jahre. Es steht den mittelalterlichen Malern Grünewald, Bruegel und Hieronymus
Bosch van Aiken nahe –

[Brief an Henry Miller]

14. 12. 1946

Dear Mr. Miller:

Ich danke Ihnen für Ihren Brief und Ihre anerkennen-
den Worte über meine Arbeit. Ich habe keine besonderen ›Geheimnisse‹ bei meiner Ölmaltechnik. Ich werde
sie Ihnen kurz beschreiben: Meist male ich auf einer
grundierten Leinwand. Gewöhnlich wähle ich absorbie-
rendes Material und übermale die weiße Leinwand mit
einer dünnen rötlichen Temperafarbschicht (Englischrot
oder dunkler). Manchmal beginne ich auch mit einem
gräulichen oder grünlichen Ton, so wie Grüne Erde. Der
erste Farbauftrag sollte nur sehr dünn sein; wenn er zu
dick ist, könnte er abblättern. Dann male ich sofort direkt auf die Leinwand, ohne viel Zeit auf genaues Zeichnen zu verwenden. Früher habe ich anders gemalt: zuerst die sehr sorgfältig ausgeführte Zeichnung; aber das
habe ich aufgegeben, weil dabei ein Bild entstand, das
mehr den Charakter einer größeren ausgemalten Zeichnung hatte. Auf die Grundierung male ich direkt mit Ölfarbe, das heißt ich male kühn Flächen, meist in warmen
und kalten Grautönen, dabei modelliere ich schon hier
und dort, halte die Flächen und Konturen aber noch
ziemlich locker. Schon in dieser ersten Schicht sind Un-
terschiede in der Textur zu beachten. Die Lichttöne
(Kremserweiß mit Goldocker oder Kadmiumgelb) trage
ich sehr dick auf (sog. Impasto). Manchmal lege ich die
Lichtfarben mit einem Malmesser auf (zum Beispiel
Wolken oder Vordergrund). Hier und da mische ich feinen Seesand oder Kreideflocken unter die weißen Töne,
um mehr ›Substanz‹ zu erzielen. Ich arbeite gern mit

Pinsel und Messer – beide Instrumente verhelfen zu ganz unterschiedlicher Wirkung und verstärken die Oberflächenkontraste. Ich versuche, mit dieser Technik das ›Harte‹ und das ›Weiche‹ hervorzuheben – darum dünn und dick aufgetragene Farben, kalte und warme Töne.

Zweitens: Ich male in Schichten – nachdem ich ziemlich frei das ganze Bild in warmen und kalten Grautönen entworfen habe (wobei ich hier und da auch schon hellere Farben verwende), lasse ich die Leinwand in Ruhe, bis alles vollständig getrocknet ist. Sie müssen wissen, daß die erste Farbgrundierung etwas mit den sogenannten optischen Grautönen zu tun hat. Diese herrlichen Töne erzielt man, indem man mit Komplementärfarben über den Untergrund malt, also mit grau-grünlicher Farbe über rötliche Farbe usw. Auf diese Art kann man neue Farbtöne hervorbringen, aber nicht vorher auf der Palette mischen, wovon Sie sich durch Experimente überzeugen können. (Das gilt beinah als Regel: immer kalte Töne auf warme Farbschichten auftragen und umgekehrt: warme auf kalte – dasselbe bei dünnem Lasieren.)

Bevor ich mit der zweiten Farbschicht beginne, bearbeite ich oft die ganze Oberfläche mit Sandpapier, oder ich schabe hier und da zu dicke Farbschichten ab. Ich male mit ziemlich dick aufgetragenen, wenig mit Terpentin verdünnten Farben … Für die letzten, starken Lichtflecke benutze ich oft dickes Leinöl, womit man kleine, perlähnliche Tupfen hervorbringen kann. Ich lasiere nur mäßig, denn bei zuviel Lasur verschwindet das Licht, oder das Bild wird zu glatt. Man sollte, als feste Regel, immer über hellere, dicker bemalte Stellen lasieren (zum Beispiel: Um ein Tiefgrün zu erzielen, sollte man ein dick aufgetragenes weißliches Kadmium mit Blau übermalen). Über die frischen dünnen Farben der Lasur trage ich häufig noch schwerere Komplementärfarben auf, im Gegenspiel zur Lasur. Man muß auch sehr auf die Ränder achten: Beim Entwerfen das sogenannte ›sfumato‹ gewisser italienischer Meister oder in Rembrandts Ölgemälden studieren (Rembrandt benutzte ziemlich oft das Malmesser). ›Sfumato‹ heißt: überhaupt keine konturierten Ränder – die Form verschwindet im Hintergrund oder verschmilzt mit der Umgebung. Ein guter Maler sollte das meistern: kalt und warm (ein guter Rat wäre: manchmal das ganze Bild in ›grisaille‹ zu malen – es ist erstaunlich, wie farbenreich und harmonisch man mit nur wenigen Farben auf farbigem Untergrund malen kann) ... Auch ist gründliche Beobachtung der ›Natur‹ notwendig, um zu starkes ›Stilisieren‹ zu vermeiden.

Meine Palette: Kremserweiß, Titanweiß, Zinkweiß, Lichter Ocker, Kadmiumgelb (tiefes, rotes, sehr blasses), Bariumgelb, Neapelgelb, Siena ungebrannt, Siena gebrannt, Kadmiumrot (tiefes, helles), Krapprot dunkel, Englischrot, Caput mortuum (oder tiefes Indischrot), gebrannte Umbra, Kobaltblau, Ultramarin, Preußischblau, Cölinblau, Grüne Erde, Permanentgrün (hell und dunkel), Elfenbeinschwarz. Ich fand das sogenannte Paynes-Grau (Öl) recht praktisch ... ich benutze es manchmal als ersten Untergrund.

Ich benutze alle Arten von Pinseln, aber ich beginne immer mit den ganz großen. Die kleinen zugespitzten Zobelpinsel nehme ich nur zum Abschluß. Sehr gut, aber schwer zu erhalten sind die sogenannten Fächerpinsel. Die Haare müssen eher lang als kurz sein – manchmal schneide ich sie auch zurecht, um einen feineren Pinselstrich zu erzielen, aber das sind ganz persönliche Vorlieben. Ich gebrauche auch verschiedene Malmesser – manche sind schmal und kellenförmig, andere haben größere Klingen.

Mischungen bereite ich selbst zu. Ich kaufe mir rohes Dammarharz und löse es in einem Stück Nesseltuch in einem mit Terpentin gefüllten Marmeladenglas auf. Auch das Leinöl behandle ich selbst. Die richtige Mischung ist: 1 Teil Dammarharz, 1 Teil Leinöl, 1 Teil Terpentin – auch gut fürs Lasieren. Man kann es immer mit Terpentin verdünnen, besonders, wenn Tubenfarben stark mit verschiedenen Ölen durchmischt sind. Für die letzten Striche füge ich manchmal dem honigartigen Leinöl noch ein paar Tropfen Venezianisches Terpentin bei.

Ich hoffe, dies gibt Ihnen einen ungefähren Einblick in meine Arbeitsmethode. Wünschen Sie noch mehr zu erfahren, schreibe ich Ihnen gern. Natürlich ist die Beachtung gewisser alter Meister, zum Beispiel der Holländer, Rembrandt usw., äußerst wichtig für ein Studium der Maltechnik.

Recht herzlich Ihr

[Brief an Bertolt Brecht]

30. 3. 1947

Guter lieber Bert:

[...] habe 'ne Serie gemacht – *Die Wanderer ins Nichts* (nicht nach Radek – dem Sartre & Heidegger gewidmet; ein Bild heißt *Der Maler des Loches*; das andere: *Der Musiker des Loches*, ein drittes: *Der Dichter des Loches* – sie bestehen aus dünnen, aber festgefügten Strichen, aber geben keinen Schatten, sind auch ganz grau; ihr Feldzeichen (wie die Römer sowas nannten) ist ein wirkliches zerfetztes Leinewand-Loch. Doll. Der Maler hat um sich 100 lochartiger Entwürfe (er ist – er erinnert das ganz dunkel, aber doch erinnert er's genau – auch an ›Schönheit‹ interessiert: zum Beispiel meint er die ganz-ganz-ganz fein-feinsten Schattierungen der Graus – alles ist nämlich grau dort). Die Ratten – ja, Du denkst was, und schon läuft 'ne Ratte in eine Ecke. [...]

[Brief an Max Pechstein]

5. 1947

Dear Max:

[...] Ich war ein recht beliebter Lehrer. Um mir's leicht zu machen, ›unterhielt‹ ich die Schüler, erzählte ihnen Abenteuer aus meinem Leben, schilderte Begegnungen mit Künstlern in Paris und anderswo, was ihnen allen sehr gefiel und mich ›populär‹ machte. Ja nun, Privatschüler – da hatte ich mehrere – da bekam ich $ 25 die Stunde. Vergiß bitte nicht, diese privaten Schüler waren durchweg sehr, sehr reich. Ich fuhr zu ihnen in die Wohnung, der Butler servierte uns Highbälle oder Cocktails, der Capehart spielte freundliche Melodien, und ich sah mir die Dilettantenarbeiten an und sprach Hoffnung aus und verbreitete Zutrauen und gute Stimmung. Denn für ihre $ 25 wollten sie ja auch ›Spaß‹ haben. Bin froh, daß ich das ›Lehren‹ (teu, teu, teu) hinter mir habe ... [...]

[Brief an Otto Schmalhausen]

4. 12. 1947

... Oazz ... Die Fotos sind hinten beschriftet mit paar Notizen, bitte ergänze sie. Das Bild *Manhunt* ist älter (es fiel mir ein beim Gedicht vom Matthias Claudius und Eichendorff). Die rechte Seite, wenn man's Original sieht, ist beautiful – die Komposition ist ein Ring – sie zirkeln den Mann ein – Komposition muß im tieferen Sinn die Idee ausdrücken, bei *Manhunt* unterliegendes zirkulares design, die Männer umringen das Opfer (wie das Glied einer Kette) – die rechte Mondlandschaft mit dem Miniaturauto ein Nebengedanke und eine Andeutung von Ewigkeiten, die noch nicht beschmutzt sind.

The Pit hat anderes Kompositionsschema: Hier ist chaotische Komposition, aber doch mit Linien und hie und da Geraden befestigt. Es stellt eine durchlöcherte Welt dar, jedenfalls einen teilweise durchlöcherten Teil einer Traumwelt. Unten geht ein Überlebender (vielleicht Wahnsinniger) heraus auf Beschauer zu, krampfhaft hält er sein verloren geglaubtes Bein als Andenken unter seinem Arm, dies ist ein Symbol für den Überlebenden, er bringt den Gedanken immer mit sich: ›Siehst Du, soviel und nicht mehr habe ich dagelassen, nur'n Bein, nur ein Bein, halb kann ich jetzt gehen, ja‹ sagt er nachdenklich, ›ein Bein genügt auch‹ – eine alte Zelotenfigur schwingt eine Art Galgen, daran hängen die drei großen Bugaboos: der weiße B., der rote B. und der schwarze B. – darunter befindet sich ein Liebespaar, es drückt die ewig und immer stattfindende Vermehrung aus. Beachte: Du siehst nur eine Hand den Rücken der nackten Frau fassend – die HAND aller Männer – daneben Szene: Der Hunger nährt Hunger an seinen Brüsten – oben Todfigur, schüttet Sack mit Bazillen aus – ganz oben undurchsichtige blutige Figur Europas – im gebeugten Arm noch Geschützstellungen – aus einem Kellerfenster in Ruinen lugt ein verängstigter Mann, Untergrund, Flüchtling, Verschwörer? Der Maler selbst? Sieh' für Dich selbst – dies nur ein paar Notizen. Die kleinen Gruppen sind sehr gut ›gemalt‹ – das ganze Bild, ungefähr Türformat, sieht im Ganzen gut aus, sehr viel Licht und spark. My best oil to date. Sieh' Du selbst hin: Technik und Komposition. Entwickle Bild ganz aus dem ›Abstrakten‹ – lasse dem ›Zufall‹ viel Spielraum – meiner Meinung nach kann man ein Bild nicht ganz ›vorher ausrechnen‹ … Aber das Reale kommt immer zuletzt. Ich malte gestern an einem kleinen oil: Regenbogen Feind – da war rechts eine ganz gerade lange Form, zuerst als wichtiges ›design‹ in der Komposition, als Stütze – diese Form verwandelte ich hinterher in Wasser, in einen Graben – mit reflektierenden und spiegelnden Lichtern. Merke: Ich begann also mit Formen abstrakt, Bildaufbau wie von mir beabsichtigt, erst hinterher verwandle ich Formen und design in Realitäten, die lange Form bleibt als Bildstütze, wird jetzt aber dunkles reflektierendes Grabenwasser – dunkel, weil ich hier Dunkles brauchte. Licht, helles und dunkles, hat auch wieder Balancegesetze – doch können diese willkürlich durchbrochen werden; ein Bild kann, braucht aber nicht mit dem Rahmen aufhören (siehe Momentphotographen Degas, Japaner usw.) ... Aber ohne Symbole und ›Vorstellungen‹ kann ich nicht auskommen ... Meine Welt der Darstellung ist in diesem Sinne gedacht eine erzählende. Ich bin berührt von den Geschehnissen dieser realen Welt, die sich mir in mehr oder weniger deutbare Träume verwandeln, in Grotesken oder was immer – aber es sind eben Figuren, und oft waren es mal Menschen oder so; zum Beispiel nimm *Juggernaut*, das bei weitem beste Bild (künstlerisch) in der Crysler Collection: Hier ist die Erde ein blutiger Brei, aufbrechend voller Geschwären und Narben, als hätte hier eine schreckliche Krankheit gewütet – die Eindrücke, die der zivilisierte uniformierte Mensch hinterließ. Spuren sind hier dargestellt, nach außen nicht unrealistisch – beachte den Tank in der linken Ecke: genauestens gemalt (Martin und Peter werden oft gefragt, was stellt das vor? – als Gegenkritik, denn ich möchte auch ›verstanden‹ sein von den nicht ganz ›sophisticated‹). Natürlich, gegenüber Matisses oder Pechsteinmaxes gauguinhafter Malerei bin ich ein Erzähler – die Franzosen, glänzende Ornamentiker und Dekoratöre und Tapetenmaler, sind nichts für mich, das habe ich gefunden; ich habe ein sogenanntes ›deutsches‹ Erbe, nehme ich an – mehr weiß ich nicht anzugeben ... jedenfalls muß ich meinen inneren Impulsen folgen. Habe ein neues Bild in Arbeit: *Der gemarterte Schinken*, sehr gut, wird gut, Oods, wird gut. Daneben male ich aber auch Schandlaften – die Bilder lasse ich oft lange stehen. Vuillard nannte das Stehenlassen: das Fermentieren – dann gehe ich wieder drüber (übers Bild) und entwickle neue Lichtpunkte und so weiter. Gewöhnlich bestehen meine Bilder aus vielen Lagen – die fetteste natürlich obenauf – einlegen und anlegen tue ich häufig mit halb Tempera, halb Oilfarb und Terpentin, soll unten nicht allzu sehr glänzen, Sandpapier benutze ich häufig – alte Palettenreste benutze ich mit geschabter Kreide vermischt oder Sand oder Boraxo usw. oder Pumiss als Unterlage für pastose, später zu überschummernde Stellen im Bilde. Das gibt body. Die meisten amerikanischen Maler malen allzu glatt, hier grassiert, wie Boecklin sagen würde, die Temperakrankheit mit Millionen Strichelchen und zuviel Chromolithographie-Effekten – ohne die primitive Nettigkeit und Kunstlosigkeit der alten wirklichen Zichorienbilder oder Liebigpostkarten. Malerei macht natürlich Spaß, und wenn's anfängt, wie Herb Fiedler immer sagte, zu zischen und zu pfeifen. A – a – da ist plötzlich Wasser im Graben, a – aha – kuck ma, wie der Fetzen Leinewand anfängt zu flattern, sieh mal, wie da kleine Menschen insektenhaft hin- und herlaufen, braune, so wie Käferlein – Ok mit der Malerei ...

Jesus, unser lieber Herr Jesus, ist nicht denkbar im aufgeklärten Sonnenfleckenlicht des Darwinismus und Impressionismus – das war unter anderem der Fehler von Rittmeister und Maler Uhde – *Ballsouper* oder *Trommler im Freien* (Uhde) allright – aber nicht Herr Jesus Christ ... Die sogenannten deutschen Expressionisten sowie Munch liegen mir weniger – kein Handwerk mehr – kein ›design‹, zuviel Negerkunst – sieht nach außen, oder hat mal ›kühn‹ ausgesehen – ist enorm überschätzt worden – gut, daß durch Surrealismus (wenigstens ein Verdienst dieser school) wieder genaueres Zeichnen und Handwerkerei im Bilde eingeführt wurde, 'ne neue Sachlichkeit oder der (idiotisch benamte) magische, stocksteife, luftleere, hölzerne, magische Realismus hat's ja auch schon versucht, Front zu machen gegen die unbeabsichtigte anarchische Negerei und Lappenschmiererei ... Hast recht, die Zukunft sieht düster aus – auch ich spreche immer mehr von früher, viel mehr eigentlich, als ich wohl sollte – Mart macht sich lustig darüber (hat recht) ...

So long, Umärmelung Euch, Ozlott, Just, so long,

[Brief an Otto und Lotte Schmalhausen]

4. II. 1948

Lieber Oz und Ettol:

[...] Ich selbst liebe als Zeichner die Skizzenbücher des Leonardo. Für mich sind da ungeheure Schätze drin, da beginnt Zeichnen. Masereel ist mir, entschuldige, zu wenig als reiner Zeichner. Der Inhalt, nun ja, Fortschrittsideen, sozusagen Verhaeren in Holzschnitt – sollte mehr nach der Natur zeichnen, denn Fantasie ist ein gefährliches Erbteil und nur zur Vollendung zu bringen durch ewiges Erneuern durch genaues Naturstudium. Daran leidet unsere ganze neuere Kunst: zuviel Fantasie, Erfindung, anstatt Natur. Bei den *Alten* findet man *Beides* in einer vollkommenen Gemeinschaft. Wie sagt Leonardo: In einer Zeit der Kämpfe, in einer Zeit, wo alles über einem zusammenbricht, muß der wirklich große Künstler fähig sein, eine einfache Birne nach der Natur zu malen – I agree, I agree. Wenn Du daraufhin den sehr fantasievollen Bosch (herrlich) ansiehst, mit der Lupe, erkennst Du, wie er jede Einzelheit so wahrhaftig abschildern konnte, als hätte er Modelle oder nach der direkten Natur gemalt. Das ist das große Geheimnis, beides zu verbinden, je schrecklicher oder fantasievoller die Tagträume, je glaubhafter werden sie durch ganz exakte Darstellung. Der Spiegel (das Wasser), die Spiegelung sind keine geringen Lehrmeister. Item, alle zu ›stilisierte‹ Kunst bleibt auf die Dauer unbefriedigend. Die sogenannte moderne Kunst hat vollkommen geendet in einer Picassosackgasse. [...] Meine große Liebe gehört Franz Kafka, den ich immer wieder lese – ganz großer einmaliger Fantast (der's aber konnte) ...

Umarmung, kisses, Euer böffel

[Brief an Otto Schmalhausen]

31. 7. 1949

Lieber Oz:

... Schurz Jurgen, genannt Ratgeb ... Ein schöner Maler.
Welche ›Erfindungsgabe‹ in den Formen. Es war damals
allerdings leichter. Bestimmte Schemata und Formenan-
ordnungen (oft basiert auf religiöser Symbolik) wurden
ja, wie in den Bauhütten, so in den Werkstätten von den
Meistern den Gesellen übergeben. Die ›Ideen‹ lieferten
die Diener Gottes, siehe zum Beispiel Bosch, dem, wie
ich bei Fraenger & anderswo las, als Ideengeber ein Priester beistand ... Oft hat man das Gefühl der Unüber-
sichtlichkeit. Zum Beispiel bei Bruegel oder bei Bosch
hin und wieder. Das heißt ein ganzer Kosmos ist gegeben. Den Mitlebenden war es wohl ganz erzählend verständlich. Viele der ideologischen Gleichnisse bedürfen
heute des Erklärers, des Forschers, der uns den ›Sinn‹
entziffert. Aber welche Fülle schöner, fast chinesisch
einfacher Details, siehe oben den roten Mann, der einen
anderen Mann (wohl einen Priester) erschlägt, offenbar
ist der Angreifende ein Bauer. Unten dann einer, der
einen Toten bei den Füßen aus einer Kapellentüre her-
vorzieht. Immer wieder sind Priester von Männern mit
Bogen oder Spießen bedroht und gepiesackt. Wie einfach und schön ein Freskenteil mit einem weißgewande-
ten knienden Mönch. In meinem grimmen Bilde *Peace*
wollte ich auch (wenn auch bescheidener) einen gequäl-
ten Überlebenden darstellen. Wie er aus den grimmen
Ruinen (bei mir symbolisch die zerstörte Mutterzelle,
the womb) grimm blinzelnd zur Welt (an die Oberfläche
ins blutig scheinende Helle) zurückkehrt. Auf einem
neueren Bilde malte ich ähnlich gesinnt eine stürzende
Figur aus einem Hausruin fallend – beim Ratgeb wird
solche Priesterfigur von einem wohl wütenden Bauern
von einem Felsen gestoßen. Fein gemalt ist das Pferd
mit drei Reitern, drei Priester fortschleppend. Da freute
mich besonders die Verteilung der ›shapes‹, die ›Erfin-

dung‹ der verschiedenen weißen Gewänder. Die enorme Abwechslung der verschiedenen Richtungen, immer gelingt ihm lebendige Übersetzung (fast ein Chroniken- oder illumierender Stil), doch ohne ›Stilisierung‹ oder ›Static‹. Eine große Freude für einen Sehmann ... sich darein zu vertiefen. Überall zwischendurch bewegen sich allerlei Tiere, in der Luft Engel und Vögel. Das ganze, kurz betrachtet, gemahnt auch an Gewebe, ja an Teppiche. Ich liebe auch den heiligen Mann, dem zwei Vögel Brotfladen bringen – hast recht, sehr zeitnahe ist's. Diese mittelalterlichen Maler sind überhaupt herrlich. Es ist schwer, sich wieder davon zu erholen und in unsere entzauberte Welt zurückzukehren. Schon gar nicht etwa von unserem Kunstgehabe zu reden, wo so wenig von all dem dargestellt wird, meistens nur eine weniger oder mehr geschickte Ornamentierung übrigblieb. Die theologische Welt des Mittelalters war nun mal günstig für den Maler. Die Leere, der Abbau in Richtung bildende Kunst ist ungeheuer, und falls es ein paar noch überlebende ›Handwerker‹, Flechter, Weber gibt, so haben sie eben niemanden mehr, der sie mit ›Ideen‹ versorgt. Die sogenannte ökonomische Welt, die Ideen von Considerant, Kropotkin, Lenin, Marx, Oppenheimer, Toynbee usw., Spengler, sind sie bildhaft darzustellen? Ich spreche hier nicht von Karikaturen oder propagandahaften, oft recht guten Plakaten zum Beispiel gegen Hunger, Kindersterblichkeit, illustrierten Statistiken über diverse Jahrespläne, photographiertes Lachen oder Propagandawandbilder, in die man je nachdem neue Köpfe einsetzen lernt, oder nicht mehr gewünschte verschwinden machen kann. Ein Auto, wie ich schon manchmal wiederholte, ist eben kein Engel. [...]

[Brief an Rudolf Schlichter]

18.8.1949

Lieber Rudi,

[...] Heute berichte ich von unserem neuesten großen Maler, sowas wie ein Rorschachtest-Rembrandt. Jackson Pollock ist sein Name. ›Is he the greatest living painter in the United States?‹ fragen große Buchstaben in der vorletzten Nummer der Zeitschrift *Life* ... Wie er malt? So: Er verabscheut die Staffeleien. Legt seine großen Malgründe auf den Fußboden. Dann nimmt er sein Material, das sind anstatt Tuben Büchsen, in denen Hausfarbe drin ist, macht Löcher in die Büchsen und gießt jubelnd die Farbe auf die Malgründe. Die Farbe formt von selbst Rinnen, Bächlein, kleine Seechen, oft auch Kleckse oder Flecke. Oft kuckt Jackson nicht hin, ich meine auf seine Hände, die die Büchsen halten, in jeder Hand eine Büchse, rote Farbe, schwarze oder blaue oder gelbe, oft auch nur schwarze – das ist mehr ein ›Farbenausgießen‹, und die ›Muster‹ (oder, wie der große Kritiker Greenberg es nennt: die ›Symbole‹) formen sich ganz von selbst. Der Maler J.P. ist sozusagen der Zauberer, der die Geister aus der Büchse ›freisetzt‹. Gelegentlich nimmt Jackson einen Stiel aus Holz und fährt ›unbewußt‹ mit dem Rücken zum Malgrund in den Rinnen, Bächlein und Seechen herum, oft wirft er Sand drauf oder Zigarettenstummel, dies alles führt der Zauberer aus, ohne direkt hinzusehen, sozusagen von weitem. So entstehen kühne große neue Bilder. Jackson ist ganz ›frei‹, kein Gesetz der früheren Malkünste bindet ihn. Wir, die wir leider noch gewisse Traditionen und weiß Gott hie und da auch noch Restbestände etwaiger ›Gesetze‹ in uns haben, sinken im Nu zu spießigen Malern herab. Rorschachtest-Rembrandts Genialität überrennt alles bisher Dagewesene, selbst Aborthausmaler Dubuffet, der neue geniale existenzialistische Frenchman, wird an die eigene Abortwand gedrückt. (Dubuffet kauft alte Scheißhaustüren auf, um darauf zu malen, malt ganz

193

streng nur rein schwarz-weiß.) Ja, na und brave Maler wie zum Beispiel Beckmannmaxe, hachgott, die wirken wie trockene Akademiker – nun war ja Beckmannmaxe immer 'ne Art wildgewordener Feuerbach. Fröhlich wird einem, wenn man denkt, daß es nun einen Vollender Picassos gibt; Jackson soll enorm verehrt werden in Paris und Roma. Roma, jetzt das neue Paris, soll als Anregestadt für moderne Kunst Paris überflügelt haben. Jackson hat zwei große color pages im *Life*. Vielleicht, denkt man bei sich etwas unsicher, wirkten so einmal der jetzt akademisch wirkende van Gogh oder Gauguin in den achtziger Jahren. Eigentlich doch eine schöne Zeit für die bildenden Künste, denke ich hie und da; manchmal denkt man dann ja wieder: Herrgott, es ist doch alles furchtbare Scheiße (aber nicht zu oft). Die Bilder vom Pollock wirken, wenn man die schon vergleichen könnte, wie riesengroße Klees, ich meine: gestimmte Klees. Kleepaule hat ja noch die Hände gebraucht, und auch ab und zu noch ›Gesetze‹ in sich gehabt, bißchen reguläre Perspektive; zum Beispiel ein Bild von Jackson ist 18 Fuß lang und 3 Fuß hoch. Als er gefragt wurde, warum er grade bei 18 Fuß aufhörte, sagte Jackson: weil meine Studiowand da aufhörte – eine gute, geistreiche Antwort. Ich kann natürlich als Akademiker die ganze Größe seiner Genialität nicht würdigen, bin aber doch beeindruckt und wünsche ihm alles Gute. Du siehst: Hier bei uns werden die ›wildesten‹ und ›kühnsten‹ jungen Maler gefördert, nicht unterdrückt, auch verlangt man keine MORAL von ihnen, oder daß sie etwa dem VOLKE dienen, man gibt ihnen mehr Chance wie irgendwo anders … In meinen Klassen in der Art Students League gibt es zwei Arten Schüler: Picassisten und Miroisten; dann 'ne dritte, die Primitiven. Ich bin, wie du ja weißt, kein Moralist, kein Pedant, und verteidige keinerlei Prinzipien, so bin ich mit den Picassisten Picasso, mit den Miroisten Miró, den Primitiven primitiv. OK …

Komischerweise wirkt ultramoderne Kunst besser,

wenn's ganz heiß ist und feucht – woran das liegt, weiß
ich nicht zu begründen ...

immer Dein Böff

[Brief an Otto Schmalhausen]

29. 5. 1950

Geliebter alter Freund und Ooz,
[...] heute können wir unsere Bilder ... (noch nicht) mit
jener großen kristallinischen Klarheit malen, weil diese
nicht existiert. Viele Schatten – hie und da Lichter –
hast Du Gedanken, enden sie oft im Absurden – ist einfach nicht in unserer Epoche. Deswegen male ich bewußt ganze Partien auf meinen Gemähl obskur, das
heißt unerklärlich; das ist in mir, und so ist es; laß den
Beschauer denselben Schauer vor dem Unerklärlichen
mitempfinden wie ich – denn: ein Gemähl ist kein blue-
print ... O die Klarheit vom van Eyck, O die Kristalle
bei Memling – wie'n Rosenkranz läuft das durch die
Sehnerven – aber: das können wir nicht heute – etwas
von dem unklaren Zeitnebel der Angst muß, muß mit
herein – es wehte einem richtig so'n dunkler Nebel aus
den Bildern ins Auge: War da'n Mensch? Lief da einer
fort? Seh ich richtig? Lebt da unten in den Trümmern jemand? Vielleicht Ratten? Nay, die Töne, die ich höre,
waren nicht das Echo meiner Tritte, war nicht bröckeln-
der Kalk, es waren nur die ängstlichen Schläge meines
Herzens. In meinen Bildern liegt manches unter Farbe
und Schutt begraben ... Habe mich hier in USA gut entwickelt und durch ›Lehren‹ und ewiges Gefrage von
Schülern viel kritischen Einblick gewonnen – ich kann
sagen: Meine Klarheit (Ausblick) hat sich geschärft –
aber das Dunkle in mir ist auch dunkler geworden (Labyrinth) ... Der Zweifel und der große Weltekel nagt
auch an mir (siehe Symbol der Ratten auf meinen Bildern). Kolossal schwer oft, einfach dazustehen, hinzu-

195

halten (hinzuhalten alles, Kopf, Herz und Hirn) und zu
überleben. [...]

[Brief an Herrn Hofner]

9. 5. 1958

Sehr geehrter Herr Hofner:
[...] Sehen Sie, ich habe das sogenannte satirische Zeichnen ganz aufgegeben, es war auch nur eine kurze Periode in meinem Leben. Wollte niemals satirischer Illustrator werden. Ich glaube überdies, daß satirische Kunst
eine Afterkunst ist und auch eigentlich vorbei. Der ur-
alte Th. Th. Heine bemerkte übrigens das genau. Er
wußte, daß man mit satirischen Zeichnungen nicht weit
kommt, das heißt mit Verspottung. Das Objekt wird
eher noch ›berühmter‹. Ich wurde des ewigen Grimas-
senschneidens schnell müde. Es ist auch nichts mehr zu
›hassen‹ da – was soll noch ein Witzblättchen im Zeitalter der künstlichen Monde und Atome? Es sind ja auch
alle Witze tausendmal wiederholt worden; 1883 bis 1900
konnte man noch etwas hinzufügen, der damalige *Simpel*
konnte noch gegen das sogenannte viktorianische Zeitalter angehn – heute gibt's ja nichts mehr, Freud hat dabei
geholfen und moderne Wissenschaft. Sehen Sie, wie veraltet heute schon Tucholsky, ein ganz netter humori-
stisch-satirischer Schreiber, wirkt. Dasselbe mit meinen
satirischen Zeichnungen (was davon eventuell bleibt,
was mir egal ist, ist die Mache, das sogenannte Künstlerische, das ist alles). Außerdem bin ich mit dem Leben
einverstanden, mit Zeichnerei kann man nichts ›verän-
dern‹ – ich bin auch kein Erleuchter oder gar Aufklärer
mehr. Lesen Sie bitte mein sehr interessantes Buch *Ein
kleines Ja und ein großes Nein*, da steht etwas darüber
drin. [...]

Der Maler betritt sein Atelier

Da gehst Du durch die Tür. Das aufgeklebte Schweinchen des Cartoonisten begrüßt Dich und die beiden Hufeisen, denn sie bringen bekanntlich Glück. Ja, das ist Dein Raum, hier ist Deine Welt. Grünewalds Christus ist mit Reißzwecken an die Wand gezweckt, desgleichen Rechnungen und eine Farbenkarte. Zur Linken hängt eine Reproduktion von Rogier van der Weyden: Männer und Frauen stürzen kopfüber in die lodernden, sengenden Höllenflammen.

Hier ist Deine Welt. Dort in der Ecke die roten Hanteln, die habe ich selbst angestrichen; daneben der große, schwere Stein, den ich vom Sund-Ufer heraufgeschleppt habe. Beide sind Symbole für die Sinnlosigkeit des Lebens, aber zugleich auch Hinweise, wie Du diese Sinnlosigkeit bekämpfen oder verscheuchen kannst durch Hanteln, Steinstemmen, durch Kniebeuge und Rumpfbeuge. Vielleicht werde ich morgen die Hanteln und den schweren Stein mit Schmetterlingen bemalen – mit Symbolen der Kurzlebigkeit und des graziösen Flatterns über Blumenkelchen.

Viele Leinwände lehnen mit der Vorderseite gegen die Wand, denn man kann nicht fortwährend seine eigenen Bilder anstarren.

Ja, hier ist Dein Raum, hier ist Deine Welt! Aber auch die Schale einer Austernmuschel, die sich schnell schließt. Oder mitunter eher das Haus einer empfindsamen Schnecke. Darin schallt es oft hohl und leer, aber zugleich wie die unendliche Melodie des Meeres. Die Bilder stehen mit den Gesichtern gegen die Wände, demütig und bescheiden. Sie sind ein Stück von mir. Sie stehen wie Kulissen auf einem Bühnenboden und warten, bis sie wieder hervorgeholt werden, um am Spiel teilzunehmen. Wer wird ihnen morgen einen Blick gönnen? Wer wird uns kaufen, wo werden wir enden? Was für lächerliche und doch so geliebte Rahmen! Wieviel Freude steckt darin, wieviel Zerknirschung, wieviel Enttäuschung – und wie wenig Triumph! Ein Fetzen Leinwand, ein paar Holzleisten – und vielleicht doch ein kleines Stückchen Unendlichkeit?

Da steht mein Zeichentisch. Blau habe ich ihn gestrichen und die Fußstütze selbst gezimmert. Was alles hat Dein geduldiges Brett miterlebt als Gefährte meiner Träume und Hoffnungen! Hier habe ich gesessen und durch manche Nacht bis zum Morgen gezeichnet. Hier bedeckte sich das Papier mit den dunklen Linien zorniger Anklage, aber auch wohl mit Gebilden der reinen Schmuckfreude. Die Feder lief wie eine große schwarze Fliege mit den in Tinte getauchten Beinen übers Papier. Aus Kritzeleien, die niemand deuten kann, wird etwas wie eine Landkarte. Das Zeichenbrett ist wie ein Schlachtfeld oder wie ein Hinrichteplatz. Oder es verwandelt sich in ein lustiges oder bitteres Tagebuch. Was wird gelingen, was wird fehlschlagen? Werde ich es den Auftraggebern recht machen? Die Hanteln, rot angemalt, haben mich manchmal gelehrt, das scheinbar Sinnlose trotzdem durchzuführen.

Viele Pinsel habe ich. Ich liebe die fächerförmigen, mit ihnen kann man streichen und streicheln wie mit den fünf Fingern. Aber in mein Herz geschlossen habe ich euch, ihr kleinen Miniaturpinsel! Erstaunlich, was für glühende Lichttröpfchen ihr hergebt, wenn man euch in dickes, altes, von der Sonne lange bestrahltes Leinöl taucht. Das also ist meine Welt, mein Zimmer. Zum business office ist es nicht geworden, hier wird anders gerechnet. Und eigentlich auch nichts verkauft – oder doch nur sehr selten. Eine rechteckige weiße Leinwand, wie von Euklid gefordert, also ein Stückchen helle Ordnung in all der wirren Dunkelheit um uns herum. Und da bist Du selbst mit Deinen ganzen Einbildungen. Da kannst Du nun etwas hinmalen und aufschreiben von Dir und Deiner inneren Welt: Linien, Schatten, Licht und die ewige, unendliche Spirale. All das hat nirgendwo einen Markt.

Nein, meine Welt ist keine des Handels, in ihr führen Eingebung und Laune das Wort. Hier wird keine Margarine fabriziert, keine Autoreifen noch Fahrräder. Hier wird nichts Eßbares ausgegeben. Hier werden höchstens Phantasiegebilde fabriziert, und obwohl diese Welt zu nichts zu brauchen ist, besteht sie im geheimen weiter. Schließlich besteht die Welt wesentlich aus nützlichen und schönen Dingen; wie wir heute wissen, war der Elfenbeinturm viel solider gebaut als manche vermeintlich zweckmäßige Konstruktion.

Ja, je mehr die Welt der Nützlichkeiten im Zunehmen ist, desto bleibender wird eine romantisch-irrationale Welt des Nichtnutzbaren im Verborgenen gedeihen. Sie bedeutet keine Verrücktheit, sondern resultiert aus einem ewigen Gesetz. Seltsamerweise wird der Mensch oder, vorsichtiger gesagt, mancher Mensch vom Abbild der Dinge oft tiefer befriedigt als von den Dingen selbst. Die alte Legende vom Maler Apelles berichtet, er konnte Früchte so lebensgetreu und so natürlich malen, daß die Vögel und die Insekten vom Himmel kamen, um davon zu naschen. Wie eingeschüchtert von den Naturwissenschaften klingt da die Erklärung eines Bescheidwissers, der sagte: Ja, die Insekten kämen wohl, aber nicht, weil sie die Naturwahrheit erkannten; Insekten hätten ja ganz andere Wahrnehmungsorgane als wir Menschen. Nein, Herr Maler, die kamen angezogen durch das frische Malöl, vielleicht Leinöl oder Bienenwachs ...

Das ist genau die Zeit, in der wir leben: Wir sind alle so schön aufgeklärt und haben die Phantasie den Geopolitikern überlassen und den Technokraten.

Ja, ich singe noch einmal mein Liedchen für die Lebensnähe, gegen Konstruktionen des Intellekts und Theorien – noch einmal, bevor alles ausgelöscht ist auf der grauen Tafel der nahenden Zeiten, weggewischt von einem blutgetränkten Schwamm.

[Brief an Herbert Fiedler]

25. Mai 1957

Lieber Fiedlerherbert:

[...] Ja, ich grüble zu viel über Kunst und Künstler, und die heutige Kunst macht mich unruhig, unsicher, traurig und oft ungläubig (das Wort verzweifelt ist etwas zu stark, aber Du verstehst, denke ich). In dunklen, labyrinthischen Stunden kämpfe ich oft vergebens mit dem Dämon Alkohol – (jetzt abgeschworen) – maßen ich nicht trank wie Du, mäßig und genußvoll, sondern selbstmörderisch, weggehen wollend von mir selbst, aber ich konnte mich eben nicht ganz loswerden. [...]

[Zweifel am Sinn der Malerei]

Es mag sein, daß Kunst – wenigstens Malerei – verschwinden wird, zumindest in dem Sinne, wie wir sie kennen. Vielleicht würde es gut sein, für ein oder zwei Generationen mit dem Bildermachen aufzuhören und Malen nur zu therapeutischen Zwecken zu benutzen, in Fällen von Geisteskrankheit insbesondere. In kleinen Zuteilungen, wie eine kostbare Arznei. 1957 malten die meisten amerikanischen Maler. Sie malten und malten. Ihr Inhalt: nichts ... Diese wenigen Maler, die ihre Werke weiterhin mit Inhalt ausstatteten oder die dagegen Widerstand leisteten, eingeordnet zu werden in die neueste und kundenheischende gegenstandslose Schule – Jack Levine, Ben Shahn, Morris Graves und andere einschließlich mir selbst – galten als exzentrische Sonderlinge.

Anmerkungen zu den Texten

5 **Jugenderinnerungen**
In: Das Kunstblatt, 13. Jg. 1929, H. 6, S. 166–169.
pommerschen Kreisstädtchen: Stolp, Stadtkreis und Kreisstadt des Landkreises Stolp an der Stolpe (Pommern).
Mutter: Marie Wilhelmine Luise, geb. Schultze, Tochter eines Korbmachers aus Finsterwalde, zweite Ehefrau von Karl Ehrenfried Groß, dem Vater von George Grosz.
Noske: Gustav Noske, Politiker (1868–1946), seit 1906 im Reichstag, im Februar 1919 erster sozialdemokratischer Reichswehrminister, schlug Anfang 1919 den Berliner Spartakistenaufstand blutig nieder, mußte nach dem Kapp-Putsch 1920 zurücktreten.

6 *Marryatschen Freibeuterschoner*: nach Frederick Marryat, englischer Romanschriftsteller (1792–1849), begründete den abenteuerlichen, humoristisch-pathetischen englischen Seeroman.

7 *Freimaurerloge*: auf besonderen Riten beruhender idealistischer Männerbund, in Deutschland seit 1737.

8 *meine große Schwester*: Cläre, entstammt der ersten Ehe von Grosz' Vater; unterstützte Grosz während seiner Studentenzeit in Berlin; wurde dann Frau eines jüdischen Arztes und übersiedelte nach New York.

[Das Gesetz von ›Hieb und Biß‹]
In: Ein kleines Ja und ein großes Nein. Sein Leben von ihm selbst erzählt. Hamburg 1955 (im folgenden: Autobiographie), S. 39 (leicht gekürzt).

9 **Jugenderinnerungen** (Fortsetzung)
In: Das Kunstblatt, 13. Jg. 1929, H. 6, S. 169–174; H. 7., S. 139–197; H. 8, S. 238–242; Fortsetzung als: Lebenserinnerungen. In: Kunst und Künstler, 29. Jg. 1930, Ok-

tober, S. 15–22; November, S. 55–61; Dezember, S. 105–111 (leicht gekürzt).

9 *Haeckel*: Ernst Haeckel, Naturforscher (1834–1919), beeinflußt von Darwins Entwicklungslehre, populärste Werke: ›Natürliche Schöpfungsgeschichte‹ (1868), ›Welträtsel‹ (1898).

10 *Debschitz*: Wilhelm von Debschitz (1871–1948), mit Hermann Obrist 1902 Begründer der Lehr- und Versuchsateliers für angewandte und freie Kunst in München, die den Jugendstil vertraten.
Weisgerber: Albert Weisgerber, Maler (1878–1915), Mitarbeiter der Zeitschrift ›Jugend‹.
Grützner: Eduard Grützner, Genremaler (1846–1925), populär vor allem durch seine feuchtfröhlichen Klosterszenen.

12 *Futuristen*: italienische Künstler, die sich seit 1908 besonders mit dem Phänomen der Bewegung auseinandersetzten, die sie als Gleichzeitigkeit mehrerer Bewegungsphasen erfassen.

14 *Terzerol*: veralteter Ausdruck für kleine Pistole.

15 *Wallace*: Edgar Wallace, englischer Schriftsteller (1875–1932), verfaßte über 40 vielgelesene Detektivromane.
Harry Piel-Films: Harry Piel, Filmschauspieler, Regisseur und Produzent (1892–1963), führte den Sensationsfilm, häufig im Artisten- und Abenteurermilieu spielend, in Deutschland ein.
Conan Doyle: Sir Arthur Conan Doyle, englischer Schriftsteller und Arzt (1859–1930), Schöpfer der Figur des Amateurdetektivs Sherlock Holmes.

16 *Dinning car, Compagnie Internationale des wagons lits*: engl. frz., Speisewagen, Internationale Schlafwagengesellschaft.

17 *biggest show on earth*: engl., größte Schau der Welt.

19 *Moritz von Schwind*: Maler und Zeichner (1804–1871), Hauptmeister der süddeutschen Spätromantik, zahlreiche volkstümliche Holzschnittillustrationen in den ›Fliegenden Blättern‹ und den ›Münchner Bilderbogen‹.

Ludwig Richter: Adrian Ludwig Richter, Maler und Zeichner (1803–1884), deutscher Spätromantiker, schuf zahllose Zeichnungen für volkstümliche Schriften, Kinderbücher, Kalender u. ä.

Skramstad: Ludvig Skramstad, norwegischer Landschaftsmaler (1855–1912), befreundet mit Ibsen.

des ... Buchhändlers Sch.: Schönboom.

Werner Simmler: Genremaler und Illustrator (1840–1914), schuf vor allem Jagdszenen.

20 *Wedekind*: Frank Wedekind, Schriftsteller (1864 bis 1918), Verfasser gesellschaftskritischer Dramen, in denen er Asoziale, Mörder und Hochstapler als Sinnbilder des Bürgerlichen setzt.

21 *Avenarius*: Ferdinand Avenarius, Schriftsteller (1856–1923), Herausgeber des ›Kunstwart‹ (1887 gegr.), der den deutschen Mittelstand stark beeinflußte und sich u. a. für Arnold Böcklin, Hans Thoma und Max Klinger einsetzte.

Katharina Klein: deutsche Blumenmalerin (1861 bis 1929).

Wilhelm Busch: Zeichner, Dichter und Maler (1832 bis 1908), populärster Humorist des 19. Jahrhunderts.

Adolf Hengeler: Maler und Karikaturist (1863–1927), zeichnete für die ›Fliegenden Blätter‹ Tausende von humorvoll-gütigen Karikaturen.

Wilhelm von Diez: Maler und Illustrator (1839–1907), bevorzugte als Zeichner drastische und humorvolle Szenen aus dem Soldatenleben.

22 *Emil Hünten*: Johann Emil Hünten, Schlachtenmaler (1827–1902).

Menzel: Adolph von Menzel, Maler, Zeichner und Graphiker (1815–1905), populär vor allem durch seine Illustrationen zu Kuglers ›Geschichte Friedrichs des Großen‹.

24 *Vorkriegssimplicissimus*: ›Simplicissimus‹ (›Der Einfältigste‹), satirische Wochenschrift, erschien 1896–1944 in München. Vor 1914 kämpften die Zeichner des S. geistvoll-streitbar gegen den preußischen Obrigkeitsstaat. Mitarbeiter waren u. a. die dem Jugendstil

zugehörigen Künstler Karl Arnold, Olaf Gulbransson, Th. Th. Heine, Bruno Paul, Eduard Thöny, Rudolf Wilke sowie Jules Pascin.

26 *Rousseau*: Henri Rousseau gen. ›Le Douanier‹ (›Der
Zöllner‹), französischer naiver Maler (1844–1910).

28 *Capriccio*: ital., ›Laune‹, ›Grille‹, in der bildenden
Kunst Bezeichnung für scherzhaft-phantasievolle,
oft auch hintergründige Werke.

32 *Hajduk*: August Hajduk, um 1907–10 Werbegraphi-
ker in Berlin.

34 *Kühl*: Gotthardt Kühl, Maler (1850–1915), Impressionist, seit 1895 Professor an der Dresdener Akademie,
die er aus der spätnazarenischen Erstarrung heraus-
führte.

Lavallière: wehende, lose geknüpfte Krawatte, be-
nannt nach dem französischen Büchersammler
und Elegant Louis César Duc de Lavallière
(1708–1780).

35 *Richard Müller*: Maler und Zeichner (1874–1954), bekannt durch seine minutiös-kläubelnde Zeichenweise.

von Hodlers Neffen: Ferdinand Hodler, schweizer
Maler (1853–1918), Hauptvertreter eines linienstren-
gen Symbolismus.

Professor Zwintscher: Oskar Zwintscher, Maler
(1870–1916), Vertreter eines dekorativen, gelegentlich symbolistischen Jugendstils.

36 *Professor Sterl*: Robert Sterl, Maler und Graphiker
(1867–1932), 1904–1932 Lehrer an der Dresdener Akademie, Impressionist.

37 *aus Winckelmannschen Zeiten*: Johann Joachim
Winckelmann, Kunstgelehrter (1717–1768), Wegbereiter der klassizistischen Bewegung in Deutschland.

Osmar Schindler: Maler (1869–1927), 1906–1924 Lehrer
an der Dresdener Akademie.

Estampe: frz., hier für Wischverfahren.

38 *Architekten Beyrich*: A. Otto Beyrich (1871–?), Architekt, Lehrer, später (1919?) Professor für Entwerfen

und Aufnahme von Bauwerken und Unterricht in Perspektive.

Professor Dittrich: Hermann Dittrich (1868–1946), Maler, Lehrer für anatomisches Zeichnen, 1909 Professor für Aktzeichnen an der Königlichen Akademie.

Landschaftsmaler Berndt: Siegfried Berndt (1880 bis 1946), Landschaftsmaler und Graphiker, Vertreter des Jugendstils, bekannt durch japonisierende Farbholzschnitte.

Johannes Raphael Wehle: Maler und Illustrator (1848 bis 1936), 1894–1919 Lehrer an der Dresdener Akademie, malte Historien- und Genrebilder.

Thumannschen Madonnen: nach Paul (Friedrich) Thumann, Zeichner und Maler (1834–1908), einer der beliebtesten Illustratoren Ende des 19. Jahrhundert.

40 *Kubisten*: vor allem französische Künstler, die seit 1908 die kubischen Werte der Gegenstände verabsolutieren. Hauptvertreter: Pablo Picasso, Georges Braque, Albert Gleizes, Fernand Léger.

Dresdener Künstlergruppe ›Brücke‹: expressionistische Künstlervereinigung, von den Dresdener Architekturstudenten Fritz Bleyl, Ernst Ludwig Kirchner, Karl Schmidt-Rottluff und Erich Heckel 1905 gegründet, 1913 aufgelöst.

im ›Blauen Reiter‹: 1911 in München von Wassili Kandinsky und Franz Marc gegründete Künstlervereinigung, die nach eigengesetzlichen Bildern strebte, die der Erscheinungswelt autonom gegenüberstehen.

van Gogh: Vincent van Gogh, holländischer Maler (1853–1890), Wegbereiter des Expressionismus.

Matisse: Henri Matisse, französischer Maler und Graphiker (1869–1954), Schöpfer dekorativ flächenhafter Bilder.

Munch: Edvard Munch, norwegischer Maler und Graphiker (1863–1944), symbolistischer Vertreter des Jugendstils und Begründer des Expressionismus.

40 *Kittelsen*: Herbert Kittelsen aus Norwegen, nicht nachweisbar.

Nolde: Emil Nolde (eigentlich Hansen), Maler und Graphiker (1867–1956), Expressionist.

42 *Sachlichkeit*: Anspielung auf die ›Neue Sachlichkeit‹, eine 1925 von dem Museumsdirektor G. F. Hartlaub propagierte Stilrichtung, die sich in Abkehr vom Expressionismus einer kühl-objektivierten Darstellung des Menschen und der ihn umgebenden Dinge zuwandte.

43 *der japanischen Zeichnerschule*: Richtung des Ukiyo-e (japan., Bilder der fließenden Welt), die zwischen Mitte des 17. und Mitte des 19. Jahrhunderts zu voller Entfaltung gelangte. Sie umfaßte die bürgerliche Genrekunst, ihr wesentliches Ausdrucksmittel war der Holzschnitt in klar fließender Linienführung und flächiger Farbgestaltung.

Colarossi: Académie Colarossi, private Kunstakademie in Paris, bekannt durch die Fünfminutenskizze. Grosz studierte hier 1913.

Daumier: Honoré Daumier, franz. Graphiker und Maler (1808–1879), griff mit dem Mittel der Satire direkt in die politischen Kämpfe seiner Zeit ein, schuf zahlreiche gesellschaftskritische Lithographien für die Zeitschriften ›La Caricature‹ und ›Le Charivari‹.

Toulouse: Henri de Toulouse-Lautrec, französischer Maler und Graphiker (1864–1901), schuf zunächst impressionistische, dann dem Jugendstil zugehörige Darstellungen der Pariser Halbwelt.

Paul: Bruno Paul, Architekt, Kunstgewerbler, Maler und Zeichner (1874–1968), 1896–1906 für den ›Simplicissimus‹ tätig, Vertreter des Jugendstils.

Julius Klinger: österreichischer Maler und Plakatkünstler (1876–1950), Mitarbeiter der ›Meggendorfer Blätter‹, gilt als einer der originellsten Plakatkünstler.

Preetorius: Emil Preetorius, deutscher Bühnenbildner und Graphiker (1883–1973), Mitarbeiter des ›Simplicissimus‹ und der ›Jugend‹.

44 *Gulbransson*: Olaf Gulbransson, norwegisch-deutscher Zeichner und Maler (1873–1958), seit 1902 für den ›Simplicissimus‹ tätig, einer der bedeutendsten Zeichner und Karikaturisten des 20. Jahrhunderts.

45 *Feininger*: Lyonel Feininger, deutsch-amerikanischer Maler und Graphiker (1871–1956), schuf seit 1889 Karikaturen und sozialkritische Zeichnungen für die ›Lustigen Blätter‹, den ›Ulk‹, die dem Jugendstil zugehören.
Herbert Schulze: Berliner Karikaturist der Jahrhundertwende.

46 *Aubrey Beardsleysche Muster*: Aubrey Beardsley, englischer Zeichner (1872–1898), Hauptvertreter des Jugendstils, verband ausschweifende Phantastik mit erlesener Dekorativität.

47 **[Neigung zum Phantastischen]**
In: Autobiographie, S. 84–85.

48 *Leonid Andrejew*: russischer Erzähler und Dramatiker (1871–1919), schuf, unterbrochen durch eine symbolistische Phase, ein realistisches Werk in der Nachfolge von Tschechow und Gorki. In Deutschland erschienen 1905 ›Das rote Lachen‹, 1906 ›Das Leben Wassili Fiweiskis‹ (Novellen).
Gustav Meyrink: österreichischer Schriftsteller (1868 bis 1932), beschwor das Unheimlich-Hintergründige und Groteske, entlarvte in den Novellen ›Des deutschen Spießers Wunderhorn‹ (1913) mit beißender Satire die Mentalität des Kleinbürgers.
Hanns Heinz Ewers: Schriftsteller (1871–1943), schuf phantastische Erzählungen mit erotischen Momenten. Hauptwerk: ›Alraune‹ (1911, mehrfach verfilmt).
Maurice Renard: Gemeint ist wohl Jules Renard, französischer Schriftsteller (1864–1910), Verfasser psychologisch vertiefter naturalistischer Novellen, Romane und Dramen.
Barbey d'Aurevilly: Jules Barbey d'Aurevilly, französischer Schriftsteller (1808–1889), verfaßte psycholo-

gische christliche Romane, in denen das Böse eine bedeutende Rolle spielt.

49 **Brief an Robert Bell Ausgang September 1915**
In: Briefe 1913–1959, herausgegeben von Herbert Knust. Reinbek bei Hamburg 1979 (im folgenden: Briefe), S. 30–32.
Robert Bell: Robert Michael Bell, deutscher Maler, Graphiker und Werkkünstler (geb. 1891), studierte in Dresden, München, Weimar sowie bei Emil Orlik in Berlin.
Graf Ehrenfried: In seiner Frühzeit signierte Grosz einige seiner Zeichnungen, z. B. ›Eheszene‹ (1915), mit ›Ehrenfried‹.

50 *William King Thomas*: Schiffseigentümer, der 1875 zum Massenmörder wurde, um die Versicherung für sein Schiff kassieren zu können.

52 *Otto Schoff*: Maler und Graphiker (1888–1938), seit 1914 in Berlin, Schüler von Emil Orlik.

Brief an Robert Bell 1916/1917
In: Briefe, S. 42–45.
54 ›*Siechen*‹: Bierlokal in Berlin.

56 **Brief an Otto Schmalhausen 30. 6. 1917**
In: Briefe, S. 53 f. (gekürzt).
Otto Schmalhausen: Graphiker und Maler (1890–1958), Studienkollege an der Berliner Kunstgewerbeschule, intimer Freund und Schwager von Grosz, gehörte zur Berliner Dada-Gruppe (Dada-Oz).
unw[h]istlerisch: James Abott McNeill Whistler, amerikanisch-englischer Maler (1834–1903), kultivierte zarte Farbharmonien, nannte ein Porträt z. B. ›Harmonie in Grau und Grün‹ (1873).

57 **Brief an Otto Schmalhausen 15. 12. 1917**
In: Briefe, S. 56–57 (gekürzt).
Höllenbild: ›Widmung an Oskar Panizza‹, Öl, Staatsgalerie Stuttgart.

Protest durch Satire
Notiert anläßlich des ›Gotteslästerungsprozesses‹ am 3. Dezember 1930. In: Hans Hess, George Grosz. Dresden 1982, S. 78 (aus dem Englischen rückübersetzt).

ein großes Bild: Gemeint ist wiederum ›Widmung an Oskar Panizza‹.

58 *Bosch*: Hieronymus Bosch (eigentl. Hieronymus van Aken), niederländischer Maler (um 1450–1516), schuf am Ende des Mittelalters figurenreiche, minutiös gemalte Bilder, in denen sich realistische, satirische und groteske Züge vermischen und deren Deutung bis heute nicht endgültig feststeht. Bosch gilt als Bahnbrecher des satirischen Sittenbildes und darüber hinaus als Ahnherr der holländischen Landschaftsmalerei.

Bruegel: Pieter Bruegel d. Ä., niederländischer Maler (um 1525–1569), malte zunächst Bilder mit nächtlichen Bränden bzw. Höllendarstellungen, erwarb sich dann durch seine realistischen Darstellungen arbeitender und feiernder Bauern, die zumeist allegorischen Sinn tragen, den Beinamen ›Bauernbruegel‹. Manche seiner Werke sind nur in Kopien seines Sohnes, der nach seinen im Stil des Jugendwerkes des Vaters geschaffenen Bildern ›Höllenbruegel‹ genannt wird, erhalten.

Brief an Otto Schmalhausen 22. 4. 1918
In: Briefe, S. 60–62 (gekürzt).
Cézanne: Paul Cézanne, französischer Maler (1839–1906), Wegbereiter der Moderne.
Picasso: Pablo Picasso, bedeutendster spanischer Maler, Graphiker und Bildhauer des 20. Jahrhunderts (1881–1973), lebte in Frankreich. Grosz' Stellung zu Picasso ist zwiespältig, in seiner Spätzeit erkennt er gelegentlich seinen Rang an, äußert sich jedoch häufiger abfällig über ›Pipincasso‹.

59 *Jensens Rad*: Anspielung auf den Roman ›Das Rad‹ (›Hjulet‹), 1905, von Johannes Vilhelm Jensen

(1873–1950), ein ›Gemisch aus Kriminalparodie, Symbolismus und Fortschrittsoptimismus‹ (Knust).

59 **Brief an Otto Schmalhausen 9. 7. 1918**
In: Briefe, S. 77 (gekürzt).

60 *die … Weißen Blätter*: ›Die Weißen Blätter‹, 1913/14 in Leipzig, seit 1916 in Zürich und Leipzig herausgegebene Monatsschrift. Hier erschien im August 1916 der erste Beitrag über Grosz überhaupt, ein Gedicht Else Lasker-Schülers (1876–1945); das Novemberheft brachte sieben Zeichnungen von Grosz und einen Artikel des Dichters Theodor Däubler über ihn.
dadaheft: In der Zeitschrift ›Der Dada‹ Nr. 2, herausgegeben von Raoul Hausmann (1886–1971) im Verlag Freie Straße, Berlin 1919, war Grosz mit einer Zeichnung vertreten; in ›Der Dada‹ Nr. 3, herausgegeben von Grosz, John Heartfield (1891–1968) und Hausmann (Groszfield, Hearthaus, Georgemann) im Malik-Verlag, Abteilung Dada, April 1920, trug der Umschlag eine Montage von Grosz und Heartfield.

61 **Brief an Otto Schmalhausen 17. 1. 1919**
In: Briefe, S. 80.
Lewis Hymers: Bekannter von Grosz in Berlin vor dem ersten Weltkrieg, wichtig für Grosz durch seinen – damals noch seltenen – Besitz eines Grammophons mit amerikanischen Jazz-Schallplatten.

62 **Der Kunstlump**
(zusammen mit John Heartfield)
In: Der Gegner 1. Jg., H. 10–12, S. 48–56 und in: Die Aktion, 12. 6. 1920, S. 327–332; Neuabdruck in: Die zwanziger Jahre. Manifeste und Dokumente deutscher Künstler. Herausgegeben und kommentiert von Uwe M. Schneede, Köln 1979, S. 50–58. Während des Kapp-Putsches forderte eine Schlacht zwischen Arbeitern und der Reichswehr auf dem Postplatz in Dresden 150 Verwundete und 59 Tote; eine verirrte Kugel beschädigte im Zwinger Rubens’ Gemälde

›Bathseba am Springbrunnen‹ (um 1635). Der Maler Oskar Kokoschka (1886–1980), seit 1919 Professor an der Dresdener Akademie, richtete daraufhin ein Manifest an die Einwohner von Dresden, auf das Grosz und Heartfield mit dem Pamphlet ›Der Kunstlump‹ antworteten. In den Zeitschriften ›Die Rote Fahne‹, ›Die Aktion‹, ›Freiheit‹, ›Hamburger Volkszeitung‹ erscheinen Beiträge zur Diskussion; die ›Rote Fahne‹ distanziert sich sowohl von Kokoschka als auch von den bilderstürmerischen Tendenzen von Grosz und Heartfield.

Horthy-Ungarn: Nikolaus Horthy, Oberbefehlshaber der österreichisch-ungarischen Flotte, bildete 1919 eine Nationalregierung gegen die Räteregierung, wurde 1920 nach deren Niederschlagung Reichsverweser.

63 *Mendelssohn-Bartholdy*: Robert Mendelssohn-Bartholdy, Großkaufmann und Sammler (Bankhaus Mendelssohn & Co., Berlin, 1939 liquidiert).

64 *Bienert-Dresden*: die angesehene Sammlung Bienert, in der sich u. a. Werke von Cézanne, Carrá, Chagall und Nolde befanden.

Ebert: Friedrich Ebert, sozialdemokratischer Politiker (1871–1925), 1919–1925 Reichspräsident, trug wesentlich zur relativen Stabilisierung der parlamentarischen Demokratie und zum Verzicht auf die Republikanisierung von Heer und Verwaltung bei.

Kapp: Wolfgang Kapp, Politiker (1858–1922), gründete 1917 die rechtsradikale Deutsche Vaterlandspartei, verantwortlich für den Kapp-Putsch, den er im März 1920 gemeinsam mit General W. Freiherr von Lüttwitz gegen die Reichsregierung führte.

Mannerheim: Carl Gustav Emil Freiherr von Mannerheim, finnischer Marschall und Politiker (1867–1951), 1917/1919 Führer der Weißen Truppen gegen die finnische Rote Armee, 1918/1919 Reichsverweser, 1944–1946 Staatspräsident.

Ludendorffs Handgranaten: Erich Ludendorff (1865 bis 1937), legendär seit der Eroberung Lüttichs und dem Sieg bei Tannenberg 1914, bestimmte bis Spätsommer 1918 die reaktionäre deutsche Politik, nach 1919 auf dem völkischen Flügel der deutschen Rechten.

66 *Rainer Maria Rilke*: österreichischer Dichter (1875 bis 1926), oft einseitig als Dichter des Weltschmerzes interpretiert.

Stinnes: Hugo Stinnes, Industrieller (1870–1924), baute während der Inflation den Stinnes-Konzern zum damals größten Unternehmen Deutschlands aus.

67 *Lehrer Franks Buch*: Leonhard Frank, Schriftsteller (1882–1961), ›Der Mensch ist gut‹ (1918).

71 *Felix Stössinger*: Chefredakteur der ›Freien Welt‹, der Wochenzeitung der USPD.

des Isenheimer Altars: Hauptwerk des von Grosz später sehr verehrten Malers Mathis Neithart gen. Gothart Grünewald (um 1460 oder 1480–1528), in dessen Werk sich die Umbruchzeit der Reformation und des Bauernkrieges expressiv widerspiegelt.

72 **Statt einer Biographie**
In: Willi Wolfradt: George Grosz. Leipzig 1921. Leicht veränderte, stark erweiterte Fassung (mit Passagen, die in ›Abwicklung‹ aufgenommen werden) in: Der Gegner, 2. Jg., 1920/21, H. 3, S. 68–70 und in: Die Kunst ist in Gefahr, Der Malik Verlag 1925, S. 39–45. Neuabdruck u. a. in: Manifeste Manifeste. Künstlerschriften I 1905–1933. Herausgegeben von Diether Schmidt. Dresden o. J. (1965), S. 257–261 und in: Die zwanziger Jahre, a. a. O., S. 61–64.

74 *Makart*: Hans Makart, österreichischer Maler (1840–1884), Hauptvertreter der dekorativ-festlichen Kunst der Gründerzeit, neuerdings seiner koloristischen Qualitäten wegen wieder geschätzt.

75 **Zu meinen neuen Bildern**
In: Das Kunstblatt, 5. Jg. 1921, H. 1, S. 11–14, Neuabdruck in: Manifeste Manifeste, a. a. O., S. 261–262.

77 *Nähe Carràs*: Carlo Carrà, italienischer Maler und Graphiker (1881–1966), 1909–1915 Hauptvertreter des Futurismus, seit 1917 ›Pittura metafisica‹, von der Grosz zum Zeitpunkt dieses Artikels stark beeinflußt war.

78 **Ein neuer Naturalismus?**
In: Das Kunstblatt, 6.Jg., H. 9, S. 382–383.
Poussin: Nicolas Poussin (1593–1665), neben Claude Lorrain der größte Maler Frankreichs im 17.Jahrhundert, Klassizist.
Ingres: Jean Auguste Dominique Ingres (1780–1867), französischer Maler des Klassizismus, bedeutender Porträtist.
Corot: Camille Corot, französischer Maler (1796 bis 1875), schuf Stimmungslandschaften in matten silbrigen Tönen, wurde später von Grosz bewundert.

79 *Chaplin*: Charlie Chaplin, bedeutender britischer Filmschauspieler und -regisseur, Drehbuchautor und Produzent (1889–1977), begann 1914 als Filmkomiker in Hollywood, differenzierte die Slapstick-Komik zur Tragikomödie des kleinen Mannes.

[Aus dem ›Ecce-homo-Prozeß‹]
Unterhaltungen zwischen Ohnesorge und George Grosz. In: Das Tagebuch, 23.Februar 1924, S.240–248 (gekürzt).
Am 16.Februar 1924 fand vor dem Berliner Landgericht III die erste Verhandlung gegen George Grosz sowie seine Verleger Julian Gumpertz und Wieland Herzfelde wegen der Verbreitung unzüchtiger Schriften statt. Gegenstand der Anklage waren die 84 Zeichnungen und 16 Aquarelle der 1923 im Malik-Verlag erschienenen Publikation ›Ecce homo‹, in der Grosz mit dem Blick des Satirikers hinter die Fassade der bürgerlichen Wohlanständigkeit schaute und auch vor sexuellen Verirrungen nicht haltmachte. Grosz zeigte sowohl den verfetteten Spießer als auch die Schieber, Zuhälter und Nutten

der Inflationszeit. Die Auszüge aus dem Protokoll erschienen mit einem ironischen Kommentar, der den Vorsitzenden Ohnesorge des künstlerischen Unverständnisses bezichtigte. Am 1. März 1924 veröffentlichte ›Das Tagebuch‹ eine Entgegnung des Protokollstenografen Georg Elgard, der darauf aufmerksam machte, daß der Vorsitzende sich – im Gegensatz zum Staatsanwalt – ehrlich und redlich bemühte, in die künstlerischen und ethischen Absichten George Grosz' einzudringen. Das Urteil lautete, daß 24 der 100 Druckplatten zu konfiszieren sind, Grosz wurde zu einer Geldstrafe von 6000 Mark verurteilt.

81 **Abwicklung**
   In: Das Kunstblatt, 8.Jg.1924, H.2, S.33–38, zuerst in: Katalog George Grosz, Kunsthandlung Würthle, Wien und Gal. Flechtheim, Berlin 1923.

84 *Hogarth*: William Hogarth, englischer Maler und Graphiker (1697–1764), satirischer Schilderer des gesellschaftlichen Lebens seiner Zeit in Gemälde- und Kupferstichfolgen.
   Goya: Francisco de Goya, spanischer Maler und Graphiker (1746–1828), setzte sich vor allem in den mehrdeutig-hintergründigen Blättern seiner radierten Zyklen mit der Grausamkeit, Bosheit und den Leiden des Menschen auseinander; in seinem Zyklus ›Los desastres de la guerra‹ (1810–1820) schildert er eindringlich die Schrecknisse und Verbrechen des Krieges.

85 *Swedenborgsche Hölle*: Emanuel von Swedenborg, schwedischer Naturforscher und Theosoph (1688–1772), sah die Geschichte der Menschheit als fortschreitende Verderbnis und die Hölle bereits auf Erden verwirklicht. Sein Werk regte u. a. Lavater, Kant, Goethe, Schopenhauer und Strindberg an.

86 **[Jules Pascin]**
   In: Autobiographie, S.177–179 (gekürzt).

Pascin: Jules Pascin, eigentlich Julius Mordecai Pincus (Pintas), bulgarisch-französischer Maler und Graphiker (1885–1930), seit 1905 in Paris, 1914–1921 in Amerika. Zeichnete in subtiler Linienführung und mit verhaltener Melancholie, oft in pikanten Szenen, die Ausgestoßenen der kapitalistischen Gesellschaft.

88 *Orlik*: Emil Orlik, Graphiker und Maler (1870–1932), Vertreter des Jugendstils, 1900/01 und 1912 in Japan, ab 1905 in Berlin Lehrer an der Kunstgewerbeschule.

Levy: Rudolf Levy, Maler (1875–1944), dem Fauvismus nahestehend.

Ernesto de Fiori: italienisch-deutscher Bildhauer (1884–1945), vertrat impressionistische Tendenzen.

Niels de Dardel: Nils von Dardel, schwedischer Maler, Zeichner und Bühnenbildner (1888–1943).

89 **[Über journalistische Arbeit]**
In: Der Spießer-Spiegel. Dresden 1925. S. 5–12 (stark gekürzt); Neudruck in: Das neue Gesicht der herrschenden Klasse. Frankfurt/Main 1973.

90 **Die Kunst ist in Gefahr. Ein Orientierungsversuch**
(zusammen mit Wieland Herzfelde)
In: Die Kunst ist in Gefahr. Drei Aufsätze, Berlin 1925, S. 5–32; Neudruck Königstein 1981; Neudruck: Manifeste Manifeste, a.a.O., S. 340–358; Die zwanziger Jahre, a.a.O., S. 126–137. Um die fast wörtlich aus ›Die Abwicklung‹ übernommenen Passagen gekürzt.

91 *Flaxman*: John Flaxman, englischer Bildhauer und Illustrator (1755–1826), Urheber der am griechischen Vasenbild geschulten klassizistischen Umrißzeichnung.

Genelli: Bonaventura Genelli, Maler und Zeichner (1798–1868), stand in Rom in Verbindung mit den Nazarenern.

91 *Pointillisten und Neopointillisten*: Künstler einer zuerst in Frankreich Ende 19. Jahrhunderts aufgekommenen Richtung, die bestrebt waren, relativ reine Farben in kurzen Strichen nebeneinander aufzutragen. Hauptvertreter: Georges Seurat.

Leibl: Wilhelm Leibl, Maler (1844–1900), Hauptvertreter des Realismus.

Lenbach: Franz von Lenbach, Maler (1836–1904), porträtierte die bedeutendsten Männer der Gründerzeit.

Defregger: Franz von Defregger (1835–1921), bekannt durch genrehafte Darstellungen Tiroler Bauern.

Trübner: Wilhelm Trübner, Maler (1851–1917), stand zunächst dem Leibl-Kreis nahe, dann impressionistischen Tendenzen.

Scholle: 1899 gegründete Gruppe Münchener Maler (Erler, Putz, Münzer u. a.), dem Jugendstil zugehörig.

Eichler: Reinhold Max Eichler, Maler und Illustrator (1872–1947), Mitarbeiter der ›Jugend‹, Mitglied der ›Scholle‹.

Putz: Leo Putz, Maler und Illustrator (1869–1940), Mitarbeiter der ›Jugend‹, Gründungsmitglied der ›Scholle‹, Mitglied der Berliner, Wiener und Münchener Sezessionen.

Erler: Fritz Erler, Maler, Graphiker und Bühnenbildner (1868–1940), 1896 Mitbegründer der ›Jugend‹, Gründungsmitglied der ›Scholle‹.

Carl Vinnen: Landschaftsmaler (1863–1922), machte durch seinen gegen den französischen Impressionismus gerichteten ›Protest deutscher Künstler‹ (1911) von sich reden.

Hans Thoma: Maler und Graphiker (1839–1924), bedeutender Realist, populär besonders durch seine Schwarzwaldlandschaften, neigte in seinem Spätwerk zu symbolistischen Tendenzen.

Kubin: Alfred Kubin, österreichischer Zeichner und Illustrator (1877–1959), bevorzugte das Dämonische und Unheimlich-Groteske.

Ensor: James Ensor, belgischer Maler und Radierer (1860–1942), gestaltete Visionen und Angstträume, wurde später von Grosz sehr geschätzt.

Doms: Wilhelm Doms, Maler und Radierer (geb. 1868).

92 *Dempsey*: Jack Dempsey, bekannter amerikanischer Boxer. 1925 von de Fiori porträtiert.

93 *Kandinsky*: Wassili Kandinsky, russischer Maler (1866–1944), erster Vertreter der abstrakten Malerei.

Paul Klee: Schweizer Maler und Graphiker (1879–1940), schuf phantastisch-skurrile Werke.

94 *aus dem Weimarer Bauhause*: Kunstinstitut, 1919 unter Leitung von Walter Gropius in Weimar gegründet, 1925–1932 in Dessau weitergeführt. Die neuen künstlerischen Lehrmethoden und die moderne Formgestaltung des Bauhauses wurden über Deutschland hinaus bis in die Gegenwart richtungweisend. Nach anfänglich expressionistischen Tendenzen (1919 bis 1922) wurden konstruktivistische Gestaltungsprinzipien maßgebend.

95 *Konstruktivismus*: Kunstrichtung, geprägt von der Verwendung technoider und mathematisierter Formen und elementarer Farbskala, seit 1917 zu europäischer Geltung gelangt.

96 *Cassirer*: Paul Cassirer, Kunsthändler und Verleger (1871–1926), einer der wichtigsten Förderer des Impressionismus in Berlin.

97 *Delacroix*: Eugène Delacroix, französischer Maler (1798–1863), Führer der romantischen Malerei in Frankreich.

Gauguin: Paul Gauguin, französischer Maler, Graphiker und Bildhauer (1848–1903), symbolistischer Wegbereiter des Expressionismus.

98 *Angelo Jank*: Maler und Illustrator (1868–1940), Mitarbeit an der ›Jugend‹, dann bekannt vor allem durch impressionistische Jagd-, Reit- und Rennbilder.

100 *aus Gustav Freytags Zeiten*: Gustav Freytag, Schrift-

steller (1816–1895), Publizist der aufstrebenden Mittelklasse.

100 *›Meggendorfer‹*: ›Meggendorfer Blätter‹, humoristische Zeitschrift, 1886 von dem Zeichner Lothar Meggendorfer gegründet.

102 **Brief an Otto Schmalhausen 27. 5. 1927**
In: Briefe, S. 101 f. (gekürzt).
mit Flechtheims Spekulation: Alfred Flechtheim (1878–1937), einer der bedeutendsten Kunsthändler in Berlin bis zu seiner Emigration 1933; Grosz stand bei ihm seit 1923 unter Vertrag.
Courbet: Gustave Courbet, französischer Maler (1819–1877), bedeutender Realist.

103 **Brief an Otto Schmalhausen 1927**
In: Briefe, S. 102–104 (gekürzt).
die Fetische der Brüder: die Brüder Wieland Herzfelde (eigentlich Herzfeld), Publizist und Schriftsteller, geb. 1896, und John Heartfield (eigentlich Helmut Herzfeld), Fotomonteur, 1891–1968, gründeten 1917 den Malik-Verlag.

104 *›Knüppel‹*: ›Der Knüppel‹, satirische Wochenschrift der KPD, erschienen 1923–1927, herausgegeben von G. Grosz und John Heartfield.

105 *›Max Hermann‹*: ›Porträt des Schriftstellers Max Hermann-Neiße‹. 2. Fassung, 1927, Museum of Modern Art New York (Erstfassung von 1925 in der Städtischen Kunsthalle Mannheim, 1925 erworben).

Brief an Otto Schmalhausen 17. 7. 1927
In: Briefe, S. 105 f. (gekürzt).
Über den ›Drillbohrer‹ ist bisher weiter nichts bekannt.

106 **Brief an Otto Schmalhausen 14. 8. 1927**
In: Briefe, S. 106 (gekürzt).
Wiz: Wieland Herzfelde, mit Grosz seit Sommer

1915 bekannt und befreundet. Grosz arbeitete an der von Herzfelde herausgegebenen ›Neuen Jugend‹ und maßgeblich im 1917 von Herzfelde begründeten Malik-Verlag mit, gründet 1919 mit ihm zusammen die Zeitschrift ›Die Pleite‹.

107 **Brief an Otto Schmalhausen 8. 1927**
In: Briefe, S. 108 (gekürzt).

108 *Hildebrandt*: Gemeint ist sicher Hans Hildebrandts Buch ›Die Kunst des 19. und 20. Jahrhunderts‹, 1924 erschienen, in dem Grosz eine enthusiastische Passage gewidmet ist.

Brief an Otto Schmalhausen 8. [?] 1927
In: Briefe, S. 110–113 (gekürzt).
Schlichter: Rudolf Schlichter, Graphiker und Maler (1890–1955), seit 1919 mit Grosz bekannt, gehörte zur Berliner Dada-Gruppe, danach zum Verismus, zeichnete in den zwanziger Jahren für die führenden linksorientierten satirischen Zeitschriften.

111 **[Zur Darstellung des Proletariats]**
Mein Leben. In: Prozektor (Moskau) 1928, Nr. 14 (russ.); auszugsweise Übersetzung von Olof Kohl in: Ausstellungskatalog ›Wem gehört die Welt, Kunst und Gesellschaft in der Weimarer Republik‹, Berlin (West) 1977, S. 254; Nachdruck in: Die zwanziger Jahre, a. a. O., S. 153. •
Bis auf wenige Ausnahmen, z. B. ein 1927 geschaffenes Mädchenbildnis, stellt Grosz den Proletarier als verelendete Kreatur dar. Verschiedentlich wurde er deshalb angegriffen, im folgenden verteidigt er seine Position. Typisch für ihn ist die Konfrontation von feistem Bourgeois und ausgemergeltem Proletarier, von prassenden Kapitalisten und schuftenden Arbeitern.

112 **[Aus dem ›Gotteslästerungsprozeß‹]**
George Grosz wird vernommen. Aus dem stenographischen Protokoll des Gotteslästerungsprozesses.

In: Das Tagebuch, H. 9, 22. 12. 1928, S. 2210–2215 (gekürzt). Nachdruck in: Manifeste Manifeste, a. a. O., S. 379–385. Nach dem Erscheinen der Mappe ›Hintergrund‹ im Malik-Verlag, die 17 Zeichnungen zur Aufführung des ›Schwejk‹ an der Piscator-Bühne enthielt, wurde von unbekannter Seite Anzeige wegen ›Gotteslästerung‹ erstattet. Der Gerichtsprozeß fand in erster Instanz vor dem Schöffengericht in Berlin-Charlottenburg unter Vorsitz von Landesgerichtsdirektor Toelke statt. George Grosz und sein Verleger Wieland Herzfelde wurden an Stelle einer Gefängnisstrafe von zwei Monaten zu einer Geldstrafe von je 2000 Mark verurteilt, die bereits beschlagnahmte Zeichnung Nr. 10 (›Maul halten und weiter dienen‹) sollte eingezogen und die Platte unbrauchbar gemacht werden. Der Verteidiger Dr. Alfred Apfel legt Berufung ein. Der Prozeß zog sich bis zum November 1931 hin mit dem Urteil, die betreffende Zeichnung ›und alle im Besitze des Verfassers, Druckers, Herausgebers, Verlegers oder Buchhändlers befindlichen und die öffentlich ausgelegten oder öffentlich angebotenen Exemplare der Abbildung dieser Zeichnung sowie die zu ihrer Herstellung bestimmten Platten und Formen … unbrauchbar zu machen‹. Der Kampfausschuß gegen die Zensur, die Deutsche Liga für Menschenrechte, der Reichsverband bildender Künstler sowie Schriftsteller und Künstler wie Kurt Tucholsky, Carl von Ossietzky und Walter Mehring protestierten gegen das Verfahren gegen Grosz und Herzfelde.

117 *Buch von Schwejk*: die Januar 1928 im Malik-Verlag herausgegebene Publikation ›Hintergrund. 17 Zeichnungen zur Aufführung des ‚Schwejk' in der Piscator-Bühne‹.

118 **Das feine Milljöh**
In: Der Querschnitt, 11. Jg. 1931, H. 1, S. 14–17 (gekürzt). Die am Ende dieses Aufsatzes geäußerten Vorstellungen wurden von der proletarisch-revolu-

tionären Filmkunst verwirklicht: 1932 drehte Slatan Dudow ›Kuhle Wampe oder: Wem gehört die Welt‹.

121 *Menjou*: Adolph Menjou, amerikanischer Filmschauspieler (1890–1963), Liebhaber- und Charakterdarsteller.

122 **Unter anderem ein Wort für deutsche Tradition**
In: Das Kunstblatt, 15. Jg. 1931, H. 3, S. 79–84. Nachdruck in: Die zwanziger Jahre, a.a.O., S. 277–280.

123 *Kosmogonien*: Lehren von der Entstehung des Weltalls.

127 *Malewitsch*: Kasimir Sewerinowitsch Malewitsch, russisch-sowjetischer Maler, Graphiker und Kunsttheoretiker (1878–1935), gelangte 1913 zur gegenstandslosen Malerei, die er ›Suprematismus‹ nannte. Hauptwerk: ›Schwarzes Quadrat auf weißem Grund‹ (1913).
Multscher: Hans Multscher, Bildhauer und Maler (um 1400–um 1467), einer der bedeutendsten Vertreter der Kunst der frühbürgerlichen Revolution in Deutschland.
Mäleßkircher: Gabriel Mäleßkircher, oberbayrischer Maler (gest. 1495), in seiner Frühzeit von Multscher beeinflußt.
Huber: Wolf Huber, Maler und Zeichner (um 1485–1553), neben Altdorfer Hauptmeister der Donauschule, in der Figur und Landschaft detailreich in romantisch-märchenhaften Stimmungen wiedergegeben sind.
Altdorfer: Albrecht Altdorfer, Maler, Graphiker und Baumeister (um 1440–1538), Hauptmeister der Donauschule.

128 *Schultze-Naumburg*: Paul Schultze-Naumburg, Architekt, Maler und Kunstschriftsteller (1869–1949), Mitglied der faschistischen Organisation ›Kampfbund für Deutsche Kultur‹.
Werdandibund: gegründet von Friedrich Seeßelberg,

deutschtümelnder Verein, gab ab 1909 die Zeitschrift ›Wertung‹ heraus.

128 › *Protest deutscher Künstler*‹: 1911 von dem Landschaftsmaler Carl Vinnen herausgegebene Schrift gegen den französischen Impressionismus.

Brief an Otto Schmalhausen 23. 8. 1931
In: Briefe, S. 126 f., (gekürzt).

129 *Bröchel*: familiär für Bruegel (siehe Anm. zu S. 58).
Dix: Otto Dix, Maler und Graphiker (1891–1969), Hauptvertreter des Verismus.
beim blutigroten John: John Heartfield (Helmut Herzfeld), Fotomonteur, Typograph und Bühnenbildner (1891–1968), war seit 1915 mit Grosz befreundet.
Nelli: Dix' Tochter.

130 *Hadischsche*: Ausdruck für ›nicht sehr genaues Gerede‹ (Knust).
Nietzsche: Friedrich Nietzsche, Philosoph (1844 bis 1900), schuf die Lehre vom durch ›Willen zur Macht‹ geleiteten Übermenschen.

[Ankunft in New York]
In: Autobiographie, S. 222–225 (gekürzt).

131 *John Sloan*: amerikanischer Maler, Illustrator und Karikaturist (1871–1951), 1914–20 und 1935–38 Lehrer an der Art Students League, 1931 deren Präsident, Vertreter des Realismus.

132 *I. B. Neumann*: Israel Ber Neumann (auch Joseph B. Neumann), Kunsthändler, Verleger und Sammler (1887–1961), seit 1911 in Berlin, fördert seit 1918 die Dada-Bewegung, übersiedelt 1923 nach den USA, New York.

133 **Brief an Eva Grosz 4. 8. 1932**
In: Briefe, S. 149–152 (gekürzt).
Eva Grosz: Grosz hat Eva Peter, eine von drei Töchtern des Landvermessers Peter, 1916 in der Orlikklasse der Kunstgewerbeschule kennenge-

lernt und am 26. Mai 1920 geheiratet. Kosename: Maud.

134 *Braque*: Georges Braque, französischer Maler und Graphiker (1882–1963), Vertreter des Kubismus.

135 **[Vorbereitung zur endgültigen Übersiedelung nach Amerika]**
In: Autobiographie, S. 226–231 (gekürzt).

138 **Wie ich ein amerikanischer Illustrator werden wollte**
In: Autobiographie, S. 232–237 (gekürzt).

139 ›*voluntary exiles*‹: engl., politische Flüchtlinge.
›*refugees*‹: engl., Flüchtlinge.

140 *Spengler*: Oswald Spengler, Geschichtsphilosoph (1880–1936), beschrieb in seinem Hauptwerk ›Der Untergang des Abendlandes‹ (1918–1922) die abendländische Gegenwart als Verfallsstadium und Erlöschen der kulturellen Schöpferkraft, erblickte in Rußland die aufsteigende Kultur der Zukunft.
›*Yes, indeed*‹: engl., Ja, wirklich.
›*Everything is fine*‹: engl., Alles ist schön.

143 *Düsseldorfer Genrekunst*: aus der ›Düsseldorfer Malerschule‹ seit den dreißiger Jahren des 19. Jahrhunderts hervorgegangene Malerei demokratischen und wirklichkeitsbezogenen Charakters, die den Anfang des kritischen Realismus in Deutschland markiert.
Freudianismus: Lehre Siegmund Freuds (1856–1939), des Begründers der Psychoanalyse.

144 *Doré*: Gustave Doré, französischer Zeichner und Buchillustrator (1832–1883), zeichnete sich durch große Erfindungskraft und Produktivität aus.

145 **Brief an Wieland Herzfelde 6. 6. 1933**
In: Briefe, S. 174–177 (gekürzt).
melting pot: Schmelztiegel.

146 **Brief an Felix Weil 21. 7. 1933**
In: Briefe, S. 179 (gekürzt).
Felix Weil: Mäzen von Grosz. 1920 fuhr Grosz mit
seiner Frau zu Weil nach Portofino/Italien. Während der Emigrationszeit unterstützte Weil Grosz
durch ein monatliches Fixum.
Goyas ... Greuelszenen: Radierfolge ›Los desastres de la
guerra‹ (Die Schrecknisse des Krieges), 1810
bis 1820.

147 **Brief an Wieland Herzfelde 4. 8. 1933**
In: Briefe, S. 180–182 (stark gekürzt).
Pawlow: Iwan Petrowitsch Pawlow, russisch-sowjetischer Physiologe (1849–1936), beschäftigte sich mit
den unbedingten und bedingten Reflexen.
Klages: Ludwig Klages, Philosoph und Psychologe
(1872–1956), vertrat die These einer ursprünglichen
Leib-Seele-Einheit, die durch den Intellekt gestört
wurde.

Brief an Herbert und Amrei Fiedler 8. 3. 1934
In: Briefe, S. 191–193 (gekürzt).
Herbert Fiedler: mit Grosz seit seiner Studienzeit in
Berlin eng befreundet, zeitweise gemeinsame Wohnung in Südende, ging 1912 nach Paris, wohin ihm
Grosz folgte, war später in Laren/Holland ansässig,
wo ihn Grosz 1935 besuchte.
148 *Deutsch-Römertum*: klassizierende Haltung der im
19. Jahrhundert in Rom tätigen deutschen Maler.
Marées: Hans von Marées, Maler (1837–1887), lebte
seit 1875 in Rom, strebte nach zeitloser Klassizität.
Liebermänner: abwertend für die deutschen Impressionisten und deren Meister Max Liebermann
(1847–1935).

149 **Brief an Wieland Herzfelde 30. 6. 1934**
In: Briefe, S. 199 (gekürzt).
Wiener Ereignisse: blutige Niederwerfung des Februaraufstandes der österreichischen Arbeiter.

Brief an Herbert und Amrei Fiedler 12.10.1934
In: Briefe, S. 202–204 (leicht gekürzt).

150 *Hans Baldung Dix*: zusammengesetzt aus Hans Baldung gen. Grien (1484/85–1545) und Otto Dix, Anspielung auf des letzteren altmeisterliche Malerei.

152 **Brief an Wieland Herzfelde 8.3.1935**
In: Briefe, S. 210–214 (stark gekürzt).
Tod Mühsams: Erich Mühsam, Politiker und Schriftsteller (1878–1934), von den Nazis im KZ Oranienburg ermordet.

Brief an Herbert und Amrei Fiedler 20.11.1935
In: Briefe, S. 225–227.
Sterne: Maurice Sterne, amerikanischer Maler (1878–1957), mit dem Grosz seit 1933 zusammen eine Schule betrieb.

154 *Orcagna*: Andrea Orcagna, italienischer Architekt, Bildhauer und Maler (gest. um 1378).

155 **Brief an Otto und Lotte Schmalhausen**
16.2.1936
In: Briefe, S. 236f. (leicht gekürzt).

157 **Brief an Otto Schmalhausen 8.3.1936**
In: Briefe, S. 239f. (gekürzt).
New Yorker Stadtbilder: u.a. ›Hafen von New York‹, Aquarell, Metropolitan Museum of Art, New York.

158 **Brief an Otto und Lotte Schmalhausen**
1.5.1936
In: Briefe, S. 243–245 (gekürzt).

159 *Urs Graf*: Schweizer Maler und Graphiker (um 1485–1527), schuf vor allem Federzeichnungen aus dem Landsknechtsleben von drastischer Realistik.

160 **Brief an Eva Grosz 10./15. 5. 1937**
In: Briefe, S. 259.
Komposition: Gemeint ist das Bild ›Erinnerung / Als
ich mitten in der Nacht aufwachte, sah ich das Haus
in Trümmern‹, Öl, Nachlaß.

161 **Brief an Otto Schmalhausen 16. 10. 1937**
In: Briefe, S. 264 f. (gekürzt).

162 *Scholz*: Robert Scholz, nach 1920 Schüler von Karl
Hofer, dann Hauptschriftleiter der ›Kunst im Deutschen Reich‹ (seit 1939) und Apologet der faschistischen Kunst (›Kunstgötzen stürzen‹, 1933).
Willrich: Wolfgang Willrich, Maler und Schriftsteller, schrieb nazistische Schmähschriften gegen moderne Kunst (›Die Säuberung des Kunsttempels.
Eine kunstpolitische Kampfschrift zur Gesundung
deutscher Kunst im Geiste nordischer Art‹, 1937).
Eichhorst: Franz Eichhorst, Maler (1885–1948), u. a.
›Im Splittergraben‹, 1943.

163 **Brief an Herbert Fiedler 17. 11. 1937**
In: Briefe, S. 265 f.
Dalí: Salvador Dalí, spanischer Maler und Graphi-
ker (geb. 1904), Hauptvertreter des Surrealismus.
Tschelitscheff Pavel: russisch-amerikanischer Maler,
Illustrator, Bühnenbildner und Kostümzeichner
(1898–1957), Surrealist.
Buchhändler Weyhe: Kunstbuchhandlung E. Weyhe in
New York.

164 *Kikeriki Giorgio de Chirico*: familiär-abwertend für
Giorgio de Chirico, italienischer Maler (1880–1978),
Begründer der Pittura metafisica.
Feuerbach: Anselm Feuerbach, Maler (1829–1880),
Deutschrömer.

Brief an Otto Schmalhausen 5. 12. 1937
In: Briefe, S. 266.
Mondstücke: u. a. ›Das Meer, die Felsen und der im-
merwährende Mond‹, 1936, Öl, Privatsammlung.

165 Brief an I. B. Neumann 17. 3. 1938
In: Briefe, S. 269 f.

166 Brief an Erwin Piscator 29. 6. 1938
In: Briefe, S. 272–274 (gekürzt).
Erwin Piscator: Theaterregisseur (1893–1966), seit 1919 mit Grosz bekannt, der 1927/1928 für seine ›Schwejk‹-Inszenierung Figurinen und Hintergründe zeichnete.

167 Brief an Elisabeth Lindner 7. 7. 1938
In: Briefe, S. 274 f. (gekürzt).

Brief an Herbert Fiedler 23. 10. 1939
In: Briefe, S. 289 f. (gekürzt).

168 Brief an Herrn Schueck 11. [?] 1940
In: Briefe, S. 291 (gekürzt).
Callot: Jacques Callot, französischer Radierer und Zeichner (1592–1635), schuf zwei Folgen ›Misères de la guerre‹ (1632 und 1633).

169 Brief an Erich Cohn 19. 2. 1942
In: Briefe, S. 297–299.
H. Füssli: Johann Heinrich Füßli, schweizerisch-englischer Maler und Dichter (1741–1825), malte 1782 ›Nachtmahr‹ (Frankfurt/M.).

172 Brief an Margit Varga 27. 2. 1942
In: Briefe, S. 299 f.

173 Brief an Pegeen Sullivan 17. 2. 1943
In: Briefe, S. 313 (gekürzt).
Pegeen Sullivan: Kunsthändlerin, vertrat die Associated American Artists (AAA), zu der Grosz von seinem vormaligen Kunsthändler Meynard Walker überwechselte.

174 Brief an Mrs. Raphael Navas 5. 4. 1943
In: Briefe, S. 317 f. (gekürzt).

174   *Mrs. Raphael Navas*: Kunstsammlerin in Wichita, Kansas (Murdock Collection).

175   **Über meine Zeichnungen**
In: Herbert Bittner (Herausgeber), George Grosz: Köln 1961, S. 32–35 (gekürzt).
Der Text wurde von Grosz im August 1944 in Cape Cod verfaßt. Er erschien erstmals als Einführung (On my Drawings) zu dem Band: George Grosz Drawings. H. Bittner & Co. New York 1944.
und Mantegnas: Andrea Mantegna, italienischer Maler und Kupferstecher (1431–1506), Hauptvertreter der Renaissance, schuf perspektivisch exakte, die Figuren scharfplastisch modellierende Werke.

176   *Pisanello*: Antonio Pisanello, italienischer Maler und Medailleur (vor 1395–1455), Vertreter der Frührenaissance, zeichnet sich durch scharfe Naturbeobachtung aus.

179   **Brief an Reeves Lewenthal 19. 1. 1945**
In: Briefe, S. 340.
Reeves Lewenthal: Gründer der Künstlervereinigung Associated American Artists (AAA).

180   **Brief an Estelle Mandel 15. 3. 1945**
In: Briefe, S. 345 f. (gekürzt).

182   **Brief an Henry Miller 14. 12. 1946**
In: Briefe, S. 384–386 (leicht gekürzt).
Henry Miller: amerikanischer Schriftsteller (1891 bis 1980).

185   **Brief an Bertolt Brecht 30. 3. 1947**
In: Briefe, S. 389 f. (gekürzt).
1932 hatte Grosz 25 Zeichnungen zu Brechts Kinderbuch ›Die drei Soldaten‹ (Versuche 14, H. 6, Gustav Kiepenheuer Verlag Berlin) gemacht, 1935 besuchte er den Schriftsteller in Svendborg (Dänemark). 1936 korrespondierte er mit Wieland Herzfelde über er-

neute Brecht-Illustrationen, die jedoch nicht zustandekamen. 1954–1956 entstand eine satirische Gerichtsszene mit dem Titel ›Die Bertolt-Brecht-Story‹ (Aquarell, Privatsammlung).

Sartre: Jean-Paul Sartre, französischer Philosoph und Schriftsteller (1905–1980), Hauptvertreter des Existentialismus.

Heidegger: Martin Heidegger, Philosoph (1889–1976), führender Vertreter der Existenzphilosophie.

186 **Brief an Max Pechstein 5. 1947**
In: Briefe, S. 394 f. (gekürzt).
Max Pechstein: Maler und Graphiker (1881–1955), Vertreter des Expressionismus. 1930 traf sich Grosz mit Pechstein in Ahrenshoop.

Brief an Otto Schmalhausen 4. 12. 1947
In: Briefe, S. 402–404.
Manhunt: engl., Menschenjagd.
The Pit: engl., Grube, Schlund.
187 *Bugaboos*: Popanze, Schreckgespenster.
188 *Juggernaut*: Schreckgespenst.
Pechsteinmaxes gauguinhafter Malerei: Gemeint ist, bezogen auf Max Pechstein und Paul Gauguin (1848 bis 1903), eine dekorative expressionistische Malerei.
Vuillard: Edouard Vuillard, französischer Maler und Lithograph (1868–1940), gehörte zur symbolistischen Gruppe der Nabis.
189 *body*: Körper, Substanz.
Uhde: Fritz von Uhde, Maler (1848–1911), Vertreter des Impressionismus.

190 **Brief an Otto und Lotte Schmalhausen**
4. 11. 1948
In: Briefe, S. 417 (gekürzt).
Leonardo: Leonardo da Vinci, italienischer Maler, Bildhauer, Baumeister und Forscher (1452–1519), Hauptmeister der Renaissance.

190   *Masereel*: Frans Masereel, belgischer Graphiker und Maler (1889–1972), bekannt vor allem durch seine Holzschnittbücher. 1925 verbrachte Grosz einen Teil seines Frankreichurlaubs bei ihm in Boulogne-sur-Mer.

     Verhaeren: Emile Verhaeren, belgischer Dichter (1855–1916), gefeiert als ›Sänger des Maschinenzeitalters‹.

     Franz Kafka: deutsch-österreichischer Schriftsteller (1883–1924), beschwor in visionären Romanen und Erzählungen die Entfremdung des Menschen in der spätbürgerlichen Gesellschaft.

191   **Brief an Otto Schmalhausen 31. 7. 1949**
In: Briefe, S. 432–435 (gekürzt).

     Ratgeb: Jerg (Jörg) Ratgeb, Maler (um 1480–1526), gelangte zu einem ungewöhnlich expressiven Realismus.

     Fraenger: Wilhelm Fraenger, Volkskundler und Kunstforscher (1890–1964), veröffentlichte u. a. über Bosch und Ratgeb.

     Peace: ›Friede II‹, Öl, Whitney Museum of American Art, New York.

192   *Considérant*: Victor Considérant, französischer Sozialist (1808–1893), publizistischer Vorkämpfer radikaldemokratischer und sozialistischer Reformen.

     Kropotkin: Pjotr Alexejewitsch Kropotkin, russischer Philosoph und Historiker (1842–1921), Theoretiker des Anarchismus.

     Oppenheimer: Robert Oppenheimer, amerikanischer Physiker (1904–1967), unter dessen Leitung 1943 die erste Atombombe hergestellt wurde. Widersetzte sich später dem Bau der Wasserstoffbombe.

     Toynbee: Arnold Toynbee, britischer Kulturtheoretiker und Geschichtsphilosoph, schuf unter dem Einfluß von Bergson und im Gegensatz zu Spengler eine Darstellung der Kulturentwicklung der Menschheit.

     Spengler: Oswald Spengler, Kultur- und Geschichtsphilosoph (1880–1936). Der Pessimismus seiner kulturkritischen Schrift ›Der Untergang des Abendlandes‹ (1918–1922) beeinflußte seit den zwanziger Jahren zahlreiche Intellektuelle.

193 **Brief an Rudolf Schlichter 18. 8. 1949**
In: Briefe, S. 435 f. (gekürzt).
Rudolf Schlichter: vgl. Anm. zu S. 108.
Jackson Pollock: amerikanischer Maler (1912–1956), Wegbereiter der modernen abstrakten Malerei, gehört mit R. Motherwell u. a. zum Tachismus (auch Action painting oder Abstrakter Expressionismus).
Dubuffet: Jean Dubuffet, französischer Maler (geb. 1901).

194 *Miroisten*: Gemeint sind Anhänger von Joan Miró, spanischer Maler (1893–1983), Surrealist.

195 **Brief an Otto Schmalhausen 29. 5. 1950**
In: Briefe, S. 443–445 (gekürzt).
van Eyck: Jan van Eyck, niederländischer Maler (um 1390–1441), zeigt genaue Naturbeobachtung in miniaturhaft feiner Malerei bei noch im Mittelalter verwurzelter Thematik.
Memling: Hans Memling, niederländischer Maler deutscher Herkunft (1430/40–1494).

196 **Brief an Herrn Hofner 9. 5. 1958**
In: Briefe, S. 515 f. (gekürzt).
Th. Th. Heine: Thomas Theodor Heine, Zeichner, Karikaturist und Maler (1867–1948), arbeitete von 1896–1933 für den ›Simplicissimus‹.
Simpel: ›Simplicissimus‹ vgl. Anm. zu S. 24.
Tucholsky: Kurt Tucholsky, Schriftsteller (1890–1935), setzte sich seit 1920 u. a. in der ›Weltbühne‹ mit Grosz auseinander, u. a. mit seiner Haltung in den Prozessen.

197 **Der Maler betritt sein Atelier**
In: Autobiographie, S. 288–290.

197 *Rogier van der Weyden*: Ausschnitt aus dem ›Weltgerichtsaltar‹ (1450/51), Beaune.

199 *Maler Apelles*: Nach einer Legende malte der antike Maler Weintrauben so naturgetreu, daß Vögel daran pickten.

200 **Brief an Herbert Fiedler 25.5.1957**
In: Hans Hess: George Grosz. Dresden 1982, S. 249.

[Zweifel am Sinn der Malerei]
aus ›The Arts in America‹ in: The American Peoples Encyclopedia, Yearbook, Events and Personalities of 1957. Chicago 1958, p. 110–113. In: Lothar Fischer: George Grosz. Reinbek 1976, S. 125.
Jack Levine: amerikanischer Maler (geb. 1915), setzte sich in kritischen Werken wie ›Begräbnis eines Gangsters‹ mit der amerikanischen Realität auseinander.
Ben Shahn: amerikanischer Maler (1898–1969), Vertreter des Realismus.
Morris Graves: amerikanischer Vogelmaler (geb. 1910).

Biographie

1893	26. Juli: Geburt von Georg Ehrenfried Groß in Berlin, Jägerstraße 63, jetzt: Otto-Nuschke-Straße (Grundstück zerstört). Der Vater Karl Ehrenfried Groß ist der Wirt der ›Bauern-Schänke‹.
1898	Übersiedlung nach Stolp in Pommern, wo der Vater Kastellan und dienender Bruder der Freimaurerloge wird.
1900	Tod des Vaters.
1901	Umzug mit der Mutter nach Berlin-Wedding, Wöhlertstraße; Einschulung.
1902	Rückkehr nach Stolp. Die Mutter wird Köchin im Offizierskasino der Fürst-Blücher-Husaren.
1908	Verweisung von der Oberrealschule.
1909	Studium an der Königlich Sächsischen Akademie der Künste in Dresden bei Richard Müller, Robert Sterl, Raphael Wehle und Osmar Schindler (bis 1911). Besuch bei Karl May in Radebeul.
1910	Veröffentlichung der ersten Karikatur im ›Ulk‹, Beilage des ›Berliner Tageblattes‹.
1912	Besuch der Kunstgewerbeschule in Berlin bei Emil Orlik (bis 1917). Werke: Erste Lithographien, Zeichnungen an der Peripherie von Berlin, erstes Auftreten von Greuelthematik: ›Homunkulus‹, Bleistift.
1913	August bis November: Paris, Studien im Atelier von Colarossi, Bekanntschaft mit Jules Pascin. Werke: ›Das Ende des Weges‹, Bleistift aquarelliert, Museum of Modern Art, New York.
1914	11. November: Kriegsfreiwilliger. Werke: ›Café Denis‹, Feder und Farbstift, Privatbesitz New York.
1915	11. Mai: Entlassung als dienstuntauglich. Bekanntschaft mit den Brüdern Herzfeld. Werke: ›Die Straße‹, Öl, Staatsgalerie Stuttgart; ›Durchhalten‹, Feder. Erste Gedichte (bis 1918 oder 1920).

Veröffentlichung in der ›Aktion‹ (Gedicht und Zeichnung).

1916 Mitarbeit an Wieland Herzfeldes ›Neuer Jugend‹. September: Änderung des Namens in George Grosz (seit mindestens Mai 1916 bereits Georg Grosz). November: Artikel des Dichters Theodor Däubler über Grosz in den ›Weißen Blättern‹.
Werke: ›Der Liebeskranke‹, Öl, Privatbesitz New York; ›Abenteurer‹, Öl, verschollen.

1917 4. Januar: Einberufung; 5. Januar: Einlieferung in Lazarett; 23. Februar: Überbringung in Nervenheilanstalt. 27. April: Rückkehr nach Berlin; 20. Mai: Als dauernd dienstuntauglich aus dem Heer entlassen. Mitbegründer des Berliner Dada.
Werke: ›Erste George-Grosz-Mappe‹ (Verlag Heinz Barger); ›Kleine Grosz-Mappe‹ (Malik-Verlag).
›Explosion/Metropolis‹, Öl, Museum of Modern Art, New York.

1918 Mitglied der November-Gruppe. 31. Dezember: Mitglied der Kommunistischen Partei.
Werke: ›Widmung an Oskar Panizza‹, Öl, Staatsgalerie Stuttgart; ›John der Frauenmörder‹, Öl, Kunsthalle Hamburg; Trickfilm ›Pierre in St. Nazaire‹ (mit John Heartfield).

1919 Collagen und Fotomontagen, teilweise zusammen mit John Heartfield; Mitarbeit an den politisch-satirischen Zeitschriften ›Jedermann sein eigner Fußball‹, ›Der blutige Ernst‹ und ›Die Pleite‹ (bis 1923); Programmhefte und Marionetten für das politische Kabarett ›Schall und Rauch‹.
›Deutschland ein Wintermärchen‹, Öl, 1917/19, verschollen.

1920 April: Erste Einzelausstellung bei Hans Goltz, München. Die dort vertriebene Zeitschrift ›Valori plastici‹ der italienischen Pittura metafisica löst eine Periode der mechanischen Konstruktion aus (bis 1921). 26. Mai: Heirat mit Eva Peter. Organisation und Mitarbeit an der ›Ersten Internationalen Dada-Messe‹ in der Kunsthandlung Burchard.

Werke: ›Monteur Heartfield‹, Aquarell und Collage, Museum of Modern Art, New York; Mappe ›Gott mit uns‹ (Malik-Verlag); Bühnenentwürfe für Shaws ›Cäsar und Cleopatra‹ (mit Heartfield); zwei Wandbildentwürfe für die Turnhalle eines Arbeitersportvereins.

Schriften: ›Der Kunstlump‹ (mit Heartfield), in: ›Der Gegner‹ 1920, H. 10–12; ›Statt einer Biographie‹ (Erstfassung).

1921   21. April: Prozeß wegen ›Beleidigung der Reichswehr‹ in der Mappe ›Gott mit uns‹.

Werke: ›Das Gesicht der herrschenden Klasse‹, Mappe ›Im Schatten‹ (beide Malik-Verlag).

1922   Im Sommer sechsmonatige Reise mit Martin Andersen Nexö über Dänemark in die Sowjetunion, Audienz bei Lenin.

Werke: Mappen ›Die Räuber‹, ›Mit Pinsel und Schere‹ (beide Malik-Verlag), Zeichnung für Plakat anläßlich der Ermordung Walter Rathenaus. Ende Dezember Auslieferung der ersten Exemplare von ›Ecce homo‹.

1923   Bei Alfred Flechtheim erste Einzelausstellung in Berlin.

Werke: ›Ecce homo‹, ›Abrechnung folgt‹ (beide Malik-Verlag).

1924   16. Februar: Prozeß wegen ›Angriffs auf die öffentliche Moral‹ in der Mappe ›Ecce homo‹. Vorsitzender der ›Roten Gruppe‹, Vereinigung kommunistischer Künstler. 30. März bis Ende Mai: Reise nach Paris.

Mitarbeit an der satirischen Wochenschrift ›Der Knüppel‹ (bis 1927) und an Flechtheims ›Querschnitt‹ (bis 1933).

Schriften: ›Abwicklung‹, ›Kurzer Abriß‹.

1925   Juli bis Oktober: Reise nach Frankreich, u. a. Aufenthalt bei Frans Masereel.

Werke: ›Der Spießer-Spiegel‹, Carl Reissner Verlag Dresden.

Schriften: ›Die Kunst ist in Gefahr‹ (mit Wieland Herzfelde).

1926   22. Mai: Geburt des ersten Sohnes Peter Michael. Mitarbeit am ›Simplicissimus‹ (bis Ende 1932).

Werke: ›Sonnenfinsternis‹, Öl, Heckscher Museum, Huntington, New York; ›Stützen der Gesellschaft‹, Öl, Nationalgalerie Berlin (West).

1927   Mai bis Oktober: Reise nach Frankreich. Beginn der Zeichnungen für Erwin Piscators ›Schwejk‹-Inszenierung.

Werke: ›Der Warner – Selbstbildnis in blauem Kittel, Öl, Neue Berlinische Galerie Berlin (West).

1928   September: London. Mitbegründer der ARBKD (Asso) in Berlin. 20. Dezember: Beginn des ›Gotteslästerungsprozesses‹ (bis 1930).

Werke: ›Der Agitator‹, Öl, Stedelijk Museum Amsterdam; ›Künstler und Modell‹, Öl, Museum of Modern Art, New York; Mappe ›Hintergrund‹, (Malik-Verlag).

1929   Ausstellung bei Paul Cassirer, Berlin.

Werke: ›Der Weinachtskarpfen‹, Öl, Privatsammlung BRD.

1930   28. Februar: Geburt des Sohnes Martin Oliver.

Werke: ›Das neue Gesicht der herrschenden Klasse‹, ›Die Gezeichneten‹ (beide Malik-Verlag), ›Über alles die Liebe‹, Bruno Cassirer Verlag.

1931   Watson F. Blair-Preis, Art Institute Chicago.

Werke: ›A Post-War Museum‹, London 1931.

Schriften: ›Das feine Milljöh‹; ›Unter anderem ein Wort für deutsche Tradition‹.

1932   4. Juni: Gastdozent an der Art Students League in New York; 6. Oktober: Rückkehr nach Berlin.

Werke: Aquarelle mit New Yorker Straßenszenen.

1933   12. Januar: Grosz übersiedelt mit seiner Frau nach New York, lehrt an der Art Students League (bis

1936) und an der Sterne-Grosz-School (bis 1937). April: Bewerbung um die amerikanische Staatsbürgerschaft.
Werke: ›Der Brand‹, Aquarell, Wadsworth Atheneum, Hartford, Connecticut.

1935 Frühjahr: Ausstellung in New York; Juni bis September: Reise nach Europa (u. a. Besuch bei Brecht in Svendborg, Dänemark).
Werke: Mappe ›Bagdad-on-the-Subway‹, Aquarelle zu O'Henry.

1936 20. Juli: Umzug nach Douglaston, Long Island. Wiederaufnahme der Ölmalerei.
Werke: ›Das Meer, die Felsen und der immerwährende Mond‹, Öl, Privatbesitz; Mappe ›Interregnum‹, Black Sun Press New York.

1937 Guggenheim-Stipendium für 2 Jahre, Auflösung der privaten Malschule. Beginn der Sommeraufenthalte in Cape Cod (bis 1945).
Werke: ›Apokalyptische Landschaft‹, Öl, Privatbesitz.

1938 Amerikanische Staatsbürgerschaft.
Werke: ›Ein Stück meiner Welt II/Das letzte Bataillon‹, Öl, Nachlaß
Bei der Bilderverbrennung durch die Nazis in Berlin werden Werke von Grosz vernichtet.

1940 Watson F. Blair-Preis des Art Institute Chicago; Carol H. Beck-Medaille der Pennsylvania Academy of Fine Arts.
Werke: Ölbilder von weiblichen Akten und Dünen.

1941 Lehrer an der School of Fine Art, Columbia University (bis 1942) und an der Art Students League (bis 1944). Beginn der Autobiographie.

1943 August: Reise nach Andirondaks, Lake Garnet.
Werke: Illustrationen zu Grimms Märchen und Dantes ›Göttlicher Komödie‹.

1944 Tod der Mutter bei einem Luftangriff.
Werke: ›Kain oder Hitler in der Hölle‹, Öl, Nachlaß; ›Der Überlebende‹, Öl, Privatbesitz.

1946	Oktober: Ausstellung in New York ›A Piece of My World an a World Without Peace‹. Zweiter Preis des Carnegie Institute.

1946   Oktober: Ausstellung in New York ›A Piece of My World an a World Without Peace‹. Zweiter Preis des Carnegie Institute.
Werke: ›The Pit‹ (›Der Schlund‹), Öl, Wichita Art Museum; ›Friede II‹, Öl, Whitney Museum of American Art, New York; ›Stickmen‹, Aquarell, Nachlaß.
Schriften: ›A Little Yes and a Big No‹.

1947   Umzug nach Huntington, ›The Cottage‹.
Werke: ›Das Bataillon des Lochs‹, Aquarell.

1950   Wiederaufnahme der Lehrtätigkeit an der Art Students League (bis 1955).

1951   Mai bis Dezember Reise nach Europa.

1952   Sommer in Dallas (Texas).
Werke: ›Baumwollernte in Dallas‹, Öl, A. Harris and Co. Dallas, Texas.

1953   Eröffnung einer privaten Kunstschule.

1954   Retrospektive im Whitney Museum New York. Mitglied der American Academy of Arts and Letters. Juni: sechsmonatige Reise in die BRD, Empfang durch den Westberliner Senat, Besuch bei Dix in Hemmenhofen (Bodensee).
Werke: Kostümentwürfe für ›Bilderbogen aus Amerika‹ in der Kömodie Berlin (West), Entwurf von Dekorationen für den Remus-Film ›I am a Camera‹.

1955   2. Januar: Rückkehr in die USA über Hamburg.
Schriften: ›Ein kleines Ja und ein großes Nein‹ (leicht veränderte und erweiterte Fassung der Autobiographie).

1956   Lehrer an der Skowhagen School of Painting and Sculpture in Maine, November: Gastdozent am Art Center in Des Moines.

1958   September bis Dezember: Aufenthalt in Berlin (West). Mitglied der Akademie der Künste Berlin (West).
Werke: Collagen.

1959   Goldene Medaille des National Institute of Arts and Letters. 28. Mai: Rückkehr nach Berlin

(West). 6. Juli: Tod im Hausflur, Savignyplatz 5;
10. Juli: Beisetzung auf dem Charlottenburger
Waldfriedhof.

1979   Werkverzeichnis der Druckgraphik durch Alexander Dückers. Herausgabe der Briefe 1913–1949
durch Herbert Knust.

1986   Herausgabe der gesammelten Gedichte durch
Klaus Peter Dencker.

George Grosz – der (un)heimliche Romantiker

George Grosz – Graf Ehrenfried – Dr. William King Thomas – Georges Leboeuf – Böff: Der Mann, der sich in diese Pseudonyme kleidete, war eine der schillerndsten Persönlichkeiten und der gefürchtetste Satiriker der Weimarer Republik; nach seiner Übersiedlung in die USA wurde er zum Romantiker mit apokalyptischen Visionen, der seiner Vergangenheit entsagen wollte – um sie überbieten zu können? Eine Kluft scheint zwischen den ätzenden Gesellschaftssatiren der zwanziger Jahre und den in Amerika geschaffenen Werken zu liegen, zwischen dem klassenkämpferischen Gestus theoretischer Äußerungen damals und dem unverhüllten Antikommunismus während der McCarthy-Ära. Doch erblickten immer wieder Freunde und Bekannte auch im frühen Grosz Anzeichen von Romantik (und einem in sein Gegenteil verkehrten Idealismus), und vielleicht ist Grosz' Wort ›Ich war immer ein ‚heimlicher' Klassiker und Romantiker‹[1] das Schlüsselwort zum Verständnis seines Wesens und seiner Kunst.

Der Junge aus der Provinz

Geboren wurde George Grosz am 26. Juli 1893 als Georg Ehrenfried Groß in Berlin unweit der Friedrichstraße. Seine Kindheit verlebte er abwechselnd in Berlin und im pommerschen Kleinstädtchen Stolp.

Den Knaben Georg bestimmte Sehnsucht nach der Ferne, besonders nach einem mythischen Traumland Amerika, wie er es in den Werken von J. F. Cooper und Karl May kennenlernte, wenn er im pommerschen Städtchen mit seinen Freunden Indianer spielte, amerikanische Detektivromane verschlang, den Elegants des Paris-

---

[1] Brief an Erich Cohn 19.6.1942. In: Hans Hess: George Grosz. Dresden 1982, S. 218.

Petersburg-Expresses oder den Artisten des Zirkus Barnum & Bailey nachstarrte. Der Erotiker Grosz kündigt sich an in kindlicher Bewunderung der dickschenkligen Artistinnen. Solche Träume und Phantasien werden in der Beschränktheit einer Kleinstadt geboren. Die Realität lernt der kleine Georg gleich am ersten Schultag in Berlin kennen, den er als Alptraum erlebt. Der Lehrer verhöhnt ihn vor der Klasse wegen seiner Herkunft aus dem Pommerschen, und in der Pause stößt ihn mitsamt seinem Frühstücksbrot ein Mitschüler hinterrücks in eine Pfütze. Dieses scheinbar tiefwirkende Erlebnis lehrt Grosz ›das Gesetz von Hieb und Biß‹ und veranlaßt ihn, ›auch eine Schutzfarbe an/zu/nehmen‹.[2]

Als Wieland Herzfelde 1915 den 22jährigen Grosz kennenlernt, meint er: ›Den muß als Kind einmal etwas entsetzlich enttäuscht haben. Seitdem glaubt er nicht mehr.‹[3]

Grosz' weitere Schulerlebnisse in Stolp, wohin die Mutter ein Jahr später zurückzog, sind nicht dazu angetan, den ersten Eindruck von dieser preußischen Institution zu verwischen, die Grosz wie alles Preußisch-Militärische hassen wird. Die Lehrer beschreibt er als ›ein Arsenal menschlicher Schiefheit und Unzulänglichkeit‹.[4] Das herrschende brutale Prügelsystem bringt 1908 das Rebellentum des jungen Grosz zum Ausbruch. Er erwidert einem Lehramtskandidaten eine Ohrfeige, woraufhin er von der Schule verwiesen wird.

Grosz' Vorliebe für Greueltaten und Abnormitäten, die zu seiner Berühmtheit nicht wenig beitrug, wurde ebenfalls während der Kindheit in Stolp geweckt, wenn er auf den Jahrmärkten und Schützenfesten die Sensationspanoramen bewunderte, die er später als ›verdammt packende Darstellungen‹ und ›alte Volkskunst‹ bezeichnet und meint, sein ›Sinn für die Darstellung von Zeiti-

[2] Interview 1954. In: Lothar Fischer: George Grosz. Reinbek 1976 (im folgenden zit.: Fischer), S. 10.
[3] Wieland Herzfelde: Immergrün. Berlin 1949, S. 137.
[4] Jugenderinnerungen. In: Das Kunstblatt, 13.Jg., 1929, H.7, S. 239.

gem, von Wirklichkeiten dieser Welt‹[5] sei hier zuerst angeregt worden. Auch faszinierten ihn die ›Gemälde‹ der ›Seifenmaler‹, die in Kneipen mit Seife obszöne Darstellungen auf die Spiegel malten, die der kleine Grosz nachts heimlich ›vollendete‹.

Mit Zeichnen und Malen begann Grosz zeitig und ausdauernd, er spricht später vom ›angeborenen Fleiß‹.[6] Hier streiten zuerst Romantik und Realismus, letzterer ziemlich zaghaft, miteinander, auch zeigt sich schon ein Hang zur Karikatur. Angezogen von Kriegsberichterstattungen in Zeitschriften und von den Reiterkämpfen auf Bildern des Stolper Offizierskasinos, in dem die Mutter tätig war, fasziniert von den Mönchen Eduard von Grützners, die sich so gemütlich der Völlerei hingeben, träumt Grosz davon, einmal das Kriegerische und Romantische in einem Bilde zu vereinen: Ein schönes Mädchen reicht einem berittenen Husaren einen Becher goldenen Weines. Neben den Spätromantikern Schwind und Richter, die in eine märchenhaft-idyllische Welt entführen, zieht Grosz schließlich der Realist Adolph Menzel an, so daß er seine ganze Umgebung, einschließlich alter Schuhe, mit dem Zeichenstift festhält. Nachdem ihm seine Schwester einen Malkasten geschenkt hat, kopiert er in Öl nach Postkarten heute vergessener Künstler und nach Reproduktionen der ›Gartenlaube‹ seligen Angedenkens und ist auf seinen ersten Verkauf, ein Bildchen nach einer wilddramatischen Genreszene, sehr stolz. Er zeichnet aber auch Wilhelm-Busch-Geschichten ab und läßt sich von ihnen zu eigenen satirischen Bildgeschichten anregen.

Die bürgerliche Katastrophe der Schulverweisung macht überraschend Platz für den langgehegten Wunsch, Maler zu werden. Grosz hatte bereits an einem Zeichenkurs bei einem ehemaligen Debschitzschüler teilgenommen, der ihn erstmals mit dem Jugendstil in

---

[5] Ebenda, S. 172.
[6] Lebenserinnerungen. In: Kunst und Künstler, 29. Jg., 1930, November, S. 108.

eine vermutlich noch recht krause Beziehung brachte. Nachdem er gehört hatte, daß man mit Karikaturen Geld verdienen könne, schickte er – erfolglos – eine Reihe ›linienstilistischer‹ Blätter an verschiedene Zeitungen. Der Zeichenlehrer Papst bestärkt Grosz nunmehr in dem Wunsch, Künstler zu werden, und bringt ihm die handwerklichen Grundlagen des akademischen Zeichnens bei.

Grosz besteht die Aufnahmeprüfung und studiert von 1909 bis 1911 an der Königlich Sächsischen Kunstakademie in Dresden. Er lernt das Zeichnen nach Gipsabgüssen und versucht sich ehrgeizig an Kompositionen zu religiösen Themen. Einer seiner Lehrer ist der durch seine minutiös kläubelnde Zeichenweise und eine morbide Eleganz berühmte Professor Richard Müller, der die Studenten zu unbarmherzigem Drill antreibt. Da Grosz das Photographieren in Kreide,[7] wie er die Gipszeichnerei nennt, nicht genügt, skizziert er in Cafés und auf der Straße. Er selbst schreibt, daß ihn dieses Skizzieren zum Betrachten der Japaner und später zu Daumier und Toulouse-Lautrec brachte – es kann aber auch umgekehrt gewesen sein –, deren kunstvoll-einfache Liniensprache und vermutlich auch deren Antibürgerlichkeit ihn fesselten. Seine Studienkameraden machen den Jungen aus der Provinz mit den modernen Kunstströmungen, vor allem dem Expressionismus, bekannt. Sein norwegischer Kollege Herbert Kittelsen bestärkt Grosz in der ›Neigung zum Phantastischen und Grotesk-Satirischen‹,[8] die sich nunmehr von der trivialen Kriminalliteratur auf gehobene literarische Bereiche verschiebt: Grosz schätzt nun die Werke solcher Schriftsteller wie Gustav Meyrink, Hanns Heinz Ewers und Barbey d'Aurevilly, in denen das Schauerlich-Groteske wie psychologische Aspekte eine bedeutende Rolle spielen. 1910 hat Grosz seinen ersten künstlerischen Erfolg: Der

---

[7] Vgl. ebenda, S. 59.
[8] Ein kleines Ja und ein großes Nein. Hamburg 1955 (im folgenden zit.: Autobiographie), S. 85.

›Ulk‹, die satirische Wochenbeilage des ›Berliner Tage-
blatts‹, einer der größten Zeitungen Deutschlands,
druckt eine der Karikaturen, die er weiterhin unverdros-
sen eingeschickt hatte. Sie zeigt in ihrem schematischen,
aber durchaus jugendstilgemäßen Linienschwung un-
verkennbar den Einfluß von ›Simplicissimus‹-Zeich-
nern; Grosz selbst nennt als Anreger Bruno Paul, Julius
Klinger und Emil Preetorius. In weiteren Zeichnungen aus dieser Zeit findet sich schon eine erste Gegen-
überstellung von Arm und Reich als Dokumentierung
sozialen Empfindens, wenn auch ohne anklägerische
Note.

Mit Politik hat Grosz damals wenig im Sinn, obwohl
aus dieser Zeit der erste Versuch einer politischen Karikatur stammt. ›Aber mein Wissen um die wirklichen Zu-
sammenhänge und meine politische Bildung war gleich
Null, so daß ich nichts von Format machen konnte.‹ [9]
Wenn die Studenten bei einer sozialdemokratischen Demonstration zur Durchsetzung des allgemeinen Wahl-
rechts mit den Arbeitern sympathisierten, dann zwar
auch aus allgemeinem Protest gegen die Obrigkeit, nicht
zuletzt aber als ›abendfüllender Spaß‹ mit dem Reiz der
›mysteriösen Sensation‹. [10] ›Unsere Angriffe als ‚Künstler‘
waren nicht politisch. Sie richteten sich ganz allgemein
gegen den ‚Spießer‘. Wenn wir zusammen im Café am
Altmarkt saßen, bohrte Grosz ein Loch in die Zeitung
und schnipste Zuckerstückchen zu den Nachbartischen.
Er hatte Spaß am Skandal, besonders wenn dann der
Oberkellner zu toben anfing und die Bezahlung der ka-
putten Zeitung verlangte‹, [11] berichtet ein Mitschüler
über Grosz' Anfänge eines épater le bourgeois.

Da Grosz als geborener Preuße im Königreich Sach-
sen kein Staatsstipendium erhalten kann, wechselt er im
Januar 1912 nach Berlin zur dortigen Kunstgewerbeschule
über. Mit der Übersiedlung nach Berlin beginnt die

[9] Vorwort zum Spießer-Spiegel, Dresden 1925, S. 7.
[10] Autobiographie, S. 92.
[11] Curt Großpietsch im Gespräch mit Lothar Fischer. In: Fischer, S. 17.

eigentliche künstlerische Entwicklung des George Grosz.

Der romantische Misanthrop

Die Berliner Kunstgewerbeschule war modernen Strömungen gegenüber aufgeschlossener als die Dresdener Akademie; in den Berliner Galerien wurden Bahnbrecher wie Cézanne, van Gogh, Matisse, Picasso und Derain ausgestellt, deren bloße Namensnennung bei den Dresdner Lehrern Entrüstung ausgelöst hatte. Beherrscht wird die Berliner Kunstszene jener Jahre jedoch durch die Altmeister Max Liebermann und Lovis Corinth, die Häupter des deutschen Impressionismus und der Berliner Sezession, als deren Kontrahenten in der ›Neuen Sezession‹ die jungen Expressionisten aufzutreten beginnen; 1912 eröffnet Herwarth Walden seine ›Sturm‹-Galerie mit einer Ausstellung des ›Blauen Reiters‹, in der Galerie Gurlitt wird die ›Brücke‹ präsentiert, die aus der Dresdner Provinz nach Berlin übergesiedelt war.

Grosz' Lehrer ist nun Emil Orlik, ein ebenso anregender wie kultivierter Künstler, der von einer Japanreise ein feines Verständnis für die antinaturalistische Linienkunst der japanischen Zeichner und Holzschneider mitgebracht hat. Bei Orlik wird Grosz in seiner Hinwendung zum Zeichnen von Alltagsthemen bestärkt, aber er entwirft bei ihm auch dekorative ›Speisekarten, Buchumschläge, Schrift und Tapete‹.[12] Seine eigentlichen Bestrebungen jedoch gehen in eine andere Richtung, diktiert vom Haß auf den Bourgeois, der sich in jener Zeit zunehmender Selbständigkeit herauszubilden beginnt.

Grosz fiel bereits damals, wie sein Mitschüler Karl Hubbuch, in der Folgezeit selbst ein begnadeter veristischer Zeichner, überliefert, durch ›sicheres Benehmen‹ und ›moderne Kleidung, amerikanischer Stil‹[13] auf. (Von

---

[12] Vorwort zum Spießer-Spiegel, a.a.O., S.9.
[13] Karl Hubbuch, Brief vom 19.2.1970, In: Fischer, S.21.

seinem ›Ulk‹-Honorar hatte er sich, noch in Dresden, ein Paar schicke amerikanische Lackhalbschuhe gekauft. Durch den Erfolg in ehrgeizigen Allüren, die ihn zeitlebens prägen werden, bestärkt, begann er sich von da an elegant, ja dandyhaft zu kleiden.)

Die Großstadt Berlin, seit 1871 Hauptstadt des Deutschen Reiches und seit den Gründerjahren von krassen sozialen Gegensätzen geprägt, faszinierte Grosz. Hier gab es, anders als in dem vergleichsweise provinziellen Dresden, das riesige, gediegen-prunkvolle Kaufhaus Wertheim, Zirkus und Varieté, Sechstagerennen und Tanzturniere. Grosz ›schwamm aber auch vergnügt im Strom des Friedrichstraßen-Hurenkorsos, der (billigen) Nachtlokale, des Heinrich-Zille-Balls oder der Admiralspalastredoute‹, wie der Maler Friedrich Ahlers-Hestermann überliefert.[14]

Mit seinem Freund Herbert Fiedler zeichnet Grosz an der Peripherie der Stadt armselige Mietshäuser, Laubenkolonien und Müllhalden sowie die Randexistenzen der Rummelplätze, Seiltänzerinnen und Clowns in ihrem Flitterglanz – voller Sympathie mit den von der bürgerlichen Reputation Ausgeschlossenen. ›Als ich begann, die Welt bewußt zu erleben, da entdeckte ich bald, daß es mit der Buntheit, dem Glanz und vor allem mit meinen Mitmenschen nicht weit her war. Damals war ich Idealist und noch recht romantisch gesonnen; ich fühlte mich einsam und schloß mich ab.‹[15]

Nun treten erstmals die Grosz von den Stolper Jahrmärkten her bekannten Greuelthemen auf, zu denen Einflüsse aus der Literatur kommen (›Homunkulus‹, 1912) als rebellischer Akt der Befreiung von den kollektiven Zwängen der wilhelminischen Moral in seinem Schaffen. Mord, Ehebruch und Verführung in einer vibrierenden Liniensprache, die zum Impressionismus in Beziehung steht, während beobachtete Szenen zuweilen

---

[14] Friedrich Ahlers-Hestermann: In: Katalog George Grosz. Berlin (West) 1962, S. 23.
[15] Abwicklung. In: Das Kunstblatt, 8. Jg., 1924, H. 2, S. 33.

zum Jugendstil als einer Grosz schon geläufigen Manier tendieren.

Eines der Zeichen für Grosz' langewährenden Bürgerhaß ist die Freude an der schockierenden Verkleidung. Wohl im Mai 1912 fiel erstmals im Café des Westens, ›Café Größenwahn‹ genannt, dem Treffpunkt der Expressionisten und der Boheme, Grosz als ›ein weißgepuderter Geck auf, durch sein kariertes, auswattiertes Jakkett, seinen Derby-bowler und ein Spazierstöckchen, mit dem er ab und zu gegen die leere Luft focht. Gewöhnlich saß er ganz vorn auf der Terrasse und musterte die Passanten und die Besucher hämisch und impertinent vom Scheitel bis zu den Socken und Stiefelabsätzen. Augenscheinlich war er jemand vom Zirkus oder Varieté; ein stellungsuchender Clown? Oder Tanzakrobat? Oder ein Winkelartisten-Agent?‹ [16]

Grosz sah sich als Revolutionär, da ihn die Kleinbürger anwiderten, und fühlte sich wohl als ›ein richtiger misanthropischer und skeptischer Individualist‹. [17] Aus einem späteren Brief geht hervor, daß er unter seinem Abstand zu den Menschen keinesfalls gelitten hat: ›Mein Skeptizismus hat mich niemals verlassen – wenn er mich auch nicht mehr so fröhlich stimmt wie in früheren Jahren.‹ [18]

1913 fährt Grosz für einige Monate nach Paris, macht Fünfminutenskizzen im Atelier Colarossi und lernt den Zeichner Jules Pascin kennen, der seit Jahren für den ›Simplicissimus‹ arbeitete. Die Bekanntschaft mit Pascin bestärkt Grosz in seiner desillusionierten Sicht des Bürgertums und trägt zu einer Verfeinerung seiner Linienführung bei. In diesem Jahr entsteht die Zeichnung ›Am Ende des Weges‹ mit den erbärmlichen Leichen einer nackten Selbstmörderin, eines Mannes und eines Ba-

---

[16] Walter Mehring: Berlin Dada. Eine Chronik mit Photos und Dokumenten. Zürich 1959 (im folgenden zit.: Mehring), S. 28.

[17] Abwicklung, a. a. O., S. 34.

[18] Brief an Otto Schmalhausen 16. 10. 1937. In: George Grosz: Briefe 1913–1959. Reinbek 1979 (im folgenden zit.: Briefe), S. 264.

bys – im Interieur von Grosz' Studentenbude –, ein individuell gefärbter Reflex auf die Wirtschaftskrise, die Deutschland erschütterte.

In Herwarth Waldens neugegründeter ›Sturm‹-Galerie waren 1912 Werke der italienischen Futuristen gezeigt worden. Deren Verherrlichung eines als Chaos empfundenes Großstadtlebens in Bildern, in denen sich stürzende Linien überschneiden und Bewegungsabläufe simultan wiedergegeben werden, fesselt Grosz und beeinflußt in der Folgezeit seine Arbeiten. Aus dem Jahre 1914 stammt die Zeichnung ›Café Denis‹, in der er seine Verachtung des Bürgers nun nicht mehr nur in der Hinwendung zu den Ausgestoßenen und Ausgeflippten, sondern in der desillusionierenden Darstellung des Bürgers im Rahmen des ›Wohlanständigen‹ zum Ausdruck kommt. Erstmals zeigt Grosz hier unter der Kleidung der Frauen Geschlechtlichkeit. In einer scheinbar unkünstlerischen, rüden Linienführung, die er Pissoirbildern und Kinderzeichnungen absieht, durchdringen sich ehrbare Fassade und verborgene Triebstruktur durch das ebenso simpel anmutende wie schockierende Mittel, unter der Kleidung die Geschlechtsteile mitzuzeichnen. Grosz wird dies in den folgenden Jahren noch weit brutaler tun als in dieser Zeichnung, seine Linie wird eiskalt, ›messerscharf‹ werden. Über sein mehr als gestörtes Verhältnis zum deutschen Durchschnittsbürger geben sein Plan, vor dem Kriege ein dreibändiges Werk ›Über die Häßlichkeit der Deutschen‹ zu schaffen, und mehrere Briefe Auskunft.

So schreibt er 1916/17, daß ›Tag für Tag … mein Deutschenhaß durch das unmöglich Häßliche, Unästhetische (jawohl), schlecht, überaus schlecht Gekleidete seiner deutschesten Bürger‹ neue Nahrung erhält. Er zeichnet, was er sieht: ›ungepflegte, dicke, deformierte, häßlichste Männer und Frauen (vor allem), degeneriert …, mit zu dicken und zu kurzen Hüften … Deutsch sein heißt immer: geschmacklos sein, dumm, häßlich, dick, unelastisch … (N. B. Die deutsche Frau ist überhaupt diskussionslos.) … Oh, es ist ein komisches Gebaren dicker, häßlicher, aufgedunsener Figuren, wie in einer parodistischen Komödie mit den häßlichsten abschreckendsten Marionetten ...‹[19]

Der Ausbruch des Krieges weitet den aus ästhetischen Gründen hervorbrechenden Menschenhaß aus auf Haß gegen den wilhelminischen Militärstaat. Im November 1914 meldet sich Grosz als Freiwilliger, da ihm so die Wahl bleibt, zum Gardegrenadierregiment einzurücken. Doch sein Individualismus kann den preußischen Kadavergehorsam nicht ertragen. Im Mai 1915 wird er nach einer Stirnhöhlenoperation entlassen, doch schwebt nun das Damoklesschwert einer neuerlichen Einberufung über ihm. In einem Brief vom September 1915 spricht er von einem ›Knick‹, der von der Militärzeit herstammt und ihn stundenlang ›in stumpfem Brüten‹ verharren läßt.[20]

Als er am 4. Januar 1917 erneut einberufen wird, muß er einen Tag darauf ins Lazarett gebracht werden, er kommt in eine Nervenheilanstalt und wird schließlich als dauernd dienstuntauglich entlassen.

Den Krieg betrachtete Grosz nun ›als eine ins Ungeheuerliche ausgeartete Erscheinungsform des üblichen Kampfes um Besitz‹.[21] Reaktionen seiner Kriegskameraden auf dort entstandene Zeichnungen – vorübergehend in expressionistischer Ausdrucksgeladenheit – weckten in ihm das ›Bewußtsein, daß auch andere Menschen meine Erlebnisse hatten, meine Gesinnung teilten. Ich begann einzusehen, daß es einen besseren Zweck gab, als nur für sich und den Kunsthändler zu arbeiten. Ich wollte Illustrator, Journalist werden.‹[22] Die großen Gesellschaftskritiker Hogarth, Goya und Daumier beginnen Vorbild zu werden.

Die Verwirklichung dieser Vorstellungen rückt in greifbare Nähe, nachdem Grosz im Sommer 1915 den jun-

---

[19] Brief an Robert Bell 1916/17. In: Briefe, S. 42–44.
[20] Brief an Robert Bell Ausgang Sept. 1915. Ebenda, S. 31.
[21] Abwicklung, a. a. O., S. 36.
[22] Ebenda, S. 36.

gen Dichter Wieland Herzfeld kennengelernt hatte, der sich auf Anraten der von ihm schwärmerisch verehrten Lyrikerin Else Lasker-Schüler – deren einfühlsam-hellsichtiges Gedicht ›George Grosz‹ 1916 die erste Veröffentlichung über den Künstler sein sollte – Herzfelde nannte. Auf einer Zusammenkunft im Atelier des expressionistischen Malers Ludwig Meidner trat Grosz in einer seiner Verkleidungen, als eleganter holländischer Kriegsgewinnler auf, der elegisch über Eros und Tod spricht.

Herzfelde suchte Grosz in seinem Atelier im Berliner Vorort Südende auf und sah hier Kisten voller Zeichnungen und Aquarelle. Grosz wollte sie zunächst nicht einmal zeigen, da sie bisher samt und sonders von Kunsthändlern, Kritikern und Museumsdirektoren abgelehnt worden seien. ›Nein, Herzfelde, meine Arbeiten taugen nichts. Was ich und Sie und sonst unkompetente Leute davon halten, ist ja völlig belanglos. Nur die Kunsthändler und Verleger haben ein ernst zu nehmendes Urteil – und sie haben mir alle versichert, meine Zeichnungen seien verrücktes Kindergekritzel. Was von solchen Leuten Mist genannt wird, das ist aber tatsächlich Mist. Ihre Begeisterung, Herzfelde, tut mir ja wohl, aber, offen gesagt, sie nutzt mir nichts. Wären meine Blätter tatsächlich von Wert – dann würden sie eben auch dementsprechend bezahlt!‹[23] (Diese Worte sind nun leider wohl nicht lediglich Koketterie, sondern Ausdruck einer Haltung, die im Falle des Mißerfolgs zur Zerstörung führen kann – gegen Ende seines Lebens soll Grosz geäußert haben, für ihn sei nur ein verkauftes Bild schön.)[24]

Auf Herzfelde jedenfalls wirkten die in Kisten eingesargten Zeichnungen wie ›eine kalte Dusche: Schockartig, ernüchternd, prickelnd und belebend‹.[25] Er machte Grosz mit seinem Bruder Helmut bekannt, der

[23] Wieland Herzfelde: Zehn Jahre Malik-Verlag. In: Zur Sache geschrieben und gesprochen zwischen 18 und 80. Berlin 1976, S. 128.
[24] Vgl. Brief an Ulrich Becher, Juli 1948. In: Hess, a. a. O., S. 231.
[25] Wieland Herzfelde: George Grosz, John Heartfield, Erwin Piscator, Dada und die Folgen oder Die Macht der Freundschaft (1971). In: John Heartfield: Der Schnitt entlang der Zeit. Dresden 1981, S. 78.

ebenfalls von diesen Arbeiten hingerissen war. ›Von Anfang an haben er und seine Kunst uns in einen rauschhaften Glückszustand versetzt‹, schreibt Wieland später, und: ›Grosz aber bewirkte, daß wir fortan die alltägliche Welt nicht mehr als nüchtern, banal und langweilig empfanden, sondern als ein Drama, in dem Dummheit, Roheit und Fäulnis die Hauptrolle spielten.‹[26]

In diesem Sommer 1915 begann die lange, intensive Freundschaft mit den Brüdern Wieland und Helmut Herzfeld. In Anlehnung an Helmut Herzfeld, der aus Protest gegen den chauvinistischen Gruß ›Gott strafe England‹ seinen Namen zu John Heartfield anglisierte, nannte sich Georg Groß seit September 1916 George Grosz, nachdem er sich mindestens seit Mai 1916 schon Georg Grosz schrieb. Nicht zuletzt um die Arbeiten von Grosz publizieren zu können, übernahm Wieland Herzfelde 1916 mit mehr Optimismus als Geld die von dem Gymnasiasten Heinz Barger gegründete Zeitschrift ›Neue Jugend‹ (Zeitschriften-Neugründungen waren in den Kriegsjahren untersagt) und gründete nach deren Verbot im Februar 1917 den Malik-Verlag, in dem bis 1925 der Großteil der Arbeiten von George Grosz herauskam.

Im November 1916 reproduzierten die ›Weißen Blätter‹ Arbeiten von Grosz, und der Dichter Theodor Däubler schrieb dazu: ›Wir können ohne Zaudern drahten: Georg Groß augenblicklich das futuristische Temperament von Berlin.‹[27]

Wenig danach zeigte Däubler in Herwarth Waldens expressionistischem ›Sturm‹-Salon ›zum Nachtisch ... eine Mappe mit heiklen Kostproben eines jungen Karikaturisten‹, die der Kunstkenner Walden abscheulich fand. ›Abscheulich! Das traf schon genauer zu auf die

---

[26] Ebenda.
[27] Theodor Däubler: Georg Groß. In: Die Weißen Blätter, 3. Jg., 1916, Nr. 11, S. 167.

boshaft eingeritzten Pubertätsobszönitäten uniformierter Schweinsköpfe, vertierten Elends, sodomitischen
Spießertums des Weltstadtgomorrhas; der Lustmord-
Akte in flagranti und so grauenerregend attraktiv, daß es
einen nicht losließ; und daß ich Theo Däubler ersuchte,
mich bei dem aufkommenden Menschheitslästerer einzuführen ...‹,[28] erinnert sich der Dichter Walter Mehring.

Das sind Worte eines enthusiasmierten Zeitgenossen,
wie es unter den Intellektuellen und Künstlern bald
mehrere gab. Zu ihnen gehört auch der Kunstförderer
Harry Graf Kessler, der am 18. November 1917 in sein Tagebuch notiert: ›... nachmittags G. Gr. in seinem Atelier
besucht. 2 Bilder, ein mexikanischer Kunstschütze (Artist) und eine Großstadtstraße. Reichtum und Dichtigkeit der Zeichnung und Farbe. Er sagt, Peter Bruegel sei
sein Lehrmeister. Außerdem Seurat. Die Simultanität
der Eindrücke reizte ihn. Es stecke etwas Futurismus in
seiner Natur, aber eigentlich sei er Naturalist, weigere
sich, so wie heute viele, an der Realität vorbeizugehen.
Seine Aktzeichnungen sind in der Tat brutal wahr ... Ich
halte etwas von Grosz. Es steckt eine Art Dämonie in
ihm. ... Eine höchst nervöse, cerebrale, illusionistische
Kunst, dadurch innerlichst mit dem Varieté verwandt,
auch mit dem Kino, wenigstens mit einem möglichen,
noch nicht entdeckten Kino.‹[29]

Wohl 1915 hatte Grosz begonnen, Gedichte zu schreiben; von seiner Wortmächtigkeit zeugen seit dieser Zeit
auch seine Briefe. Sein erstes ›Lied‹ erschien am 6. II. 1915
in der ›Aktion‹, der von Franz Pfemfert herausgegebenen pazifistischen Zeitschrift; danach erschienen seine
Gedichte, in denen er in hymnischem Stakkato die
Großstadt besang und seiner Armerikasehnsucht – sowohl einem Eldorado der Abenteurer als einer ungekannt großartigen Zivilisation – Ausdruck gab, in der
›Neuen Jugend‹ und im Malik-Verlag. Auf den Autoren-

[28] Mehring, S. 30.
[29] In: Wieland Herzfelde: Zur Sache ..., a. a. O., S. 476.

abenden der ›Neuen Jugend‹ trug er seine Gedichte vor und stepte dazu.

Ach knallige Welt, du Lunapark,
Du seliges Abnormitätenkabinett,
Paß auf! Hier kommt Groß,
der traurigste Mensch in Europa,
›Ein Phänomen an Trauer‹.
Steifen Hut im Genick,
Kein schlapper Hund!!!
Niggersongs im Schädel,
Bunt wie Hyazinthenfelder,
Oder turbulente D-Züge,
Über rasselnde Brücken knatternd –
Ragtimetänzer,
Am Staketenzaun wartend mit der Menge
auf Rob. E. Lee.

– – – – – –

...

L'homme masqué!!!!
Georges le Boeuf!!!!
Champion of the world!!!!
Der Knallspektakel!!!
Das Banknotengeflüster!!
Hallooo!!!
...

Diese Zeilen aus einem seiner berühmtesten Gedichte, dem ›Gesang an die Welt‹,[30] dessen Titelzeilen in einem Aquarell von 1917 aufgenommen werden, zeigt ein übersteigert-ungebremstes Selbstvertrauen, das Grosz bei seinen ersten malerischen Versuchen durchaus fehlte. Da er an der Akademie nur Zeichenunterricht hatte, besorgte er sich Literatur über Maltechnik. Ich ›setzte erst die Zeichnung in Tusche auf die Leinwand

---

[30] Aus: Gesang an die Welt. In: Neue Blätter für Kunst und Dichtung, 1.Jg., 1918, November, S.154–155. In: Karl Riha und Hanne Bergius (Herausgeber): Dada Berlin. Texte, Manifeste. Aktionen. Stuttgart 1977, S.28 (demnach wäre dieses Gedicht in neueren Publikationen zumeist nur teilweise abgedruckt).

und malte sie hinterher in Ölfarbe aus. Die Bilder waren von der Linie her gedacht, mehr ausgetuscht als gemalt‹,[31] schrieb er später mit unangebrachter Skepsis und Bescheidenheit über seine ersten Ölbilder, unter denen sich Meisterwerke des Futurismus wie ›Der Liebeskranke‹, ›John der Frauenmörder‹ und ›Der Abenteurer‹ befinden. Angeregt vermutlich durch Carlo Carrás futuristisches ›Begräbnis des Anarchisten Galli‹ (1911), entstand 1917/18 eines seiner Hauptwerke, ›Widmung an Oskar Panizza‹, das in blutigen und branstigen Rottönen das tumultuarische Begräbnis des anarchistischen Dichters in einer Großstadtstraße inmitten von Tod, Pest und Syphilis zeigt. Stürzende und sich überschneidende Fluchtlinien vermitteln den Eindruck des Chaos und des Zusammenbrechens.

Die beiden letztgenannten Kunstmittel werden ein Hauptmerkmal dieser Jahre. Karikiert Grosz zunächst Huren, Ganoven und ihr bürgerliches Publikum, so übt er bald auch beißende Kritik am preußischen Militärstaat. Seine Zeichnung ›K. V. (Die Gesundbeter)‹ mit der militärischen Kommission, die ein würmerzerfressenes Skelett für kriegsdienstverwendungsfähig erklärt, ist in ihrer Schärfe und Desillusionierung nicht zu überbieten; sie regte Bertolt Brecht zu seiner ›Legende vom Soldaten‹ (1917) an und gehört schon in Grosz' dadaistische Phase.

Dadamarschall Grosz

In den Jahren 1917 bis 1920 wurde George Grosz zu einem führenden Protagonisten der Dada-Bewegung in Berlin, die die bürgerliche Gesellschaft mit all ihren traditionellen Werten in Frage stellte.

Im Januar 1917 brachte der Literat Richard Huelsenbeck, der aus Zürich nach Berlin gekommen war, Nachrichten vom dortigen ›Cabaret Voltaire‹, in dem eine

---

[31] Mehring, S. 47.

Gruppe von Künstlern seit Februar 1916 die Anti-Kunst als Protest gegen die bürgerliche Welt, ihre Kultur und ihre Kriege kreierte. Absurdes, Unsinniges und Groteskes wurde, mit Schockelementen untermischt, dem Bürger genußreich ins Gesicht geschleudert. Huelsenbecks Erzählungen von den Dada-Abenden in Zürich lösten bei Grosz und seinen Freunden – neben den Brüdern Herzfeld auch Walter Mehring sowie die Künstler Raoul Hausmann und Hannah Höch – Begeisterung aus.

Seit April 1918 fanden auch in Berlin ›literarisch-musikalische Dada-Veranstaltungen‹ statt. Auf der ersten Soiree am 12. April, die in der Berliner Sezession stattfand, las George Grosz ›Sincopations‹, eigene Verse; bei einer weiteren Veranstaltung im Saal der Berliner Sezession, wo gerade eine Ausstellung zum 60. Geburtstag des großen Impressionisten Lovis Corinth stattfand, begleitete das Publikum ›mit Pfuirufen ... die Steptänzchen des George Grosz, der, pantomimisch, vor den gerade ausgestellten Leinwänden des Prof. Louis Corinth seine Notdurft verrichtete. ›Bester Firnis‹, erklärte Kunstmaler Böff.‹[32]

Am 24. Mai 1918 beteiligte sich Grosz im Meistersaal in der· Köthener Straße am ›Sechstagerennen‹, dem berühmt-berüchtigten ›Wettrennen zwischen einer Schreibmaschine und einer Nähmaschine‹, die einen unendlichen Trauerflor näht – die Idee zu letzterem ist einem seiner Gedichte entnommen. ·Die Unterhaltung zwischen Nähmaschine (Grosz/Böff) und Schreibmaschine (Mehring/Walt Merin) verlief etwa so:

›Böff: ‚Schnurre, schnurre – basselurre (H. C. Andersen)!
Walt: Tacktacktack! Bumsti! Ping, ping!
Böff: (Solo auf der Okarina) – Tülitetüt; Lüttitü! O, sole mio!

Old mans' river; Mississippi –
Walt: ... et Rataplan, rataplan!
Böff:. Wille, wille – Wau, wau!

---

32 Ebenda, S. 50 f.

Walt: (beiseite) – von Wolfgang Goethe!

Böff und Walt: (unisono): Eiapopeia! Tandaradei! Hipp, hipp

Dada … Dada-capo!‹[33]

Wegen ihres triumphalen ›Erfolges‹ – das Publikum raste – wurde diese Veranstaltung wiederholt, offenbar in anderer Besetzung, denn Herzfelde erinnert sich, daß Grosz als Schiedsrichter fungierte, an der Nähmaschine Raoul Hausmann, an der Schreibmaschine Richard Huelsenbeck saß.[34]

In Fortsetzung seiner Verkleidungskünste im Berlin der Vorkriegszeit trat Grosz, ›l'homme masqué‹, nunmehr mit einer Maske als dadaistischer Tod in den Straßen von Berlin auf.

Grosz' Haltung zu seinen Dada-Freunden und ihren gemeinsamen Aktivitäten war offenbar distanziert, denn am 9.7.1918 schrieb er in einem Brief: ›Über *dadaheft* – wenig neues, junge unreife Burschen, stark hysterisch, psychopathisch – *besten* Falls reinster Bluff …‹[35] Über das Klima in der Berliner Dada-Gruppe gibt eine Erinnerung Raoul Hausmanns Auskunft: ›Die Mitglieder des Club DADA waren eifersüchtig und lieferten sich oftmals recht kleinliche Angriffe und Kämpfe.

Die Heartfield-Herzfelde und Mehring beteten George Grosz, diesen Pseudorevolutionär, an, Huelsenbeck betete nur Huelsenbeck an; obgleich er mit mir die meisten unserer 12 Manifestationen gemacht hatte, war er immer bereit, zu den Groszisten zu neigen.

Auf der anderen Seite sonderte ich mich mit Baader ab, der unglücklicherweise zu oft von seinen religiös-paranoischen Ideen besessen war.‹[36]

Als eine der wesentlichen Leistungen des Berliner Da-

---

[33] Ebenda, S. 51.

[34] Wieland Herzfelde: George Grosz …, a. a. O., S. 85.

[35] Brief an Otto Schmalhausen 9.7.1918. In: Briefe, S. 77.

[36] Raoul Hausmann: Dada empört sich, regt sich und stirbt in Berlin (1970). In: Hanne Bergius und Karl Riha (Herausgeber): Dada Berlin, a. a. O., S. 8.

daismus stellt sich heute die Erfindung der Fotomontage als einer Sonderform der Collage dar, deren unbestrittener Meister John Heartfield wurde, während sie im Schaffen von Grosz Randerscheinung blieb.

Im ›Kohlrübenwinter‹ 1916/17 schickten Grosz und Heartfield an Freunde im Feld, darunter den Theaterregisseur Erwin Piscator, Postkarten, auf denen sie Fotos aus Illustrierten so zusammenklebten, daß ihre Meinung über die Kriegslage ablesbar wurde, ohne daß die Zensur eingreifen konnte: erste Fotomontagen im Sinne eines politisierten Dadaismus, wie er den Berliner ›Club Dada‹ besonders nach der Novemberrevolution auszeichnen sollte. Bis 1919 entstanden, teilweise in Zusammenarbeit mit Heartfield, Collagen, in denen Schlagzeilen, Etiketten, Inserate, Zeitungs- und Zeitschriftenfotos kaleidoskopartig zusammengefügt wurden. ›Das mehr oder minder bewußte Kompositionsprinzip war: Unordnung als Wesen der bürgerlichen Ordnung sichtbar zu machen, und zwar so, wie sie sich täglich aus Presse und Reklame über die Zeitgenossen ergießt.‹[37]

So entstand unter anderen aus Ausschnitten amerikanischer Zeitschriften, die Grosz von seinem Schwager, einem New Yorker Ingenieur, erhielt, in Zusammenarbeit mit Heartfield die Collage ›Leben und Treiben in Universal City um 12 Uhr mittags‹, die einen tumultuarischen Querschnitt durch die amerikanische Kultur gibt. Typischer für Grosz ist die Verbindung von Zeichnung und aufgeklebten Foto- und Textfragmenten wie in dem Blatt ›Der Schuldige bleibt unerkannt‹ (1919): Hure und Verbrecher tummeln sich vergnügt im ›Milieu‹ einer Hafenstadt. Der dadaistische Spaß kulminiert dann in der Selbstverhöhnung ›Daum marries her pedantic automaton ‚George' in May 1920‹ anläßlich der Heirat mit Eva Peter, genannt Maud (Daum). Politischen Charakter trägt hingegen Grosz' Collage ›Hohenzollernrenaissance‹, in der er 1919/20 die Köpfe der Scheidemannre-

[37] Wieland Herzfelde: Der Fall Heartfield: In: Zur Sache …, a. a. O., S. 322 f.

gierung auf ein Foto der Hohenzollern-Familie montiert, eine Entlarvung des reaktionären Charakters der nach der Novemberrevolution an die Macht gekommenen Regierung.

Ein Hauptwerk dieser Zeit ist das Gemälde ›Deutschland ein Wintermärchen‹ (1917/19). Es knüpft an Gestaltungsprinzipien der futuristischen ›Widmung an Oskar Panizza‹ an, negiert aber nun vollends die Gesetze ›klassischer Malerei‹. Am 5. Februar 1919 äußerte Grosz ganz im Sinne des Dadaismus zu Harry Graf Kessler, nachdem sie über dieses Bild gesprochen hatten, ›die ganze Kunst sei überhaupt etwas Unnatürliches, eine Krankheit; der Künstler ein Besessener, ein Mann mit einer Manie. Die Welt brauche die Kunst nicht, die Menschheit könne auch ohne Kunst auskommen.‹[38] Bildbeherrschend sind die Typenporträts eines Klerikers, eines Militärs und eines Kapitalisten, über denen ein feister Bürger als Sinnbild der Beschränktheit thront. Die Einheit von Raum und Zeit ist wie auf mittelalterlichen Bildern durch die Bedeutungsperspektive ersetzt.

Die Ablehnung der traditionellen Malerei bedeutet für Grosz jedoch auch in dieser Phase nicht, daß er auf Werte wie Farbenschönheit verzichtete. Ebenfalls Anfang Februar 1919 sah Harry Graf Kessler bei ihm ›ein mich auf das stärkste durch seine Farbenpracht reizendes, noch nicht fertiges Bild ... Es erinnert an die Farbenphantasien von Odilon Redon, den Grosz, wie er sagte, nur aus Reproduktionen kennt. Er sei zu dieser Leuchtkraft der Farben gekommen auf dem Weg über seine Aquarelle; eine langjährige Arbeit. Ähnliches habe ihm schon früher vorgeschwebt, er habe aber nicht gekonnt.‹[39] Die Verachtung aller traditionellen Kunst bis hin zu Expressionismus und Futurismus, wie sie sich in dem von Grosz und Heartfield verfaßten Artikel ›Der Kunstlump‹ äußert, hinderte Grosz keinesfalls, für

---

[38] Harry Graf Kessler: Tagebücher 1918–1937. Frankfurt/Main 1971, S. 119.

[39] Ebenda, S. 121.

seine eigenen Werke künstlerische Kriterien gelten zu lassen.

Im ›Kunstlump‹, Anfang 1920 in der Zeitschift ›Der Gegner‹ veröffentlicht, polemisierten Grosz und Heartfield in ziemlich rüdem Ton, aus dem distanzlose Erregung spricht, gegen alle vergangene Kunst, vor allem aber gegen den Expressionisten Oskar Kokoschka, dessen hintergründig psychologisierende, malerisch delikate Porträts dem Mal-Autodidakten Grosz allerdings ein Dorn im Auge gewesen sein müssen.

Anlaß dieser Streitschrift war ein Aufruf Kokoschkas nach Straßenkämpfen zwischen Reichswehr und Arbeitern in Dresden – auf die Kokoschka nicht eingeht, während er sich über eine verirrte Kugel erregt, die in der Gemäldegalerie des Zwingers ein Bild von Rubens beschädigte. Grosz spricht hier den Werken von Rubens und Rembrandt jeden Lebenswert ab und gesteht ihnen nur noch Marktwert zu. Er stellt sich auf die Seite des Arbeiters, der um sein Existenzminimum kämpft, während die Bourgeoisie sich den Luxus leisten kann, ihre Salons mit hochkarätigen Kunstwerken zu schmücken. Grosz fordert eine Kunst, die dem Arbeiter seine Ausbeutung zeigt. In seiner Ablehnung nicht nur der gegenwärtigen, sondern aller Kunst, die nicht dem Klassenkampf dient, ist diese Schrift ein Zeugnis der zeitweise vorherrschenden Proletkult-Tendenzen, von denen sich die ›Rote Fahne‹, das Organ der KPD, allerdings distanzierte. Indem Grosz und Heartfield vom Standpunkt des Dadaisten aus Kunst und Kultur pauschal verhöhnen, sind sie letztlich ebensowenig ernstzunehmen wie Kokoschkas blasierte Kunstliebe.

Die zwanziger Jahre – vom Dadaismus zum Verismus

Der Sturz des wilhelminischen Kaiserreiches durch eine Revolution und die Hoffnung auf eine Erneuerung der Gesellschaft bewirkten, daß sich Grosz auf die Seite des Proletariats stellte. Auf dem Gründungskongreß der

Kommunistischen Partei Deutschlands, am 31. 12. 1918, nahm er zusammen mit seinen Freunden Wieland Herzfelde und John Heartfield aus der Hand von Rosa Luxemburg sein Mitgliedsbuch entgegen. Die Realität des Klassenkampfes bringt seine Haltung freilich leicht ins Wanken; so spricht er am 17. 1. 1919 in einem Brief von ›Verbrechern des Spartakusbundes‹ und betont, sein ›bürgerliches Herz‹ würde niemals ›diesem konsequenten Sozialismus zustimmen‹,[40] erst nachdem er den Mut kämpfender Spartakisten erlebt hat, bekennt er sich am 16. 3. 1919 selbst als Spartakist.[41]

1920/21 gehört Grosz neben Dix, Schlichter und anderen zu den Mitunterzeichnern eines Offenen Briefes an die Novembergruppe, die zum bürgerlichen Ausstellungsverein geworden war. Hier heißt es: ›Unsere Liebe gehört dem Proletariat … Wir sind nicht dazu Künstler, um auf eine bequeme und verantwortungslose Art zu leben von der Ausbeuter Luxussucht. Wir fühlen uns solidarisch mit dem Streben und der Sehnsucht des Proletariats nach der Verwirklichung einer menschlichen Gemeinschaft, in der es keine Drohnen gibt.‹[42] Immer wieder, selbst in dem vandalistischen Text ›Der Kunstlump‹, stellt Grosz sich nun auf die Seite des Proletariats, am nachdrücklichsten in seinem zusammen mit Wieland Herzfelde verfaßten theoretischen Hauptbeitrag ›Die Kunst ist in Gefahr‹.

In diesem Text, der sein kämpferischster ist, faßt Grosz Erkenntnisse zusammen, die er erstmals im ›Kunstlump‹ ausgesprochen hatte, nun aber ohne bilderstürmerische Tendenz und statt dessen mit agitatorischem Charakter. In seinen Artikeln ›Statt einer Biographie‹ (zuerst 1920), ›Zu meinen neuen Bildern‹ (1921), ›Kurzer Abriß‹ (1924), ›Ein neuer Naturalismus?‹ (1922) und ›Abwicklung‹ formuliert Grosz nun neben der Ab-

---

[40] Brief an Otto Schmalhausen 17. 1. 1919. In: Briefe, S. 80.
[41] Siehe Harry Graf Kessler, a. a. O., S. 157 f.
[42] Der Gegner 2. Jg., 1921, H. 8–9, S. 120 f. In: Uwe Schneede: Die zwanziger Jahre. Köln 1979, S. 100.

lehnung der bürgerlichen Kunst und einer weltfremden Bohème, die nur um Formprobleme ringt, sein Bekenntnis zum Proletariat, zu einem realistischen Verhältnis zur Umwelt und zur politisch-journalistischen Arbeit. Damit verbunden ist die Abrechnung mit seinem eigenen Bohemiendasein vor dem Kriege und ein Resümee seiner dadaistischen Phase.

Mit Grosz' Abrücken von den Zielen der Kommunistischen Partei wird sich dieser klassenkämpferische Geist verlieren, und 1931, in einem Jahr, in dem in Deutschland die Arbeitslosigkeit katastrophale Formen annahm, wird er in zwei Artikeln der breiten Masse vorwerfen, mit dem Komfort der Bourgeoisie wetteifern zu wollen.

Die proletarisch-revolutionäre Kunst, an deren Herausbildung er wegbereitenden Anteil hat, nimmt er nun nicht mehr zur Kenntnis, sieht die Künstler nach wie vor nur um formale Probleme kämpfend, die breite Masse durch Wohlstandsdenken korrumpiert. Von einer Parteinahme für die Sache der Arbeiterklasse kann zu diesem Zeitpunkt bei Grosz keine Rede mehr sein.

Seit seinem Eintritt in die KPD hat Grosz in seinen Werken schärfste Gesellschaftskritik betrieben, zusammen mit den politisch bewußteren Brüdern Herzfeld arbeitet er an den – teilweise durch Verbot nur kurzlebigen – politisch-satirischen Zeitschriften ›Jedermann sein eigner Fußball‹, ›Die Pleite‹, ›Der Gegner‹, ›Der blutige Ernst‹ mit. Als im Sommer 1923 die KPD die satirische Wochenschrift ›Der Knüppel‹ gründet, übernimmt Grosz zusammen mit Heartfield die Leitung.

Zwar kehrt Grosz 1922 von einer mehrmonatigen Reise in die Sowjetunion enttäuscht und ernüchtert zurück, und 1923 soll er aufgehört haben, Mitgliedsbeiträge an die KPD zu zahlen. Doch tritt er offiziell nie aus, sondern setzt seine Mitarbeit an den kommunistischen Publikationen fort. Im Juni 1924 wird er sogar Vorsitzender der ›Roten Gruppe‹, die sich ›Vereinigung kommunistischer Künstler‹ nennt, zu der auch Otto Dix, Conrad Felixmüller, Otto Griebel, John Heartfield, Otto Nagel und

Rudolf Schlichter gehören. Das Manifest, in der ›Roten Fahne‹ Nr. 57/1924 abgedruckt, bekennt sich zum Grundsatz, daß der Künstler im Dienste des Klassenkampfes tätig sein müsse. 1928 trat Grosz der ›Assoziation revolutionärer bildender Künstler Deutschlands‹, der ASSO, bei, die nicht nur den Klassenkampf fordern, sondern auch Inhalt und Form ihrer Kunst den Bedürfnissen der Arbeiterklasse anpassen will.

Seine ungeheure Popularität in den zwanziger Jahren verdankt Grosz aber vor allem seinen im Malik-Verlag erschienenen Graphikmappen und Sammelbänden. In deren Blättern, die häufig nachgedruckt werden und eine ungeahnte Massenwirksamkeit erzielen, wird Grosz zum schonungslosen ›Porträtisten der Weimarer Republik‹, wie Ilja Ehrenburg ihn nannte.[43]

Einige Blätter aus den im Malik-Verlag erschienenen Mappen veranlassen den Weimarer Staat zu Prozessen, die Grosz' Popularität noch steigern. So brachte die Mappe ›Gott mit uns‹, die zu den künstlerischen Höhepunkten auf der ›Ersten Internationalen Dada-Messe‹ im Juni 1920 in Berlin gehörte, Grosz einen Prozeß wegen ›Angriffs auf die Reichswehr‹ ein. Einen zweiten Prozeß machte der restaurative Weimarer Staat Grosz nach dem Erscheinen des Sammelbandes ›Ecce homo‹, der 1923 erschien und 100 seit 1915 entstandene Zeichnungen und Aquarelle umfaßte, darunter ›Lustmord in der Ackerstraße‹ (1916), ›Der absolute Monarchist‹ (1918) und ›Hochfinanz‹ (1922) sowie desillusionierende Zeichnungen aus dem bürgerlichen Leben. Aufsehen erregte besonders der 1928 wegen ›Gotteslästerung‹ in einigen Blättern der Mappe ›Hintergrund‹ (zu Piscators Schwejk-Inszenierung) eingeleitete Prozeß, der sich über mehrere Jahre hinzog. Grosz hatte die Vertreter der Kirche der Kriegshetze beschuldigt und in seinem wohl berühmtesten Blatt ›Maul halten und weiter dienen‹, das Christus mit Gasmaske und Soldatenstiefeln zeigt, gemeint, selbst

---

[43] Siehe Ilja Ehrenburg: Menschen Jahre Leben. Memoiren. Berlin 1978. Bd. I, S. 15.

Christus würde von den Kriegshetzern für ihre Zwecke mißbraucht.

Grosz' Haltung in diesen Prozessen wirft ein merkwürdiges Licht auf seine Persönlichkeit. Von seinem gewandten und aggressiven Auftreten im Freundeskreis war nichts zu spüren. Über den ersten Prozeß äußerte Kurt Tucholsky: ›Was Grosz angeht, so weiß ich nicht, ob die Schlappheit seiner Verteidigung darauf zurückzuführen ist, daß er nicht sprechen kann. Er sagte kein Wort, das auch nur einem Strich seiner Blätter adäquat gewesen wäre.‹[44]

Im ›Ecce-homo-Prozeß‹ sagte Grosz unter anderem, er habe mit seinen degenerierten Gestalten zur frühzeitigen Körperertüchtigung aufrufen wollen. Im ›Gotteslästerungsprozeß‹ bekannte sich Grosz zwar als Moralist, der sich durch ein inneres Muß dazu getrieben fühlt, die Zustände, die er nicht gutheißen kann, anzuprangern, fühlte sich aber durch die Kirche im Stich gelassen und trat erst nach diesem Prozeß aus der evangelischen Kirche, der er bis dahin angehört hatte, aus.

Mit seinen gesellschaftskritischen Arbeiten gehört Grosz – neben Otto Dix, Max Beckmann, Hans Davringhausen und anderen – in die erste Reihe der deutschen Veristen.

Verismus und Neue Sachlichkeit, auch unscharf als ›Nachexpressionismus‹ bezeichnet, charakterisiert die Wiederbesinnung auf das Gegenständlich-Reale im Gegensatz zu der Gefühlsbetontheit der Expressionisten. Ihre Vertreter verzichten zugunsten einer objektiven Dingbeschreibung weitgehend auf das individuell Handschriftliche. Dort richtet der Verist kritisch und scharf, zuweilen gehässig den Blick auf die gesellschaftliche Realität, insbesondere die Auswüchse der Weimarer Republik, während die Vertreter der Neuen Sachlichkeit eine magisch anmutende Beschwörung

---

[44] Kurt Tucholsky: Dada-Prozeß (1920). In: Ges. Werke. 1. Band. Reinbek 1960, S. 801.

der Realität betreiben und, wie Georg Schrimpf, gesellschaftsfern eine Harmonie von Mensch und Natur ersehnen.

Im Werk von Grosz – darin berührt er sich mit Otto Dix – stehen Neue Sachlichkeit und Verismus teilweise nebeneinander. Bei Grosz zeigt sich diese Duplizität schlagend in der kurzen Periode, in der er von der italienischen Pittura metafisica beeinflußt ist (1920 und 1921). Neben einer veristischen Darstellung mit der Konfrontation von karikiertem Vertreter des Bürgertums und Kriegskrüppel in ›Grauer Tag‹ (auch ›Magistratsbeamter für Kriegsbeschädigtenfürsorge‹) steht der zur Gliederpuppe entpersönlichte Mensch, sowohl im Sinne eines positiv aufgefaßten Massebegriffs (›Radfahren und Schwerathletik‹, 1920), als auch als Sinnbild des entfremdeten Menschen (›Diabolospieler‹, 1920). Einige dieser Werke signiert Grosz mit einem Gummistempel, um das Ingenieurmäßige zu betonen, zu dem er sich auch in dem Aufsatz ›Zu meinen neuen Bildern‹[45] bekennt. Zwar verunglimpft Grosz 1922 die ›Neue Sachlichkeit‹ als ›schlechte Biedermeiermode‹,[46] wobei er vielleicht Stilleben von Kanoldt und Figurenbilder des Neoklassizisten Schrimpf im Auge hat. Doch gehört seit 1925 ein Großteil seines Schaffens nicht mehr dem Verismus, sondern der Neuen Sachlichkeit an.

Wohl malte Grosz nach 1925 noch so bedeutende gesellschaftskritische Werke wie die Gemälde ›Stützen der Gesellschaft‹, ›Sonnenfinsternis‹ (beide 1926) und ›Agitator‹ (1928), in denen er, wie in ›Deutschland ein Wintermärchen‹, Bourgeois und Militär verhöhnt und bloßstellt. Ihnen stehen aber das moralisierende Selbstbildnis ›Der Warner‹ gegenüber sowie Mappen mit Spießerkarikaturen, die das Aggressive verloren haben. Zunehmend entstehen nun auch Landschaften, Stilleben und amüsante Bar- und Bordellszenen; Grosz beginnt sich betont Formproblemen zuzuwen-

---

[45] Vgl. S. 77.
[46] Ein neuer Naturalismus? In: Das Kunstblatt, 6. Jg., 1922, H. 9, S. 382.

den. Im Vorwort zum ›Spießer-Spiegel‹ schreibt er 1925, er habe seinen typischen Grosz-Stil bewußt ›zugunsten einer größeren Lebendigkeit über Bord geworfen‹.[47]

Grosz, ehemals Verächter und Ankläger des bürgerlichen Kunstmarktes, war längst in diesen integriert und als ›gesellschaftsfähig‹ anerkannt worden. Seit 1920 vertrat die Galerie Goltz in München seine Rechte, und 1923 bis 1927 stand er unter Vertrag bei der renommierten und eleganten Galerie Alfred Flechtheim, die nur selten deutsche Künstler würdigte. In dieser Zeit versuchte Grosz, Werke zu schaffen, in denen ›das anstößige Sujet‹[48] ausgeschaltet ist, um mit Hilfe dieser verkäuflichen Bilder seine Gesellschaftsallegorien finanzieren zu können.

1927 ist Grosz von seinen bisherigen politischen Werken so weit abgerückt, daß er sich als ›kauziger Wahrheitsmann‹ nur in der Vergangenheit sieht.[49] Bedenklich muß es scheinen, wenn ihm nun die Wiedergabe des Strohhuts einer alten Frau so wichtig ist, daß kaum ein Wort zu ihrer menschlichen Charakterisierung fällt.[50] Zu Harry Graf Kessler äußert er 1928: ›Das Reale genügt mir nicht. Sehen Sie, ich bin sozusagen ein künstlerischer Mensch, ich erstrebe das Märchen.‹[51]

Grosz resigniert angesichts der zunehmenden Etablierung restaurativer Kräfte in der Weimarer Republik und des erstarkenden Faschismus, seine stets latenten bürgerlichen Neigungen schlagen durch. Grosz hält sich noch für einen politisch interessierten Menschen, gibt aber zu: ›Mein Glaube an die Massen war schon ins Wanken geraten – und das heißt eigentlich, um ehrlich zu sein, der Glaube an die ‚Mission‘ meiner Kunst …

---

[47] Vorwort zum Spießer-Spiegel, a.a.O., S. 10.
[48] Brief an Otto Schmalhausen 27. 5. 1927. In: Briefe, S. 101.
[49] Brief an Otto Schmalhausen 8. [?] 1927. In: Briefe, S. 111.
[50] Siehe ebenda, S. 112 f.
[51] Harry Graf Kessler, a.a.O., S. 329.

Meine Ernüchterung vollzog sich langsam, aber sicher. Sie trug viel dazu bei, daß ich gern von Deutschland fortging.‹[52]

Grosz' wiederholte Äußerungen über sein Romantikertum werden ergänzt durch Äußerungen seiner Freunde und Bekannten über die vermutlichen Triebkräfte dieses Künstlers, und obwohl sie im einzelnen zu sehr unterschiedlichen Ergebnissen kommen, stützen ihre Aussagen die These vom (bürgerlichen) Romantiker Grosz.

Bereits in der ersten Grosz-Monographie hieß es 1921: ›Wahrhaftig, diese Romantikfresser und vor allem Grosz sind irgendwie Romantiker.‹[53] Wieland Herzfelde meinte, Grosz ›konnte auf die abstoßende, stumpfe Umwelt nur deshalb so eisig reagieren, weil sie ihn verletzte, weil in ihm ein zartes und warmes Verlangen nach einer fröhlichen, graziösen Welt lebte.‹[54] Richard Huelsenbeck erinnert sich 1959 an die dadaistische Phase: ›Grosz ganz besonders lebte zwischen romantischen Sehnsüchten nach einer Umgebung, die unseren Erwartungen mehr entsprach, und der Aggression, wie sie der Alltag forderte. Wir alle waren sentimentale und zugleich unerbittliche Kritiker unserer Umgebung und unserer eigenen Persönlichkeiten. ... Abend für Abend saß ich mit Grosz bei Kempinski hinter Weinflaschen und gutem Essen (soweit man das damals für Geld bekommen konnte), und Grosz erzählte mir von seinen Erwartungen. Ich entsinne mich genau, wie er mir eines Tages von dem großartigen Snobismus des englischen Zeichners Beardsley sprach und dem Diener, der ihm die Farben und die Zeichenstifte nachtrug. Das war das Ideal für einen Mann, der zu gleicher Zeit mit dem Proletariat liebäugelte und bereit war, die politischen Folgen auf sich zu nehmen.‹ Für Huelsenbeck war Grosz ein ›Mann der Widersprüche. Wenn er Ja sagte, meinte

---

[52] Autobiographie, S. 230.
[53] Willi Wolfradt: George Grosz. Leipzig 1921, S. 7.
[54] Wieland Herzfelde: George Grosz ..., a. a. O., S. 79.

er meistens Nein. Er lebte das Irrationale des Dadaismus in seinem Leben aus, und da er ein geniales Talent besaß, schüttelte es ihn mehr und beeinflußte seine Lebensform und sein persönliches Benehmen mehr als bei uns anderen. Er wurde von diesem Hin und Her seiner Meinungen so sehr gequält, daß er sich mit Alkohol betäuben mußte, um weiterzuleben. Er sagte mir oft: Nur so kann ich das Leben ertragen.‹[55]

Am hellsichtigsten erkannte wohl Harry Graf Kessler die verborgenen Antriebskräfte von Grosz. Nach einem Atelierbesuch schrieb er 1922: ›Seine ganze Kunst ist in ihrem ausschließlichen Kult der Häßlichkeit deutschen Spießertums sozusagen nur das Gegenbild irgendeines geheimen Schönheitsideals, das Grosz in sich verbirgt, sozusagen schamhaft verhüllt. Er zeichnet und zeigt und verfolgt mit fanatischem Haß das Gegenteil dessen, was er in seinem Inneren trägt und wie ein Heiligtum vor allen Blicken schützt. Seine ganze Kunst ist ein Vernichtungskampf gegen dieses Gegenteil seines stets verhüllten Ideals, seiner geheimen ‚Liebesdame‘. Statt sie wie ein Minnesänger zu besingen, kämpft er alle Tage wie ein besessener Ritter gegen ihre Widersacher mit schonungsloser Wut. Ein ganz merkwürdiger und einziger Fall: der Idealist mit umgekehrtem Vorzeichen. Nur in der Farbe leuchtet etwas von seinem geheimen Ideal durch. Eine mimosenhaft empfindliche Natur, die aus Empfindsamkeit unerhört brutal wird und die Gestaltungsgabe zu dieser Brutalität besitzt.‹[56]

Die Richtigkeit dieser Annahme würde erklären, weshalb sich Grosz in Amerika so würdelos von seiner Vergangenheit distanzieren konnte. Schrittweise hatte er sich bereits etwa seit der Mitte der zwanziger Jahre von seiner Negation des Negativen losgesagt; nun sollte seine künstlerische Laufbahn auf seinen positiven Zü-

[55] Richard Huelsenbeck: Erinnerung an George Grosz. In: Neue Zürcher Zeitung, 14. Juli 1959. In: Fischer, S. 54.
[56] Harry Graf Kessler, a. a. O., S. 329 f.

gen, auf Lebensbejahung und -freude, auf dem Bekenntnis zu seiner romantischen Natur beruhen.

Überlebender in Amerika

Grosz' Jugendtraum von Amerika war nie ganz vergessen worden. Als er 1916 auf seine erneute Einberufung wartete, verkroch er sich in eine ›Feindheimat‹,[57] indem er sein Atelier als amerikanischer Westen ausstattete. Gleichzeitig besang er in Gedichten, Zeichnungen und Gemälden die mythische Zivilisation der amerikanischen Großstadt und das männliche Abenteuer des Wilden Westens mit Goldgräbern und Abenteurern. Besuchern gab er sich als guter Kenner Amerikas aus.

1925, als die Wahl Hindenburgs zum Präsidenten der Republik Remilitarisierung ankündigte, hatte der Galerist I. B. Neumann von New York aus Grosz angeboten, ihm bei einer Übersiedlung nach Amerika zu helfen, indem er die Verbindung zu dem angesehenen Maler Maurice Sterne einleitete.

Zu Grosz' Resignation angesichts der Entwicklung in Deutschland kamen Drohungen durch die Nazis. ›Vor seinem Atelier lag zum Beispiel so eine Eisenröhre und da stand drauf mit einem kleinen Zettel: ‚Das ist für dich, du alte Judensau, wenn du noch so weitermachst!‘‹[58]

Gern nahm Grosz deshalb 1932 eine Einladung der New Yorker Kunstschule Art Students League zu einer zunächst viermonatigen Gastdozentur an, und im Januar 1933 übersiedelte er mit seiner Frau endgültig nach Amerika. Dieser Entschluß rettete ihm – buchstäblich in letzter Minute – das Leben: Nach dem Reichstagsbrand war Grosz einer der ersten, den die Faschisten suchten.

Grosz wurde in Amerika als der große politische Satiriker empfangen, der er nicht mehr sein wollte. Grosz

---

[57] Walter Mehring, S. 85.
[58] Interview 1954. In: Fischer, a. a. O., S. 104.

wollte Amerika nicht mit den Augen des Satirikers sehen, sondern mit den Augen des Bewunderers. Auch wollte er kein Emigrant sein, keiner, der sein Land verlassen mußte und in der neuen Umgebung fremd bleibt. Grosz wollte Amerikaner werden.

Er wollte, daß ihm Amerika gefiele, und es gefiel ihm. ›Große Städte haben mich immer fasziniert‹, schrieb er später über New York. ›Ich empfand den Zauber der gigantischen Wolkenkratzer mit ihren Myriaden von menschlichen Ameisen und Termiten, alle in ihre eigene kleine Welt vertieft.‹[59]

›Die saubere amerikanische Normalität ... zog mich enorm an. In der Verschönerung und oft süßlichen Verschleierung unseres Erdenlebens sah ich – eine Erklärung mußte ja sein! – so etwas wie ein maskiertes Griechentum.‹[60]

Seine Bewunderung für das amerikanische Leben faßt Grosz in Straßenbildern, in denen er, ähnlich seinen Illustrationen von 1910/11, Arme und Reiche nebeneinander darstellt, ohne ›Biß‹ wie in den zwanziger Jahren. Er wiegt sich in der Annahme, nun, wo er keine ›‚billigen‘ Parolen‹ mehr illustriert, wahrhaftig zu sein in einem ›‚höheren‘ Sinne, im Sinne, wenn ich so sagen darf – des alten Meisters Bruegel‹.[61] Dabei erkennt er durchaus die amerikanische Wirklichkeit. Seine Worte von Wunschträumen ›kleiner, eigentlich häßlicher Erdenbewohner mit schlechter Verdauung, Herzfehlern, Leberkrebs, unheilbarer Trunksucht, zerrütteten Ehen und heimlichen Aborten‹[62] erinnern doch fatal an seine Charakterisierung der ›Häßlichkeit der Deutschen‹ um 1916/17. Und seine Erkenntnis, daß es die ›saubere Mittelstandswelt‹ nur in der Phantasie derjenigen gab, die ›eine Unmenge meist maschinell erzeug-

[59] Über meine Zeichnungen. In: George Grosz: Werke. Köln 1961, S. 35.
[60] Autobiographie, S. 236.
[61] Brief an Wieland Herzfelde 6.6.1933. In: Briefe, S. 175.
[62] Autobiographie, S. 236.

ter Waren ab- und umsetzen halfen‹,[63] erinnert noch fataler an seine Polemik von 1931 gegen Konsumdenken in der späten Weimarer Republik – zu einer Zeit, da in Deutschland Millionen von Menschen arbeitslos waren.

Langsam begann sich Grosz von seiner politischen Vergangenheit zu distanzieren – wie es scheint erst, nachdem er, der kein Satiriker mehr sein wollte, als Illustrator nicht den von ihm erhofften Erfolg gehabt hatte.

Am 21. 7. 1933 ist er noch stolz darauf, daß die Faschisten seine Zeichnungen als abschreckendes Beispiel ausgestellt haben: ›Und diese meine Blätter werden spätere Generationen betrachten, wie wir heute Goyas unsterbliche Greuelszenen ansehen: ‚Ich habe es gesehen und erlebt, es war dies mein Deutschland, es war die Wahrheit‘.‹[64] Ende Mai 1936 schreibt er: ›Meine Bilder, und speziell einige Dutzend Zeichnungen, werden als Dokumente lebendig bleiben. Ich freue mich, sie gemacht zu haben und sehe sie mir oft selber mit Genugtuung an.‹[65]

Aber am 5. 12. 1937 heißt es dann: ›Karikaturen mache ich so gut wie keine mehr‹,[66] und am 29. 6. 1938 schreibt er gar: ›Karikatur rangiere ich heute richtig ein, nämlich als eine Art Afterkunst. In einer flachen Zeit wahrlich überschätzt genug …‹,[67] und Ende 1940 wertet er seine glanzvolle Vergangenheit folgendermaßen ab: ›Ich arbeite recht viel – es ist, als hätte ich so gute Zeit versäumt mit Nichtsnutzigem, denn ich habe so wenig Beziehung mit meinem alten Selbst …‹[68]

Mit Begeisterung stürzt sich Grosz in seine Lehrtätigkeit: ›… ich bin glücklich, daß ich endlich einen Beruf habe, so daß ich meine Kunst ganz nur für mich machen

---

[63] Ebenda.

[64] Brief an Felix Weil 21. 7. 1933. In: Briefe, S. 179.

[65] Brief an Rudolf Wittenberg Ende Mai 1936. In: Hess, a. a. O., S. 204.

[66] Brief an Otto Schmalhausen 5. 12. 1937. In: Briefe, S. 266.

[67] Brief an Erwin Piscator 29. 6. 1938. Ebenda, S. 273.

[68] Brief an Herrn Schueck 1940. Ebenda, S. 291.

kann ...‹[69] Ebenfalls 1934 heißt es noch: ›Zudem gibt das Lehrerdasein mir eine bessere Genugtuung, als von irgendeinem Kunsthändler abhängig zu sein.‹[70] Spätere Äußerungen klingen wesentlich skeptischer, ja bissig; so wenn er von seinen reichen Privatschülern spricht, denen er Hoffnung zu machen, ›Zutrauen und gute Stimmung‹ zu vermitteln hat.[71]

Auf der Suche nach positiven Werten entdeckt Grosz nunmehr die Natur. Erinnerungen an seine Kindheit werden wach. Bei seinen Landschaftsstudien fühlt er sich in seine Kindheit zurückversetzt, wenn er ›als Knabe über die ‚Bleiche‘ streifte und wir uns auf einer Weide einen Indianersitz bauten‹,[72] und noch Jahre später heißt es: ›Ferner: Ich male, als ob ich wieder ein Junge von 15 Jahren bin – aufgewachsen in einer kleinen Küstenstadt am Baltischen Meer. Ich habe Dünen immer geliebt und war immer gern nahe dem Meer – aber seltsamerweise habe ich solche Szenen erst gemalt, als ich nach Amerika kam. Ich male also sozusagen Impressionen, die ich liebte, als ich noch ganz jung war ...‹[73]

Begeistert spricht er in Briefen von der Vielfalt der Naturformen. Ganz bewußt stellt er die Zuwendung zur Natur einer Auseinandersetzung mit den Zeitereignissen als notwendige Polarität entgegen: ›Aber wie beim Goya lebt ja nicht nur diese ‚Nachtseite‘ – nay – o nein – ich möchte Bilder malen, die ‚positiv‘ sind: Frauen am Strand, Landschaften, Wind, Düne, Gras, wer war denn Corot – o Du glücklicher Corot, wer war denn der – da waren doch auch Kriege, Hungersnöte und all das und Unterdrückung – ja so leben eben zwei Seiten getrennt in einem ...‹[74]

Bereits in seiner Frühzeit hatte er gelegentlich Pieter

---

69 Brief an Wieland Herzfelde 30.6.1934. Ebenda, S.199.
70 Brief an Herbert und Amrei Fiedler 12.10.1934. Ebenda, S.202.
71 Brief an Max Pechstein Mai 1947. Ebenda, S.395.
72 Brief an Herbert und Amrei Fiedler 20.11.1935. Ebenda, S.266.
73 Brief an Margit Varga 27.2.1942. Ebenda, S.300.
74 Brief an Erich Cohn 19.2.1942. Ebenda, S.299.

Bruegel d. Ä. als Vorbild genannt, sich auf die großen Moralisten Hogarth und Daumier berufen. Nun gibt er unumwunden seine Liebe zu den alten Meistern zu. In seinem Atelier hängen Reproduktionen nach Grünewald und Rogier van der Weyden an der Wand; in Briefen nennt er immer wieder so unterschiedliche Künstler wie die alten Niederländer Bruegel und Bosch (diese vor allem), die Meister der Donauschule, Leonardo da Vinci und Jörg Ratgeb als Vertreter des 15./16. Jahrhunderts; die Antipoden des 17. Jahrhunderts Rubens und Rembrandt, aus dem 19. Jahrhundert Goya, aber auch Delacroix und Doré. Er mißt seine Bilder an diesen Meistern und verwendet viel Zeit auf das Studium von Maltechnik.

Aus vielen Briefen von Grosz sprechen ein fatalistisch gewordenes Weltbild und Resignation angesichts der Wirkungsmöglichkeiten von Kunst. Immer wieder schreibt er, daß seine apokalyptischen Visionen und selbst die Arbeiten zu aktuellen Ereignissen, die in den dreißiger und vierziger Jahren entstehen, nicht mehr dazu dienen, die Menschen aufzurütteln, indem ihnen das Gesicht ihrer Zeit gezeigt wird, sondern um sich selbst von Alpträumen zu befreien.

Zu den wenigen Arbeiten, in denen er noch auf politische Geschehnisse eingeht, gehören mehrere Zeichnungen auf die Ermordung des Schriftstellers Erich Mühsam durch deutsche Faschisten: ›Zeichnete ein paar Szenen auf den Tod Mühsams – schlechthin auf die immer und ewig mißhandelte menschliche Kreatur (denn Satz I steht eisern bei mir fest: Ein besseres Übermorgen in dieser Beziehung ist außerhalb meiner Konzeption.‹[75] Hier klafft nun allerdings ein Widerspruch zwischen Wort und Tat: Gerade diese Zeichnungen, obwohl in der Linienführung keinesfalls aggressiv, sondern erzählerisch-illustrativ, knüpfen in der Prägnanz des Dargestellten, in der Entlarvung der Brutalität der uniformierten Faschisten, an Grosz' Satiren aus den zwanziger

---

[75] Brief an Wieland Herzfelde 8. 3. 1935. Ebenda, S. 213.

Jahren an – mit dem Unterschied, daß der Mißhandelte nicht mehr als gesichtsloses Objekt (wie etwa in Blättern zum Weißen Terror nach der Novemberrevolution), sondern mit den Augen eines Mitfühlenden als Persönlichkeit charakterisiert ist.

Obwohl Grosz die Schärfe seiner Lineatur aufgegeben hat, die viel zur Wirkung seiner früheren Satiren beitrug, ist das anklägerische Moment groß.

Einige der Mühsam-Zeichnungen wurden in die Mappe ›Interregnum‹ aufgenommen, die 1936 mit einer Einführung von John Dos Passos in New York erschien – mangels Interessenten allerdings nur in zehn Exemplaren.

Zu den wenigen von Grosz' amerikanischen Arbeiten, denen er ›direkten aktuellen Sinn‹[76] zugesteht, gehören auch mehrere Werke, in denen er mit Hitler abrechnet, so das Aquarell ›Mein Bruder‹, aus dem 1944 das Ölbild ›Kain oder Hitler in der Hölle‹ hervorging. In mehreren Briefen legt Grosz Wert auf die Feststellung, daß auch solche Arbeiten, die ›jetzt sehr aktuell sind‹, sich ›gänzlich von den sogenannten aktuellen Tatsachen-Kriegsbildern unterscheiden‹[77] und symbolische Bilder sind, in denen der Maler versucht, seine Innenwelt zum Ausdruck zu bringen.

Seinen Schrecken über das Kriegsgeschehen in Europa thematisiert Grosz gleichzeitig in Bildern, die nun nicht mehr Ereignisse mit dem Kommentar ›Ich habe es gesehen‹ darstellen, sondern die Allgegenwärtigkeit von Tod und Vernichtung. In ›Fairy Tale‹ (›Märchen‹, 1942) wird ein sadistischer Schlächter von Skeletten umringt; ein Bild mit dem Tod, der den Vorhang zur Welt aufreißt, trägt den sarkastischen Titel ›Ich bin froh, wieder da zu sein‹ (1942); ›Ich, ich war immer da‹ (1942) ruft der mit Kommißstiefeln und Stahlhelm angetane Tod auf scheuendem Pferd. Aus Grosz' Briefen dieser Zeit geht hervor, daß er den Militarismus für unausrott-

[76] Brief an Erich Cohn 19.2.1942. Ebenda, S.298.
[77] Brief an Reewes Lewenthal 19.1.1945. Ebenda, S.340.

bar hält: ›Was Du auch tust, Menschenfrosch, MICH wird es immer geben!‹[78]

Obwohl die einstige Schärfe aufgegeben ist, die Drahtzieher der Geschichte nicht mehr satirisch bloßgestellt werden, sind diese symbolischen Bilder voller Zeitgeist und damit politische Werke. Grosz fühlt sich zu Recht ›gewissermaßen als eine Art historischer Maler ..., ähnlich jener Schule von Malern, die sich ihrer eigenen Zeit so eng verbunden fühlten‹,[79] den von Grosz so hoch verehrten Meistern Bosch und Bruegel.

Als Europa nach der Niederschlagung des Faschismus aufatmen konnte, malte Grosz Visionen einer zerstörten Welt: In ›Friede II‹ (1946) kommt ein Heimkehrer, der von dem Geschehenen gezeichnet ist, in eine total zerstörte Welt zurück. ›The Pit‹ (›Der Schlund‹, 1946) gestaltet eine Weltlandschaft der Verwüstung mit deformierten Überlebenden inmitten von Leichen.

Das Aufkommen des ›Abstrakten Expressionismus‹ in Amerika – 1943 wirkte eine Ausstellung mit Bildern von Jackson Pollock, einem Hauptvertreter dieser Richtung, als Manifest der neuen amerikanischen Malerei – ließ alle realistische Kunst und damit auch die von Grosz veraltet erscheinen.

Grosz hielt am Menschenbild fest, aber sein zerstörter Glaube an den Menschen nötigte ihn, diesen als zerstört zu kennzeichnen. 1946 begann er mit seiner Serie der Stockmänner, hilfloser Schemen, die in einer verwüsteten, ruinösen Welt umherirren; 1947/48 kamen die Lochmänner hinzu, der Maler, Dichter, Musiker des Lochs. Kennzeichen des Malers des Lochs ist ein wirkliches Loch in der Leinwand, Ausdruck der Verzweiflung des Malers. Aber noch hat Grosz die Fähigkeit, schöpferisch auf seine Zeit zu reagieren.

Anfang der fünfziger Jahre griff Grosz, als er den Auftrag erhielt, ›Dallas, seine Menschen, seine Industrie, sein Charakter‹ zu gestalten, in Straßenszenen auf seine

---

[78] Brief an Erich Cohn 19.2.1942. Ebenda, S.298.
[79] Brief an Reewes Lewenthal. Ebenda, S.340.

Impressionen der dreißiger Jahre zurück, versuchte aber auch eine Ausweitung seines malerischen Realismus durch Überblendungen, die den Eindruck des Hastens hervorrufen, ohne, wie in den Zeichnungen und Aquarellen seiner Frühzeit, desillusionierend in der Durchdringung von Mensch und Milieu zu wirken. Die Darstellung mühsamer, eintöniger Arbeit (›Baumwollernte in Dallas‹) wird zur monumentalen Huldigung an den amerikanischen Arbeiter.

1958, kurz vor seiner Kapitulation und der Rückkehr nach Deutschland, griff Grosz auf die Klebearbeiten seiner Frühzeit zurück. Diese Arbeiten sind auch als Vorgriff auf die Pop Art bezeichnet worden, doch tragen sie wohl mehr surreale Züge, wenn ein Frauengesicht durch Überklebungen zum Monster wird oder aus dem kleinen Imbiß menschliche Augen den Esser ansehen. Hatte sich Grosz 1920 in ›Daum married …‹ als Automaten persifliert, so sieht er sich nun als Clown und Unterhaltungsmaschine mit der Whiskyflasche in der Hand.

In der Zeit der Kommunistenverfolgungen der McCarthy-Ära war Grosz' umstrittene Autobiographie ›Ein kleines Ja und ein großes Nein‹ erschienen, in der Grosz seiner kommunistischen Vergangenheit und seinen satirischen Zeichnungen abschwört, Histörchen erzählt – aber kaum etwas über seine Beweggründe. Seinem alten Freund Wieland Herzfelde versicherte Grosz, er habe alles für Geld gemacht und so dick aufgetragen, daß jeder merken könne, wie er es wirklich meine[80] – ein Ausdruck der immer tieferen existentiellen Krise, in die Grosz in Amerika hineingeriet und von der noch deutlicher seine Briefe und Selbstbildnisse Auskunft geben.

In Deutschland hatte er sich zunächst selbstbewußt als Zeichner auf der Straße (1917), mit energisch vorgeschobenem Kinn im ›Selbstporträt für Charlie Chaplin‹ (1919) und in ›Deutschland ein Wintermärchen‹ (1917/19) dargestellt; Ende der zwanziger Jahre nahmen seine

---

[80] In: Fischer, a. a. O., S. 118.

Selbstbildnisse bürgerlichen Charakter an, wovon am besten das bekannte Gemälde ›Der Warner‹ (1927) zeugt, in dem er sich nicht mehr als Satiriker, sondern als Moralisten sieht.

In Amerika malte er sich, abgesehen von einem repräsentativen lebensgroßen ›Selbstbildnis mit Pfeife‹ (1937), 1936 sowohl an der Staffelei zwischen brennenden Häusern und Wolkenkratzern als Maler des Zeitgeschehens als auch in einer nächtlichen Waldlandschaft als müder alter Krieger und in einer Zeichnung ›Deutscher Wald‹ als Rabe auf abgestorbenem Ast; ein Jahr später auf Trümmern vor einer brennenden Stadt, 1940 als Wanderer im Regen, 1943 erneut als Wanderer, diesmal im Schlamm, niedergebeugt und von ängstlich flatternden Raben begleitet, 1944 als Überlebender in Ruinen und 1958 schließlich als Clown.

In seinen Briefen ist immer wieder von seelischen Krisen die Rede: ›Pessimismus und oft schrecklichste Depressionen suchten mich von früh an heim‹, schreibt er 1933;[81] ›… hin und wieder beschleichen mich Anwandlungen gräßlicher Zweifelsucht …‹;[82] ›… hoffe bald Besseres zu machen – nachdem ich durch eine wahre Hölle von Depressionen, Trunk und Zweifel gegangen …‹;[83] ›… nein, das habe ich früher nicht gekannt; diese Art von Frustration, dieses Arbeiten ins Leere … manchesmal liege ich des Nachts wach und denke daran, Schluß zu machen mit all dem – niemals mehr aufwachen …‹;[84] ›Der Zweifel und der große Weltekel nagt auch an mir‹.[85]

Obwohl Lehrtätigkeit und Verkäufe Grosz ein solides Einkommen verschafften, das einen großzügig geführten Haushalt und Europareisen gestattete, blieben Einnahmen und Erfolge, an denen es keinesfalls fehlte, hin-

---

[81] Brief an Felix Weil 21.7.1933. In: Briefe, S.179.

[82] Brief an Otto Schmalhausen 5.12.1937. Ebenda, S.266.

[83] Brief an I.B. Neumann 17.3.1938. Ebenda, S.269.

[84] Brief an Felix Weil September 1948. Ebenda, S.413.

[85] Brief an Otto Schmalhausen 29.5.1950. Ebenda, S.44.

ter seinen hochgespannten Erwartungen zurück. Seine Wunsch-Identität als lebensbejahender Romantiker war an der Realität gescheitert; es war Grosz nicht gelungen, in Amerika, dem Land seiner Träume, heimisch zu werden.

In Amerika wird Grosz endgültig zum Trinker. 1958 schreibt seine Frau: ›George macht mir große Sorgen – das einzige, worauf man sich verlassen kann, sind zwei Lehrtage an der Art League. Die vier Tage des Wochenendes sind schrecklich; er trinkt ständig, verhält sich dementsprechend und arbeitet nicht. Dabei fühlt er sich physisch recht wohl. Es ist ein großer Jammer, den Niedergang eines großen Künstlers zu erleben.‹[86]

1959 entschließt sich Grosz auf Drängen seiner Frau, nach Deutschland, an die Stätte seines einstigen Ruhmes, zurückzukehren. Am 28. Mai trifft er in Westberlin ein, wenige Wochen danach, am 6. Juli, wird ihm eine allzu ausgedehnte Zechtour zum Verhängnis. Er stirbt im Morgengrauen im Hausflur Savignystr. 5. Am 10. Juli wird er auf dem Charlottenburger Waldfriedhof beigesetzt.

Grosz hinterließ bei seinem Tode ein umfangreiches künstlerisches Werk, dessen amerikanischer Teil heute, ein Vierteljahrhundert später, immer noch nicht vollständig publiziert ist, sowie – zusätzlich zu den bereits publizierten Gedichten, autobiographischen und polemischen Schriften – eine Fülle von Briefen. Grosz, zeit seines Lebens ein lebhafter Briefschreiber, hatte in Amerika von allen Briefen, auch den nicht abgeschickten, Durchschläge aufbewahrt. Seine Briefe, oft literarische Kabinettstücke, die Grosz auch als einen Mann der Schreibfeder ausweisen, hatte er 1913 selbst als ›Eintrittsbillett zu meinem Gehirnzirkus‹[87] bezeichnet. Tatsächlich begleiten seine Briefe nicht lediglich sein künstleri-

---

[86] Eva Grosz an Wieland Herzfelde 6. April 1958. In: Hess, a. a. O., S. 249.
[87] Brief an Robert Bell, Juli 1913. In: Briefe, S. 26.

sches Werk – die Phase des épater le bourgeois, des bilderstürmerischen Proletkult, den Höhepunkt des bewußten Klassenkampfes und das resignierende Sich-Zurückziehen –, sondern können dazu beitragen, das Dunkel, das sich um Grosz' Abkehr von seiner satirischen Vergangenheit und seinen antikommunistischen Äußerungen gebildet hat, zu lichten. Deutlich sieht man die Fäden, die seine in Amerika zutage tretenden Ansichten mit seiner deutschen Vergangenheit verknüpfen: die Berufung auf die alten Meister, das Bekenntnis als Moralist – und den unrealistischen Ansatzpunkt, Amerika mit dem Rückzug auf belle peinture erobern zu wollen. Es muß erschrecken, wenn ein langer Brief an einen Kritiker des American way of life, den Schriftsteller Henry Miller, ausschließlich über maltechnische Fragen handelt.

Zu der tragischen Tatsache, daß Grosz, ein müde gewordener Held, den mephistophelischen Geist seiner Sturm-und-Drang-Periode mit belle peinture zudecken wollte, kommt die Tatsache, daß seit den vierziger Jahren in Amerika für einen Realisten alten Schlages wie Grosz, noch dazu einen Romantiker, kein Platz war.

Als die Vorherrschaft der abstrakten Malerei durch das Vordringen der Neuen Realisten gebrochen wurde, hätte Grosz noch einmal auftreten können. Doch erkannte er wohl, daß seine Collagen, in denen er auf Surrealismus und Psychoanalyse der dreißiger Jahre zurückgreift, sich neben der selbstbewußten Aggressivität der Pop-Artisten kaum hätten behaupten können. Erst nach seinem Tode wurde dieser beeindruckende Ausklang seines Werkes bekannt, der dem Romantiker Grosz das letzte Wort läßt.

Renate Hartleb

Literaturauswahl

Theodor Däubler: Georg Groß. In: Die Weißen Blätter 3.Jg., 1916, H. 11, S. 167–170.

Willi Wolfradt: George Grosz. Leipzig 1921 (Junge Kunst 21).

Erich Knauf: In der Feuerlinie: George Grosz. In: Empörung und Gestaltung. Künstlerprofile von Daumier bis Kollwitz. Berlin 1928, S. 175–184.

George Grosz: Ein kleines Ja und ein großes Nein. Sein Leben von ihm selbst erzählt. Hamburg 1955. Neuausgabe Reinbek 1974 (erweiterte Ausgabe der zuerst 1946 in New York erschienenen Autobiographie).

George Grosz: ›Ade Witboi‹. Berlin 1955 (Einführung: Walther G. Oschilewski).

Herbert Bittner (Herausgeber): George Grosz. New York 1960 und Köln 1961.

Lothar Lang: George Grosz. Berlin 1966 (Welt der Kunst).

Uwe M. Schneede: George Grosz. Der Künstler in seiner Gesellschaft. Köln 1975 (dumont kunsttaschenbücher).

Uwe M. Schneede (Herausgeber): George Grosz. Leben und Werk. Stuttgart 1975.

Lothar Fischer: George Grosz in Selbstzeugnissen und Bilddokumenten. Reinbek 1976 (rowohlts monographien).

George Grosz: Briefe 1913–1959 (Herausgeber: Herbert Knust). Reinbek 1979.

Lothar Lang (Herausgeber): George Grosz. Berlin 1979 (Klassiker der Karikatur).

Alexander Dückers: George Grosz. Das druckgraphische Werk (Werkverzeichnis). Frankfurt/Main 1979.

Hans Hess: George Grosz. Dresden 1982 (mit ausführl. Bibliographie).

Serge Sabiarsky: George Grosz gli anni di Berlino. Milano 1985.

Klaus Peter Dencker (Herausgeber): George Grosz. Ach knallige Welt, du Lunapark. Gesammelte Gedichte, München/Wien 1986.

Zu dieser Ausgabe

Aus den Schriften und Briefen von George Grosz wurden solche ausgewählt, in denen er sich zu Problemen der bildenden Kunst und zu einzelnen bildenden Künstlern äußert.

Die Briefe werden fast ausnahmslos nach folgender Ausgabe zitiert: George Grosz: Briefe 1913–1959. Herausgegeben von Herbert Knust. Reinbek 1979. Folgende Briefe wurden von Herbert Knust aus dem Englischen übersetzt: an Margit Varga 27.2.1942; an Mrs. Raphael Navas 5.4.1943; an Reewes Lewenthal 19.1.1945; an Estelle Mandel 15.3.1945; an Henry Miller 14.12.1946.

Kürzungen innerhalb der Briefe durch Herbert Knust sind mit ... angegeben; Kürzungen der Schriften und Briefe durch die Herausgeberin sind durch [...] gekennzeichnet. Überschriften der Herausgeberin sind in ekkige Klammern gesetzt.

Fraglos falsche Namensschreibungen wurden berichtigt; die Zeichensetzung, Groß- und Klein-, Getrennt- und Zusammenschreibung wurden den heute geltenden Regeln behutsam angeglichen.

Inhaltsverzeichnis

ISSN 0433-0153
ISBN 3-378-00261-1

Gustav Kiepenheuer Verlag Leipzig und Weimar
Erste Auflage
Lizenz Nr. 396/265/55/88   LSV 8127
Gesamtherstellung: Offizin Andersen Nexö, Graphischer Großbetrieb,
Leipzig III/18/38
Schrift: Garamond
Buchgestaltung: Lothar Reher/Marlies Hawemann
Printed in the German Democratic Republic
Bestell-Nr. 812 229 3
01050